***ACCESO GRATIS** a la Lectura en la Nube*

Para visualizar el libro electrónico en la nube de lectura envíe junto a su nombre y apellidos una fotografía del código de barras situado en la contraportada del libro y otra del ticket de compra a la dirección:

ebooktirant@tirant.com

En un máximo de 72 horas laborables le enviaremos el código de acceso con sus instrucciones.

CUESTIONES CLAVE SOBRE LA READMISIÓN Y LOS SALARIOS DE TRAMITACIÓN EN EL DESPIDO IMPROCEDENTE

NORMAS DE LA COLECCIÓN:

Admisión de originales:

Los originales serán evaluados por el Consejo científico y sometidos a informe externo por expertos anónimos. Cualquiera de los evaluadores puede hacer observaciones o sugerencias a los autores, siempre y cuando el trabajo haya sido aceptado. Se comunicarán a los autores, en su caso, concediéndoles un período de tiempo suficiente para introducir las modificaciones oportunas.

CUESTIONES CLAVE SOBRE LA READMISIÓN Y LOS SALARIOS DE TRAMITACIÓN EN EL DESPIDO IMPROCEDENTE

Carolina Blasco Jover

tirant lo blanch
Valencia, 2024

En caso de erratas y actualizaciones, la Editorial Tirant lo Blanch publicará la pertinente corrección en la página web www.tirant.com.

EDITA: TIRANT LO BLANCH
C/ Artes Gráficas, 14 - 46010 - Valencia
TELFS.: 96/361 00 48 - 50
FAX: 96/369 41 51
Email: tlb@tirant.com
www.tirant.com
Librería virtual: www.tirant.es
DEPÓSITO LEGAL: V-3269-2024
ISBN: 978-84-1071-004-7
MAQUETA: Tink Factoría de Color

Si tiene alguna queja o sugerencia, envíenos un mail a: *atencioncliente@tirant.com*. En caso de no ser atendida su sugerencia, por favor, lea en *www.tirant.net/ index.php/empresa/politicas-de-empresa* nuestro procedimiento de quejas.

Responsabilidad Social Corporativa: http://www.tirant.net/Docs/RSCTirant.pdf

Para Carla y José Manuel

"La mente necesita libros como la espada necesita una piedra de afilar si quiere mantener su agudeza".

Juego de Tronos. Canción de Hielo y Fuego.

Índice

I. Introducción

1. INTRODUCCIÓN Y DELIMITACIÓN DEL OBJETO DE ESTUDIO

Podría decirse sin temor a equivocaciones que la institución jurídica del despido es uno de los pilares centrales del Derecho del Trabajo, no sólo por las implicaciones jurídico-filosóficas que están en su base, sino también por las evidentes consecuencias económicas que arrostra para las organizaciones empresariales y para las personas trabajadoras que pierden su medio de subsistencia. Y ello se muestra de forma más que palmaria en los constantes vientos de reforma que han soplado sobre la institución al tiempo que cambiaba el ejecutivo y el legislativo de la nación. El cerco a la flexibilidad externa de salida se ha estrechado más según se gobernara desde un posicionamiento ideológico u otro, realizándose, de este modo, un mayor o menor *pressing* político y/o mediático sobre el empresario que, a la postre, es la parte fuerte de la contratación. Sucede, sin embargo, que en el equilibrio debe encontrarse la virtud. Cierto es que al empresario, fruto de esa función tuitiva que se le atribuye a la disciplina, se le deben poner límites, de carácter material y formal, cuando toma la decisión de prescindir de un trabajador, pero cierto es también que aquél es el titular de los medios de producción y que se le debe garantizar un cierto margen de maniobra para adaptarse a las fluctuaciones económicas del mercado, que las hay y cada vez en mayor proporción. Las cuestiones ideológicas o de política social se engarzan estrechamente, pues, con el derecho del empresario a la libre gestión fruto de su libertad de empresa y con la lógica monetaria que subyace en cada despido por la relación coste-beneficio que indefectiblemente existe en esta decisión. Y esa dialéctica cabe tratarla de la forma más armoniosa y cuidadosa posible para no terminar perjudicando en mayor medida y de forma desproporcionada a una parte de la relación (sea ésta la que fuera) respecto de la otra, ocasionando serios desbarajustes en el mercado de trabajo motivados éstos por no tener o no saber tener una visión de conjunto del problema alejada de cualquier soflama propagandística.

Esta idea es la que, entiendo, debe recorrer todo el engranaje de la institución del despido y cada una de sus ramificaciones o facetas y, por ende, es también la que debe imperar sobre la readmisión del trabajador en el supuesto de despido improcedente y el posible abono de los salarios de tramitación, que es de lo que aquí se va a tratar. Ambos son temas medulares, cruciales, del Derecho del Trabajo y de la función protectora que éste despliega: ante un ilícito empresarial como es un despido improcedente y amén de la opción por la extinción indemnizada del contrato, se pretende reparar el daño ocasionado y, de este modo, hacer efectivo el principio de tutela judicial efectiva, con la restitución íntegra del *status* precedente como si la acción extintiva empresarial no se hubiera producido y con el pago de los salarios dejados de percibir desde que se cesó en la organización. No son cuestiones menores, por lo tanto, ni para el trabajador ni para la empresa. Para el primero, por cuanto le supondrá volver a retomar su empleo, con todo lo que ello conlleva, aunque quizá —no cabe obviarlo— en una organización en la que ya no esté cómodo o tan comprometido como anteriormente. Para la segunda, porque la reincorporación de un trabajador despedido no siempre es fácil por todo lo que puede existir de subyacente en ella y porque abonar los salarios de tramitación puede suponerle un coste adicional no fácilmente asumible en su contabilidad, máxime si se trata de una pequeña o mediana empresa.

Esta monografía centra, pues, su atención en estas dos materias en tanto que ambas cuentan con aspectos vidriosos en su configuración, tanto teóricos como prácticos, que merecen ser tratados de forma conjunta. De hecho, por lo que atañe a la readmisión no puede decirse que sea éste un tema mortecino, pues, en los últimos tiempos, esta institución o, mejor dicho, la opción por la readmisión en el despido declarado improcedente, ha sido puesta en tela de juicio debido a una interpretación armonizadora del art. 10 Convenio n.º 158 OIT y del art. 24 Carta Social Europea (en adelante, CSE). De este modo y sin pretender ahora realizar un detallado resumen de la cuestión, se ha llegado a defender sin ambages que la improcedencia de un despido debe exigir *per se* la readmisión obligatoria. Al tiempo, y también tomando como base las disposiciones de la Carta Social Europea, se ha llegado a sostener que el derecho de opción, tradicionalmente atribuido en nuestro ordenamiento al empresario, no le debe corresponder a éste, sino al juzgador o, al límite, a la persona trabajadora en cuanto sujeto sobre el que ha recaído el incumplimiento empresarial. La cuestión, como puede comprenderse, es crucial para nuestro ordenamiento jurídico, puesto que una opción más bien conservadora implicaría mantener el *status quo* existente y otra, la más vanguardista, supondría dar un profundo vuelco a todo el engranaje que sostiene a la institución del despido en España; vuelco para el que quizá el tejido empresarial español, conformado en una abrumadora mayoría por micros y pequeñas y medianas empresas con sus evidentes particularidades, no esté preparado.

Pero, aun dejando a un lado estas dos controversias, la readmisión también genera otras cuestiones conflictivas. De este modo, irremediable es plantearse temas tales como el modo de ejercicio del derecho de opción y su titularidad (también en el sector público), su posible anticipo, la regularidad de la readmisión y las consecuencias procesales de su irregularidad, la imposibilidad de la readmisión y los diversos supuestos en los que la misma se puede plantear, su coincidencia con las vacaciones o con la jubilación de la persona trabajadora o la readmisión en los supuestos de solidaridad interempresarial.

Y a todo ello se anuda el siempre espinoso tema de los salarios de tramitación, cuya naturaleza siempre ha sido tan controvertida y cuya configuración legal está expuesta a profundos cambios normativos habida cuenta de esa dialéctica de la que antes se hablaba entre la protección de los intereses del trabajador y el alcance del poder de dirección empresarial. De hecho, uno de los cambios de calado que realizó la Ley 3/2012, de 6 de julio, de medidas urgentes para la reforma del mercado laboral fue dejar de anudar los salarios de tramitación al despido improcedente en sí para limitarlos solamente a los supuestos de readmisión del trabajador, bien por opción del empresario bien por opción del trabajador representante despedido en el caso del despido declarado improcedente, o bien como consecuencia de la calificación de nulidad del mismo. La filosofía última de tal trascedente modificación estaba clara: abaratar el coste del despido en una situación de crisis económica, social y laboral de efectos —bien se sabe— absolutamente perniciosos. Y esta idea fue la que convalidó el Tribunal Constitucional en su auto 43/2014, de 10 de febrero y en su sentencia 8/2015, de 22 de enero. Ahora bien, argumentos existen para barajar otras interpretaciones y otras opiniones, pues, tal y como se comprobará, ni está tan claro que la supresión de este monto económico sea acorde con la norma constitucional ni que lo sea igualmente con ciertas normas europeas. Con todo, que se retome en una futura reforma legislativa la vuelta a los salarios de tramitación también en el caso de opción por la extinción indemnizada es algo que está por ver, porque la voluntad legislativa —y no desvelo nada— está fuertemente sometida a múltiples condicionantes que, a menudo, nada tienen que ver lo estrictamente jurídico.

Pero, dejando ahora mismo solamente apuntada esta idea, los salarios de tramitación generan otros problemas que merecen ser abordados en una monografía como ésta. De este modo, en las páginas correspondientes se tratarán temas ciertamente conocidos entre la doctrina laboralista, pero no por ello menos interesantes en el plano de lo puramente práctico. Así y entre otros, se indagará acerca de cuál debe ser su naturaleza jurídica, si indemnizatoria o salarial (apostándose —se adelanta— por la primera), su cuantía, el módulo temporal de devengo, sus incompatibilidades con ciertas percepciones económicas, la transferencia de la responsabilidad en el pago al Estado o si procede o no su abono en ciertas circunstancias específicas.

En fin, esta obra tal vez no se circunscriba a un tema de rabiosa actualidad como pueda ser todo aquello que tenga que ver con la transición digital o el metaverso, las relaciones laborales en plataformas digitales o cuestiones análogas o conexas a éstas. No obstante, es innegable que es un tema que, aunque tradicional, afecta al día a día de todas las empresas, sean éstas de pequeño, mediano o gran tamaño o microempresas. A todas, absolutamente a todas ellas, las une el interés común por unos mismos temas, que me atrevería a concretar en dos: el coste del trabajador (incluyendo aquí el coste del despido y las consecuencias derivadas de éste) y el tiempo de trabajo. Ambos son temas cruciales del Derecho del Trabajo y aunque tradicionales, no por ello necesitados de menor investigación y de menor transferencia de resultados a la sociedad. Esta monografía se alinea con esta filosofía. La disciplina tiene que bajar al terreno, si se permite la expresión, y ese "terreno" está constituido, en España, por una amalgama de organizaciones empresariales, en su inmensa mayoría pequeñas y medianas y microempresas, que, a diario, deben enfrentarse con las consecuencias del despido efectuado, sean éstas la readmisión y el abono de los salarios de tramitación o sea el pago de la indemnización correspondiente, aunque esto último no sea objeto de tratamiento en este trabajo. Y ello evidencia que la investigación jurídica sobre tales temas sigue requiriendo de obras como la presente, en la que se aborden todas y cada una de las cuestiones relacionadas con la materia. En las páginas que siguen, se acometerá, en fin, este análisis, muy pegado a la jurisprudencia y doctrina judicial y a la norma, como no podía ser de otra forma, pero también muy pegado al terreno para ofrecer soluciones a los problemas prácticos de la realidad cotidiana de las organizaciones empresariales y de los trabajadores.

II. Cuestiones previas sobre la readmisión y los salarios de trámite

1. LA DOBLE CONTROVERSIA SOBRE LA READMISIÓN OBLIGATORIA TRAS LA DECLARACIÓN DE IMPROCEDENCIA Y SOBRE EL EJERCICIO DEL DERECHO DE OPCIÓN

Con ocasión del despido declarado judicialmente como improcedente, se concede, por regla general, al empresario la opción de escoger entre la readmisión de la persona trabajadora y la extinción indemnizada del contrato. En este sentido, el art. 56 ET y el art. 110 LJS delimitan un esquema que, básicamente y salvando algunas matizaciones —importantes— en cuanto al abono de los salarios de tramitación y de la cuantía indemnizatoria, se ha mantenido inalterado a lo largo de los años. De esta forma, el precepto estatutario dispone, de un lado, a quién le corresponde el ejercicio de la opción (al empresario o, en su caso, a la persona trabajadora que sea, a su vez, representante), el momento de hacer uso del mismo (en el plazo de cinco días desde la notificación de la sentencia y sin esperar a su firmeza) y lo que comporta escoger entre la readmisión (el abono de los salarios de tramitación) y la extinción indemnizada (el pago de un *quantum* tasado, equivalente a treinta y tres días de salario por año de servicio hasta un máximo de veinticuatro mensualidades)[1].

---

1 Puesto ahora en duda por la Decisión de fondo del CEDS para 2023 (publicada en julio de 2024) por ser una cuantía que, al estar previamente fijada, no permite atender a las diversas circunstancias que pueden concurrir en el supuesto de hecho y reparar adecuadamente el concreto daño producido. Así, expresamente se advierte que "los sistemas de indemnización son conformes con la Carta cuando cumplen las siguientes condiciones: prever el reembolso de las pérdidas financieras sufridas entre la fecha del despido y la decisión del órgano de recurso; prever la posibilidad de readmisión del trabajador; y/o prever una indemnización de un nivel lo suficientemente elevado como para disuadir al empleador y reparar el daño sufrido por la víctima (Sociedad Finlandesa de Derechos Sociales c. Finlandia, Queja n.º

Finalmente y como previsiones de cierre, se contempla tanto que la percepción de los salarios de tramitación procede siempre y en todo caso cuando la persona trabajadora despedida es representante de los trabajadores, como que, en caso de no ejercitar la opción, ésta se entiende efectuada por la readmisión, quedando descartado con ello a nivel legal el favor por la opción indemnizatoria, que sólo se activa si el titular del derecho de opción así la escoge expresamente.

La norma procesal, por su parte, al contemplar la posibilidad de anticipar el ejercicio del derecho de opción, señala que ello debe realizarse "mediante expresa manifestación en tal sentido", lo que evidencia, claramente, que el titular del derecho ha de actuar de la forma más inequívoca, clara y concluyente posible. Ello, unido a lo anteriormente mencionado y a lo que dispone el número tres del art. 110 LJS (opción ejercitada por escrito o en comparecencia), demuestra de manera ineludible la clara intención del legislador de rodear a este acto de una serie de formalidades del todo punto incontestables para dotarlo de la necesaria seguridad jurídica[2]. Se contempla también y en fin por la norma rituitaria dos previsiones que terminan de perfilar este esquema. De un lado, que, si no constase realizable la readmisión, podrá acordarse, a solicitud de la parte demandante,

---

106/2014, decisión sobre la admisibilidad y el fondo de la cuestión de 8 de septiembre de 2016, §45; Confederazione Generale Italianna del Lavoro (CGIL) contra Italia, Queja n.º 158/2017, decisión sobre el fondo de 11 de septiembre de 2019, §87). Por lo tanto, la indemnización por despido improcedente debe ser proporcional a la pérdida sufrida por la víctima y suficientemente disuasoria para los empleadores (Conclusiones de 2016, Macedonia del Norte, artículo 24). Cualquier límite máximo de indemnización que pueda impedir que los daños y perjuicios sean proporcionales a la pérdida sufrida y suficientemente disuasoria es, en principio, contrario al artículo 24 de la Carta (Syndicat CFDT de la métallurgie de la Meuse c. Francia, Queja n.º 175/2019, decisión sobre el fondo de 5 de julio de 2022, §83). En caso de que exista un límite máximo de indemnización en el caso de los daños pecuniarios, la víctima debe poder solicitar una indemnización por los daños no pecuniarios a través de otras vías legales, y los órganos jurisdiccionales competentes para conceder una indemnización por daños pecuniarios y no pecuniarios deben decidir en un plazo razonable (Conclusiones 2012, Eslovenia, artículo 12; Conclusiones 2012, Finlandia, artículo 24)".

2 STS de 4 de febrero de 2020 (Rec. n.º 1788/2017).

tener por hecha la opción por la indemnización en la sentencia, quedando extinguida la relación laboral desde ese momento. De otro, que, cuando el despido fuese declarado improcedente por razones de forma y se hubiera optado por la readmisión, se le otorga la posibilidad al empresario de acometer un nuevo despido en el plazo de siete días desde la notificación de la sentencia.

Siendo el que antecede el marco general del que se parte, es evidente que el derecho de opción juega —siempre lo ha hecho— un importante papel en el ámbito de la extinción contractual cuando ésta se califica a nivel judicial como improcedente. La continuidad o no de la prestación de servicios de la concreta persona despedida en estos casos queda en manos, por regla general, del empresario, al que se le permite valorar, en función de diversas variables (y no sólo económicas), si prescinde o no de ella y a la que habrá de abonársele, en todo caso y tanto en un supuesto como en otro, una determinada cuantía, bien en concepto de salarios de tramitación, bien en concepto de indemnización por la improcedencia del despido.

Sucede, sin embargo, que este esquema que tan consolidado se encuentra en nuestro ordenamiento interno parece que puede entrar en contradicción con ciertas normas internacionales, en concreto, con la Carta Social Europea y con el Convenio n.º 158 de la OIT y tal vez —como se planteará— con determinados preceptos constitucionales. Al respecto y en el momento actual, ya han surgido ciertas dudas a nivel doctrinal y judicial acerca de si lo más ajustado a las normas internacionales y europeas antes citadas sería desarticular el derecho de opción que se le confiere al empresario y proceder, siempre y en todo caso, en supuestos de despidos declarados improcedentes, a la readmisión de la persona trabajadora.

De este modo, es necesario tener presente lo que señala el art. 10 C158. De esta forma, dispone tal precepto que "si los organismos mencionados en el artículo 8 del presente Convenio llegan a la conclusión de que la terminación de la relación de trabajo es injustificada y si en virtud de la legislación y la práctica nacionales no estuvieran facultados o no consideraran posible, dadas las circunstancias, anular la terminación y eventualmente ordenar o proponer la readmisión del trabajador, tendrán la facultad de ordenar el pago de una indemnización adecuada u otra reparación que se considere apropiada". A su vez, el mandato reseñado, el octavo, determina que "el trabajador que considere injustificada la terminación de su relación de trabajo tendrá derecho a recurrir contra la misma ante un organismo neutral, como un tribunal, un tribunal del trabajo, una junta de arbitraje o un árbitro".

Ciertamente, el precepto ordena una cuestión nuclear en materia de terminación injustificada del contrato, la reparación, de tal modo que la protección que la norma internacional dispensa frente al despido sin justa causa arrogará a la persona que así haya visto terminada su relación laboral un derecho a la readmisión o, en su caso, un derecho a ser indemnizada de forma "adecuada"[3]. Ahora bien, esta "opción" entre la restitución *in natura* y la indemnización debe ser convenientemente matizada si la ponemos frente al espejo de la literalidad normativa. Y es que para el precepto internacional en absoluto parece que sean idénticas una y otra reparación. A la readmisión, si se lee el mandato en sentido positivo —no negativo, como está redactado—, se le otorga un carácter preferente, general si se quiere, ya que si los sujetos a los que alude el art. 8 C158 estuvieran facultados para anular la terminación y ordenar o proponer la readmisión del trabajador habrá que proceder a ella. En sentido contrario, esto es, cuando los órganos judiciales (o arbitrales) no estuvieran habilitados para acometer aquella actuación o la consideraran imposible terciará el pago de la indemnización "adecuada u otra reparación que se considere apropiada". A la indemnización, pues, se la tiene por una solución subsidiaria que sólo actuará en defecto de que determinados organismos no puedan imponer la readmisión o proponerla o por imposibilidad real de acometerla.

---

3 Ello en coherencia con todo el sistema de garantías establecido en el Convenio para ofrecer la protección pertinente a la persona trabajadora frente al despido sin justa causa. Con todo, conviene recordar que la norma internacional no sólo busca proteger a la persona empleada injustificadamente despedida, sino también ofrecer, en un delicado equilibrio de intereses, un marco seguro de actuación a la parte empleadora cuando ha de tomar la decisión de rescindir el contrato.

Visto, pues, el asunto desde esta perspectiva, se ha cuestionado desde ciertos posicionamientos[4] la validez de la opción que se diseña en el art. 56 ET, ya que, aun pudiendo los órganos judiciales hacer una propuesta de readmisión, ésta se acompaña, porque así ha sido la voluntad del legislador, de otra propuesta, de carácter alternativo y excluyente, por la indemnización, situándose a ambas, readmisión e indemnización, en un mismo plano de igualdad y confiriendo, además, al empresario, por regla general, la potestad de escoger la solución que mejor le convenga según sus intereses. Entonces, si la readmisión, desde el punto de vista internacional, resulta ser la regla general y la indemnización la solución subsidiaria y si sólo determinados organismos pueden decidir sobre las mismas, parece, en línea de principio, que el planteamiento legislativo nacional colisionaría frontalmente con el mandato del art. 10 C158. Ahora bien, entender que ello pueda ser así arrostra evidentemente una notable consecuencia, a saber, que se resquebraje uno de los pilares básicos en los que se ha asentado durante años la configuración del despido improcedente en nuestro país y que permite apostar por cierta flexibilidad empresarial al tiempo que, en un delicado equilibrio, se tutela a la persona trabajadora despedida.

La interpretación, pues, que se haga de la norma internacional en este punto no es algo que se mueva en el plano teórico y quede en el terreno de lo abstracto. Antes al contrario, pues, ciertamente, puede tener sus hondas repercusiones prácticas. A mi modo de ver, de las dos formas que existen de abordar el problema, creo que la más adecuada desde el punto de vista jurídico es entender que ningún mandato internacional impide que exista un derecho de opción en nuestro ordenamiento interno cuando un despido ha sido calificado como improcedente. Otra cosa, ello no obstante, es que ese derecho de opción sea atribuido con carácter general al empresario o, al lími-

---

4 SSJS n.º 34 Madrid, de 21 de octubre de 2020 (Resolución n.º 177/2020) y de 21 de febrero de 2020 (Resolución n.º 71/2020). Entre la doctrina, apostando por la readmisión obligatoria, GORELLI HERNÁNDEZ, J.: "La viabilidad jurídica de la readmisión del trabajador ilícitamente despedido", en *Ius et Veritas*, n.º 11, 1995, pp. 77- 84. En contra, se pueden encontrar resoluciones como la STJS Galicia, de 27 de mayo de 2022 (Rec. n.º 1631/2022) y la SJS, n.º 7 Vigo, de 21 de marzo de 2023 (Resolución n.º 492/2022).

te, que cuando se opte por la indemnización se excluyan los salarios de tramitación, devaluándose con ello la protección frente a este tipo de extinciones. Pero, mejor no adelantarse para exponer con mayor detalle las razones que me conducen a esta conclusión.

Como se ha explicado, de una interpretación literal y hecha en sentido positivo del precepto internacional parece derivar la conclusión de que se apuesta primeramente por la estabilidad en el empleo de la persona trabajadora, de que la primera alternativa ha de ser la readmisión, la restitución *in natura*, y de que quien debe arrogarse la facultad de decidir sobre ella son los órganos judiciales o, en su caso, arbitrales. Y únicamente en el caso de que éstos no estuvieran facultados para ordenarla o proponerla o consideraran que fuera imposible, será cuando proceda decidir —siempre por parte de aquellos órganos— sobre la indemnización. Planteado en estos términos el asunto, tres serían las consecuencias que cabría extraer[5]. Primera, que ninguna opción puede existir entre readmisión y extinción indemnizada cuando se califica judicialmente a un despido como injustificado o improcedente pues no cabe situarlas en idéntica posición. Segunda y como derivada lógica, que no cabe exclusión alguna de la readmisión en este tipo de despidos o ceses. Tercera, que, si existiera —como sucede en el caso español— un derecho a elegir entre las dos alternativas, no cabría atribuir la opción ni a empresario ni a trabajador, pues los únicos habilitados para ordenar la readmisión o, en su caso, para imponer la obligación indemnizatoria serían los tribunales nacionales.

Mirada la cuestión desde este ángulo, ni que decir tiene que estos argumentos conducirían irremediablemente a declarar la nulidad de lo dispuesto al respecto en el art. 56 ET en virtud de la aplicación del principio de jerarquía normativa de las normas internacionales derivado del art. 96.1 CE[6]. Ahora bien, como se ha dicho, el que an-

---

[5] Y que, de hecho, se han extraído por la SJS n.º 34 Madrid, de 21 de febrero de 2020 (Resolución n.º 71/2020).

[6] Y en conexión con el art. 31 Ley 25/2014, de 27 de noviembre, de Tratados y otros Acuerdos Internacionales que dispone que “las normas jurídicas contenidas en los tratados internacionales válidamente celebrados y publicados oficialmente prevalecerán sobre cualquier otra norma del ordena-

tecede es un modo de interpretar el asunto. Otro, el que creo más correcto en términos jurídicos, pasa por entender que, aunque los tribunales nacionales españoles estén, ciertamente, facultados para realizar una "propuesta" de readmisión, ello no impide que alternativamente puedan dar la opción también por la extinción indemnizada del contrato, puesto que de haberse querido por la norma internacional que la readmisión forzosa fuese la consecuencia primera y principal del despido sin justa causa cabe pensar que así se hubiera señalado expresamente, máxime —si se tercia— cuando se tratase de despidos acometidos por causas prohibidas (art. 5 C158). Pero ello así no se contempla, puesto que de la lectura atenta del art. 12 C158 (derechos del trabajador despedido) no cabe inferir —sino antes al contrario— que el modelo por el que apuesta el Convenio sea el de la estabilidad real en el empleo con la readmisión de la persona trabajadora como bandera[7]. Es más, ni siquiera aborda este planteamiento la Carta Social Europea, puesto que en su artículo 24 tan sólo dispone que, "para garantizar el ejercicio efectivo del derecho de los trabajadores a protección en caso de despido, las Partes se comprometen a reconocer: a) el derecho de todos los trabajadores a no ser despedidos sin que existan razones válidas para ello relacionadas con sus aptitudes o su conducta, o basadas en las necesidades de funcionamiento de la empresa, del establecimiento o del servicio; b) el derecho de los trabajadores despedidos sin razón válida a una indemnización adecuada o a otra reparación apropiada". Ciertamente, no es que pueda afirmarse que exista en este precepto un favor por la solución indemnizatoria cuando acontece un despido de tales características porque se habla de la posibilidad de "otra reparación adecuada", pudiéndose incluir, entre ellas, la opción por la restitución *in natura*. Así, de hecho, lo dictaminó el Comité Europeo de Derechos Sociales, quien, en su decisión adoptada en septiembre de

miento interno en caso de conflicto con ellas, salvo las normas de rango constitucional".

7 MOLINA NAVARRETE, C.: "Actualidades y críticas del Convenio OIT n. 158 en los derechos europeos: ¿el renacer del sentido del límite jurídico a la libertad (de empresa) en favor de la seguridad (en el empleo)?", en *Revista Internacional y Comparada de Relaciones Laborales y Derecho del Empleo*, vol. 7, 125-180, 2019, p. 152

2006, consideró que la readmisión puede incluirse "como uno de los modos de reparación de los que las jurisdiccionales internas pueden disponer". No obstante, fíjese que a la readmisión se la tiene como un modo más de reparar el daño que ha sufrido la persona trabajadora despedida "sin razón válida", no, en modo alguno, el preferente.

Por lo tanto y en consecuencia, una cosa es que exista en el art. 10 C158 cierta inclinación por la readmisión y otra bien distinta es derivar de ahí que no pueda ofrecerse, como hace el ordenamiento laboral español, una alternativa indemnizatoria. Si la restitución *in natura* no es en la norma internacional (ni en la europea) un efecto que proceda siempre y en todo caso cuando acontece un despido sin justa causa, nada parece impedir, al menos en este contexto, que en el marco legal nacional cuando de los despidos improcedentes se trata se haga una doble propuesta y que, en el caso de los despidos nulos, se mejore este extremo por la norma interna, apostando claramente y ya sí porque el juez "ordene" la readmisión[8].

¿Cuál sería entonces la aplicabilidad práctica en el panorama legislativo español del art. 10 C158? Desde luego creo que no puede ser utilizado para que los órganos judiciales nacionales puedan, *motu propio,* arrogarse una facultad que el legislador no les ha concedido, retorciendo hasta el extremo los contornos normativos para amoldarlos a cierta interpretación pretendidamente *pro operario* del precepto[9]. Dejando esto claro, la opción pasaría por interpretar que el mandato internacional instaura la denominada reparación por equivalente. Es decir, como el juez nacional sí que está facultado y, además, "en virtud de la legislación", para anular la terminación y ordenar la readmisión de la persona trabajadora en el caso del despido nulo o para, en su caso, proponer la readmisión y anular así la terminación del contrato en caso de extinciones declaradas como

---

8 En este sentido, STSJ Madrid, de 17 de marzo de 2021 (Rec. n.º 85/2021).

9 Y se utiliza el adverbio "pretendidamente" de forma consciente porque cabría preguntarse qué ocurriría si la persona despedida no quiere ser readmitida. ¿Pudiera ser que, aun así, se impusiera por el órgano judicial la readmisión de modo forzoso sin valorar todas las circunstancias, incluida ésta? Parece que no a la vista de lo juzgado en la STS de 8 de julio de 2013 (Rec. n.º 1928/2011).

improcedentes (aunque ello dependa de la decisión de un tercero), el art. 10 C158 recordaría que cuando resulte imposible ordenar o proponer la readmisión, lo que procede es decretar el pago de la indemnización a la persona trabajadora por causa de la extinción de su contrato de trabajo. Obligación ésta que, como se sabe, certeramente contemplan tanto el art. 110.1.b) LJS como el art. 286 del mismo cuerpo legal.

Cuestión distinta es que la opción de escoger entre una alternativa (la readmisión) u otra (la extinción indemnizada) corresponda, por regla general, a la parte empleadora. Ciertamente, ello en nada parece contradecir a lo dispuesto en el art. 10 C158 de acuerdo con la interpretación que de este precepto se realiza. Aunque la propuesta de readmisión derive del órgano judicial y éste, además, ofrezca como alternativa la respuesta indemnizatoria, la norma internacional no parece obstaculizar en modo alguno, a mi parecer, que se otorgue la facultad de decidir entre una y otra alternativa a cualquiera de las partes. Ofrecerla al empresario como hace el ordenamiento español es fruto, eso sí, de una política legislativa tendente a —como también anteriormente se ha comentado— dotarle de cierto margen de flexibilidad a fin de que decida qué es lo que mejor le conviene porque lo contrario se entiende que podría provocar en la economía un desequilibrio no deseado y perjudicial. Esta perspectiva, además, se refuerza con la decisión, tomada en el marco de la gran reforma efectuada en el año 2012[10], de limitar el abono de los salarios de tramitación solamente a cuando se opte por la readmisión[11]. La eliminación de esta cuantía económica cuando se opta por la extinción indemnizada en verdad hay que entenderla desde el punto de vista de un contexto marcado por una profunda crisis económica, pero

---

[10] Art. 18 Ley 3/2012, de 6 de julio, de medidas urgentes para la reforma del mercado laboral.

[11] Actualmente, sin embargo, también se ha reconocido, aunque en sede judicial, que procede el abono de los salarios de tramitación cuando, como se verá, queda acreditada la imposibilidad de la readmisión en el acto de juicio y el trabajador solicita expresamente la extinción de la relación laboral y ello a pesar de que el art. 110.1.b) LJS guarda silencio al respecto. Por todas, SSTS de 17 de febrero de 2021 (Rec. n.º 1727/2018) y 12 de febrero de 2020 (Rec. n.º 2988/2017). Sobre ello, véase apartado III.1.C.

ocurre, sin embargo, que sus efectos son altamente perniciosos: si es la parte empresarial la que elige y si una opción, la extinción indemnizada, le puede salir más "barata" —permítase la expresión— que optar por la otra, es fácil entender, con la norma en la mano y reabriendo cierto "viejo" debate, que se esté desincentivando que se tome la decisión de retomar la prestación de servicios[12]. Y este planteamiento (al empresario se le permite elegir y, además, se le incentiva a escoger una alternativa que le puede resultar más rentable en términos económicos) quizá no sea el que mejor encaje con ciertas previsiones constitucionales, en especial (pero no únicamente), con el mandato contenido en el art. 35.1 CE.

Como se conoce, es doctrina constitucional perfectamente asentada que el derecho al trabajo supone el reconocimiento a nivel constitucional del principio de estabilidad en el puesto de trabajo y la interdicción del despido *ad nutum*, así como de la existencia de una reacción adecuada contra tal despido o cese, cuya configuración, en la definición de sus técnicas y alcance, se deja en manos del legislador[13]. Y si ello es así, si existe tal favor al máximo nivel por la conservación del empleo de la persona trabajadora, pudiera pensarse que ni cabe opción alguna, ni que ésta, de existir, se otorgue al empresario, ni que, desde luego, se incentive de la manera que sea la salida indemnizatoria. A mi modo de ver, no obstante y respecto del primer problema (la existencia en sí del derecho de opción) no creo que pueda afirmarse que atente contra el art. 35.1 CE una norma que permita escoger, ante un despido improcedente, entre el cese en el trabajo con derecho al abono de un monto indemnizatorio y la continuidad de la prestación de servicios, cuando ésta debiera ser la solución primordial. Y no lo considero de tal modo porque el derecho al trabajo no es absoluto ni incondicionado, sino que, como es co-

12 En el mismo sentido, GINÈS I FABRELLAS, A.: "La regulación de la indemnización por despido improcedente y salarios de tramitación en la ley 3/20125: ¿por qué abaratar el incumplimiento?", en AA.VV.: *Las reformas del derecho al trabajo en el contexto de la crisis económica. La reforma laboral de 2012*, Asociación Española de Derecho del Trabajo y de la Seguridad Social, 2013, p. 9.

13 Por todas, SSTC 192/2003, de 27 de octubre, 20/1994, de 27 de enero y 22/1981, de 2 julio.

nocido, puede quedar sujeto a limitaciones justificadas en atención a la necesidad de preservar otros derechos o bienes constitucionales dignos de tutela, entre otros y por lo que aquí interesa, el fomento de una política de pleno empleo[14]. No puede desconocerse, de este modo, que con la opción legislativa tendente a instaurar un derecho de opción en caso de despido declarado judicialmente como improcedente se consigue, al tiempo, proporcionar una oportunidad de trabajo a la población que se encuentra en desempleo. Incide, además, en esta idea el hecho de que, aunque se ofrezca la posibilidad de escoger, lo cierto es que la norma estatutaria no oculta el favor por la estabilidad en el empleo ya que, en un delicado equilibrio de intereses en juego, ordena que, cuando la persona titular de la opción no escoja, debe procederse a la readmisión como reparación por el cese improcedente. Estas consideraciones permitirían, en fin, confirmar, desde mi punto de vista, que el derecho al trabajo reconocido en el art. 35.1 CE no entra en absoluto en conflicto con la previsión legislativa que instaura el derecho de opción. La justificación de éste resultaría ser legítima, en efecto; no obstruiría *per se* derecho alguno al trabajo y, desde luego, la medida vendría a ser proporcionada con respecto al fin perseguido, previéndose determinados mecanismos (la readmisión en caso de que no se optara) que contribuirían a mantener el equilibrio interno de la propia institución con respecto a otros bienes o derechos protegidos.

Esto dicho, que se abogue por considerar que el derecho de opción encaja en el marco constitucional, no quiere decir, ello no obstante, que se esté de acuerdo con que su titular sea, por regla general, el empresario. Se conoce, desde luego, que una de las limitaciones del mandato contenido en el art. 35.1 CE puede venir de la mano de la libertad de empresa y del mandato a los poderes públicos de garantizar y proteger su ejercicio y de la defensa de la productividad[15]. Y si ello es así, es evidente que —de nuevo en el marco de ese frágil equilibrio al que antes se hacía referencia entre los

---

14 STC 119/2014, de 16 de julio. También ATC 43/2014, de 10 de febrero, que, sin entrar a considerar el plano colectivo del derecho al trabajo, incardina el derecho de opción en el margen de configuración atribuido al legislador *ex* art. 35.2 CE.

15 STC 118/2019, de 16 de octubre.

diversos intereses en juego— las exigencias derivadas del art. 38 CE pueden legitimar el reconocimiento legal en favor del empresario de determinadas facultades en el marco de la extinción del contrato de trabajo integradas en sus poderes de gestión de la empresa. Entre tales facultades, y dentro de su libertad de configuración, el legislador ha optado por atribuir a la parte empleadora el derecho de opción en caso de despido improcedente en un claro intento por tutelar aquella libertad, pero también por incentivar ese pleno empleo al que más arriba se ha aludido. La idea es ofrecerle al empresario la posibilidad de reducir las incertidumbres propias de la contratación, pues ante un despido calificado como de improcedente se le concede, aun con todo, la posibilidad de valorar si le conviene —si todavía considera rentable en términos económicos, pero incluso también personales— seguir contando con la persona trabajadora a la que había cesado. Limitación, por lo demás, al derecho al trabajo y, en concreto, a la estabilidad en el empleo que resultaría proporcionada de nuevo en atención a ese favor por la readmisión que se despliega en la norma estatutaria en caso de que el titular de la opción no escoja entre una y otra alternativa que se le ofrece.

Planteado el asunto desde esta perspectiva, es evidente que ningún problema de constitucionalidad existiría al atribuirle el derecho de opción al empresario. Con todo, no cabe olvidar que éste, en el marco de los despidos improcedentes, es parte incumplidora y que, paradójicamente, es a ella a la que se le ofrece la oportunidad de escoger lo que mejor le convenga. Si bien se piensa, no deja de ser un contrasentido que se le atribuya por vía legal a quien ha sido condenado por sentencia la posibilidad de escoger el alcance de su responsabilidad. Es ésta una *rara avis* en el Derecho de obligaciones y contratos con un basamento muy claro de corte liberal y que, como se ha explicado, podría encontrar acomodo constitucional de interpretar que el legislador en este contexto está habilitado para intentar encontrar un justo equilibrio entre los diversos intereses en juego. Pero quizá otro planteamiento es posible. Otro en el que la posición de desventaja de una de las partes no sea tan evidente ante —no se olvide— un despido sin causa. Porque si tanto el C158 como la CSE y el art. 35.1 CE intentan tutelar a la parte más débil en la contratación frente a un cese injustificado, si esa es la filosofía última que impregna estas normas, tal vez la tan deseada harmonía entre los derechos e intereses en conflicto pueda lograrse acometiendo una reforma estatutaria más decididamente *pro labore* que otorgue el poder de decisión no a la parte trabajadora en todo caso, sino a ambas partes en función de una variable en concreto, la dimensión de la empresa.

En efecto, ha de descartarse, a mi modo de ver, la primera opción porque de lo que se trata es de cohonestar el derecho al trabajo con la libertad de empresa. Ni una se entiende sin la otra, ni una debe de encontrarse en una posición de supremacía frente a la otra. Además y aunque no sea un argumento netamente jurídico, abunda en esta idea el hecho de que apostar por esta solución en un momento económico delicado conduciría seguramente a una contracción de la economía y a provocar el efecto perverso de disminuir las contrataciones. Por ello, la propuesta que se realiza pasa por entender que el derecho de opción podría atribuirse bien al empresario bien a la parte trabajadora en función de las características de la empresa, esto es y ya por decirlo claramente, en función de si la organización tiene o no más de cincuenta de trabajadores en plantilla. Se trataría, como puede vislumbrarse, de extrapolar la filosofía que impregna otras normas estatutarias y establecer un régimen u otro en función de si la empresa tiene una mayor o menor dimensión. De esta forma, en las empresas de menos de cincuenta empleados (las microempresas o las PYMES, las que conforman la mayor parte del tejido productivo nacional y las que, en cierta forma, cuentan con un menor margen de maniobra), el derecho de opción se atribuiría a la parte empleadora, mientras que en el resto, el titular del derecho de opción sería la propia persona trabajadora[16]. En mi opinión, sería ésta una mejor forma de tutelar y salvaguardar todos los intereses en juego; una forma que, además, podría seguir siendo proporcionada de acuerdo con el fin perseguido de continuar apostando por la readmisión en caso de que no se escogiera por una u otra alternativa.

---

16 La alternativa, por cierto, aunque encajaría con el diseño de otras normas estatutarias, ya se contemplaba en el art. 81, tercer párrafo, del Decreto de 26 de enero de 1944, por el que se aprobaba el texto refundido de la Ley de Contrato de Trabajo.

2. LOS SALARIOS DE TRAMITACIÓN: SUPUESTOS EN LOS QUE PROCEDE SU ABONO Y NATURALEZA

A) Suficiencia y constitucionalidad de los salarios de tramitación

Los términos del debate en cuanto a los salarios de tramitación son sobradamente conocidos. La reforma laboral de 2012 actúa sobre ellos limitando el abono de esta cuantía a los supuestos nulidad, donde la readmisión es forzosa, a los casos en que la empresa opte por la readmisión (y readmita efectivamente) o cuando se trate de un representante de los trabajadores (sea cual sea su opción, conforme al art. 56.4 ET). La medida, profusamente criticada por la doctrina[17], es, sin embargo, avalada por el ATC 43/2014, de 10 de febrero y sla STC 8/2015, de 22 de enero, que, haciendo suyos varios de los argumentos de la Exposición de Motivos de la Ley 3/2012, de 6 de julio, de medidas urgentes para la reforma del mercado laboral, dictaminaron que la supresión de los salarios de trámite en caso de que se optara por la indemnización era una opción legislativa que encontraba su correcta justificación en aquella Exposición de Motivos y que, a mayor abundamiento, ni entraba en contradicción con el art. 35.1 CE, ni con lo dispuesto en los arts. 14 y 24 CE[18]. De esta forma y bajo el amparo "de la grave situación de crisis económica del país y de las altas tasas de desempleo" y la premisa de que "la reducción del coste del despido puede favorecer la creación de empleo y la aminoración de la segmentación del mercado de trabajo", los principales puntos en que los que se sustentaría la tesis de los magistrados consistirían, de una parte, en negar que la supresión de tal monto económico

[17] Por todos, CABEZA PEREIRO, J.: "La devaluación de las garantías del empleo: el reducido control de la decisión unilateral del empresario", en *Cuadernos de Relaciones Laborales,* n.º 40, 1, 2022, pp. 64 y 65.

[18] Muchos fueron los asuntos tratados en la STC 8/2015, de 22 de enero, entre ellos, la constitucionalidad de la que fuera llamada "medida estrella" de aquella reforma laboral. Sobre el tema, NICOLÁS BERNAD, J.A.: "Eficacia jurídica de las medidas de fomento del empleo de la reforma laboral de 2012 desde la hermenéutica judicial", en AA.VV.: *Crisis económica y empleo: la experiencia judicial aplicativa de las últimas reformas laborales,* Thomson-Reuters Aranzadi, Cizur Menor, 2021, pp. 181-222.

colisionase con las exigencias propias del derecho a la igualdad y a la no discriminación. Ello, por dos argumentos básicamente. Primero, porque readmisión y extinción indemnizada no han de entenderse en modo alguno como situaciones homogéneas a las que deba dárseles *per se* un mismo tratamiento jurídico. Son situaciones diferentes (en un caso, la relación laboral se mantiene en vigor y en el otro, queda definitivamente extinguida) a las que "el legislador ordinario puede legítimamente atribuir consecuencias jurídicas distintas" [en este caso, la eliminación del débito salarial que suponen los salarios de trámite] sin vulnerar por ello derecho fundamental a la igualdad alguno. Segundo, porque el reconocimiento de tal cuantía a los miembros de la representación cualquiera que sea la opción que escojan es una diferencia de trato que se justifica en las singularidades de su régimen jurídico y de la protección reforzada que se les debe dispensar a causa de la función que desempeñan en el seno de la organización.

Por lo que atañe a una hipotética vulneración al derecho contemplado en el art. 35.1 CE, también es rechazada de plano en tanto que la supresión de los salarios de trámite cuando se opta por la extinción "constituye una posibilidad constitucionalmente legítima que queda dentro del margen de configuración atribuido al legislador *ex* art. 35.2 CE". Se defiende, además, que el efecto incentivador de la extinción como consecuencia de exigir salarios de tramitación en la reincorporación y no en la indemnización en ningún caso constituye "consecuencia necesaria, ya que en ningún momento queda impedida la posibilidad de optar por la readmisión". Como tampoco, en fin, queda impedida la posibilidad de que el empresario valore, a la hora de efectuar la opción otros aspectos muy diversos, "sin que el coste de los salarios de tramitación en la readmisión —cuyo alcance, además, queda limitado *ex* art. 57 ET— sea el único factor a considerar ni conduzca automáticamente a decantarse por el pago de la indemnización, cuya cuantía, calculada en atención al salario y antigüedad de cada trabajador, constituirá otro de los posibles elementos a tener en cuenta en la decisión de cada caso concreto"[19].

---

19 En el voto particular de la sentencia antes mencionada se encuentra una rápida contestación a este argumento: "en todo caso, no me parece imper-

Al hilo de esto, se entiende igualmente que el hecho de que una opción pueda ser "más o menos atractiva en función de circunstancias diversas o el hecho de que en dicha elección pueda pesar más un tipo u otro de consideraciones son cuestiones todas ellas que afectan a la regulación material de los efectos del despido improcedente, pero que en nada limitan el alcance de su tutela judicial", por lo que ninguna vulneración del art. 24 CE se produce. Se entiende, de esta forma, que el mandato constitucional no queda en entredicho pues, en puridad, ningún impedimento existe en el texto del art. 56 ET para que la persona trabajadora "interponga la correspondiente acción de despido ante los tribunales y obtenga una sentencia en que se declaren las consecuencias previstas previamente por el legislador en función de la calificación de la extinción".

Se añade, en fin, que "el tiempo de duración del proceso judicial no parece un criterio adecuado para compensar el perjuicio que supone la pérdida del empleo, máxime teniendo en cuenta que el trabajador puede acceder a la prestación de desempleo desde el mismo momento en que tiene efectividad la decisión extintiva" y que "los salarios de tramitación actúan, en ocasiones, como un incentivo para estrategias procesales dilatorias, con el añadido de que los mismos acaban convirtiéndose en un coste parcialmente socializado, dada la

---

tinente dejar ya aclarado desde un principio que, en mi opinión, el vigente régimen jurídico de los salarios de tramitación no solo priva al trabajador de una protección real y efectiva ante los despidos sin justa causa. Además de ello, dicha regulación funciona como un incentivo económico, irracional y arbitrario, a favor de la extinción del contrato de trabajo, colisionando de manera frontal con el derecho constitucional al trabajo, que no puede en modo alguno conciliarse con una medida que no se limita a adoptar una actitud neutra hacia al empresario; antes al contrario, estimula y promueve, de manera abierta, su opción a favor de la terminación de la relación laboral. Por este lado, la propia ley impugnada deja en entredicho y contradice la que constituye, de conformidad con sus propias declaraciones, su finalidad primera y esencial y que ha sido invocada, en más de una ocasión, por las resoluciones adoptadas por este Tribunal con vistas a sostener la regularidad constitucional de algunos preceptos legales de la Ley 3/2012; a saber: el fomento de aquellas medidas destinadas a crear empleo, priorizando su ejercicio por el empresario frente a aquellas otras dirigidas a destruir puestos de trabajo".

previsión de que el empresario podrá reclamar al Estado la parte de dichos salarios que exceda de 60 días".

Para el Tribunal, pues, la previsión normativa encontraba (encuentra) plenamente su encaje en el marco constitucional. Pero ¿y en el supranacional? La respuesta a esta cuestión vino de la mano de un informe emitido por el Comité de la OIT en la 321° reunión celebrada el 13 de junio de 2014[20]. En él, el Comité recuerda, en primer lugar, que el art. 10 C158 (como el art. 24 CSE, debe añadirse) tan sólo hace referencia al pago de una "indemnización adecuada" u "otra reparación que se considere apropiada", sin mencionar específicamente a los salarios de tramitación. Sobre esa base, se entiende que, como la reforma legislativa no ha eliminado en sí el pago de una indemnización por la terminación de la relación de trabajo, no ha existido vulneración alguna del precepto internacional, por lo que para el Comité de Expertos de la OIT en este punto la supresión del abono de los salarios de trámite es perfectamente acorde con el marco internacional. Con todo, existen decisiones del CEDS que abogan por considerar que una indemnización adecuada que repare los perjuicios de un despido injustificado es aquella que también prevea "el reembolso de las pérdidas financieras sufridas entre la fecha del despido y la decisión del órgano de apelación"[21]. Se volverá sobre esto más tarde, porque, a mi modo de ver, sí que puede razonablemente cuestionarse la concordancia de esta opción de política legislativa con las normas constitucionales. Y es que, al contrario de lo expuesto en el auto y en la sentencia, existen sólidos argumentos, en mi opinión, como para reabrir o relanzar el debate y apostar por una reforma legislativa en este sentido.

---

20 Informe que viene a responder a la reclamación efectuada ante la OIT en mayo de 2012 por CCOO y UGT por posible incumplimiento de la reforma laboral al C158. Disponible en https://www.ilo.org/gb/GBSessions/previous-sessions/GB321/ins/WCMS_247068/lang--es/index.htm

21 Así, Decisión de Fondo del CEDS, de 23 de marzo de 2022, CGT-FO vs. Francia, demanda 160/2018). Advirtiendo de ello, MOLINA NAVARRETE, C.: "¿Y ahora qué?: los salarios de tramitación, condición necesaria, no suficiente, para cumplir con el mandato vinculante del CEDS)", *Brief de la AEDTSS*, publicado en 17 de abril de 2024.

De modo indefectible, es fácil oponer, como hace el Tribunal, a la tesis de la priorización, al menos en el plano legislativo, de una alternativa (la extinción indemnizada) frente a la otra (la readmisión) que ello es un acto meramente presuntivo, que el empresario mantiene aún intacto su derecho a optar por la readmisión y que, en realidad, lo que se hace por el legislador es, en el marco de sus facultades, ofrecer un trato diferente a dos realidades que no son en modo alguno semejantes, con lo que la previsión encajaría, a la postre, con las previsiones que derivan del mandato del art. 14 CE. Es más, incluso es factible argumentar también que la medida no colisiona con una pretendida prohibición constitucional a la irregresividad de derechos, que no existe como tal en el texto constitucional[22]. Pero, ello no obstante, aun pudiendo entenderse el esfuerzo argumentativo que sostiene este planteamiento[23], de lo que creo que no cabe dudar es de que se desbordan los márgenes que impone el principio de igualdad y no discriminación cuando los salarios de trámite se abonan, sea cual sea la opción elegida, cuando la persona despedida es un miembro de la representación de los trabajadores.

Desde luego que puede sostenerse, como así se ha hecho, que ello deriva de la protección reforzada que debe dispensarse a tales sujetos habida cuenta del cometido que desempeñan en la empresa. Pero, a mi modo de ver, este argumento decae de tener en consideración, primero, que tal posición privilegiada ya se sostiene confiriéndoles el derecho a elegir qué alternativa escoger (algo que al trabajador ordinario le queda vedado por regla general habida cuenta de que su situación en la empresa no es ni mucho menos semejante a la del miembro de la representación) y, segundo, que ninguna incidencia tiene en la elección que se plantee la persona representante que se abonen los salarios de trámite en tanto que los va a percibir en todo

---

22 SEMPERE NAVARRO, A.V.: "La eliminación de los salarios de tramitación y su ajuste constitucional (2002 y 2012)", en *Aranzadi Doctrinal*, n.º 2, 2012, p. 14 (v. *on line*).

23 Un planteamiento que conduce inexorablemente —debe insistirse— a la debilidad de un modelo de protección frente al despido ya devaluado de por sí con la rebaja del coste indemnizatorio.

caso[24]. En mi opinión, pues, la solución a la que llega el Tribunal Constitucional no resulta ser tan acorde con las exigencias propias del principio de igualdad como en el auto se plantea. Si, según este principio, el tratamiento diferenciador es posible, pero siempre y cuando encuentre una justificación objetiva y razonable, no parece que ésta pueda encontrarse cuando una prerrogativa como es el mantenimiento en todo caso de los salarios dejados de percibir no añade nada a la ya de por si reforzada posición de los miembros de la representación, que escogerán entre una u otra alternativa, no porque se les abone una determinada cuantía que siempre percibirán, sino más bien porque deseen o no permanecer en la empresa que les ha despedido de forma injustificada.

Desde este punto de vista, entonces, la percepción por los miembros de la representación de los salarios de trámite en caso de que sean cesados de forma improcedente puede cuanto menos cuestionarse. No parece acorde con el derecho a la igualdad y la prohibición de discriminación que unos determinados sujetos —ya protegidos por el sistema— disfruten de tal prerrogativa cuando no existe justificación alguna, desde estos planteamientos, para negársela a otros, las personas empleadas en la empresa que no ostentan la condición de miembros de la representación, cuando el mismo, idéntico, perjuicio se les causa (la pérdida del salario desde la fecha de efectos del despido). Se aboga, por ello, porque una futura reforma estatutaria se replantee la legitimidad constitucional de una medida como la supresión de los salarios de trámite en caso de que se opte por la extinción indemnizada en los supuestos de despidos improcedentes y su mantenimiento cuando la persona despedida es miembro de la representación. El argumento de la amplia facultad con la que cuenta el legislador para moldear el diseño de la institución del despido debe, en mi opinión, decaer cuando parece que el mandato de igualdad no puede excepcionarse legítima y justificadamente en estos supuestos.

---

24 Del mismo parecer, BELTRÁN DE HEREDIA, I.: "Los salarios de tramitación tras la Ley 3/2012: inconsistencia dogmática, posible inconstitucionalidad y omisiones relevantes", en *Relaciones Laborales,* n.º 7, 2013, p. 6 (v. *on line*).

Ahora bien, no sólo este motivo cuestiona el pretendido engarce constitucional de una medida como es la limitación de los salarios de tramitación en los supuestos de despidos improcedentes. A mi modo de ver, pueden esgrimirse otros dos más, relacionados, también, con el principio de igualdad. De un lado y como se ha visto, el auto se ampara en el art. 14 CE para concluir que la eliminación para la opción indemnizatoria del débito salarial que deberían representar este tipo de salarios es perfectamente legítima en tanto que puede y debe darse un trato desigual a dos realidades jurídicas (readmisión y extinción indemnizada) cuyos efectos son completamente diferentes. Con este argumento podría estarse, en línea de principio, de acuerdo si no fuera porque, a fin de cuentas, no desaparece en los supuestos de opción por la extinción la *ratio legis* o el fundamento esencial que justifica la existencia de la obligación de satisfacer los salarios de tramitación. Es decir, el cese injustificado en el trabajo se ha producido y ello es anterior a que al empresario se le otorgue la capacidad de elección. Este hecho, *per se*, ya debería ser suficiente como para que la parte empleadora incurriera en la responsabilidad de abonar, en todo caso, unos salarios que, por su conducta, la persona despedida no ha llegado a percibir. Pero, ligando ahora ya sí la cuestión al ámbito constitucional, aún hay más, porque, deslizar el argumento del trato desigual justificado supone, en mi opinión, quedarse en la superficie del problema al no tenerse en absoluto en cuenta que tal medida provoca un efecto perverso totalmente indeseable desde el punto de vista de la igualdad y no discriminación: se distingue, sin razón aparente alguna, entre dos categorías de sujetos, los que tendrán, tras el proceso, un sostén económico gracias al percibo de los salarios de trámite y los que no lo tendrán y habrán sufrido un desgaste monetario que, posiblemente, ni podrán ver compensado con la exigua cuantía que les corresponda por desempleo, si es que logran acceder a la prestación[25]. Es decir, la limitación de los salarios de trámite no sólo atraviesa, en mi opinión, el derecho constitucional contemplado en el art. 14 CE por el hecho de diferenciar, ya se ha visto, injustificadamente entre la situación en la que queda el miem-

---

25 Hecho en el que incide el voto particular al ATC 43/2014, de 10 de febrero, aunque ligando el problema a la vulneración del art. 24.1 CE.

bro de la representación que es despedido y en la que queda quien no ostenta tal condición, sino también porque tiene el potencial para excluir de la protección y sin causa aparente alguna a determinados colectivos que, debido a su precaria situación, pueden quedar al margen de la prestación por desempleo (o, de percibirla, lo hacen en una cuantía mínima).

Pero aún restaría otro argumento que aportar para incidir en la afectación negativa que la limitación de los salarios de trámite tiene sobre el derecho a la igualdad contemplado en el art. 14 CE, pero, esta vez, interpretado de acuerdo con lo que dispone el art. 9.2 CE. Cierto es que este último precepto en absoluto incorpora un derecho subjetivo a un trato diferente y más favorable, pero, no obstante, sí lo permite. Pues bien, si constitucionalmente el legislador queda habilitado para establecer cierta diferenciación compensatoria para equilibrar las disparidades de hecho y si entre el empresario y la persona trabajadora existe —no hace falta decirlo— una evidente desigualdad originaria que encuentra su fundamento tanto en la distinta condición económica de ambos como en su respectiva posición en la relación jurídica que los vincula, habrá que pensar que se ajustan a la Constitución y, no se olvide, a la finalidad tuitiva o compensadora del ordenamiento laboral en garantía de la promoción de una igualdad real, medidas como la percepción de unos salarios que se han dejado injustamente de percibir desde el momento en que se ha acometido el despido calificado como de improcedente. El carácter compensador o igualador de las normas laborales, derivado del art. 9.2 CE y leído éste en combinación con el art. 14 CE, exige ofrecer a la persona trabajadora, parte débil en la contratación, una tutela material, sustantiva y procesal, que le proteja frente a ciertas actuaciones abusivas o ilícitas procedentes de quien ostenta la posición de ventaja social y económica en la relación laboral; tutela que se resquebraja de adoptar el legislador medidas como la supresión de los salarios de trámite cuando el empresario opta por la extinción indemnizada al ponerse trabas al contrapeso que, frente al poder empresarial injustificadamente utilizado, debería ser la percepción de la retribución perdida —permítase la expresión— desde la fecha de efectos del despido, durante la tramitación del procedimiento judicial y hasta que se dicte la sentencia que declara la improcedencia del despido.

La disonancia del diseño estatutario con el marco constitucional que deriva de las exigencias propias del derecho a la igualdad y no discriminación creo que es evidente. Desde la perspectiva, pues, de los planteamientos que anteceden, puede concluirse sin mayores ambages que la limitación de los salarios de trámite debe revertirse más tarde o más temprano por el legislador, quien habrá de decidir si los retoma habida cuenta del trato desigual e injustificado que la medida dispensa a unos trabajadores frente a otros y a éstos frente a su empresario o si los mantiene tal cual ya están a fin de seguir apostando por un modelo en el que el empresariado disfrute de ciertas ventajas que le incentiven, aunque ello parezca paradójico, a contratar. Ahondaría en la necesidad de volver a ligar los salarios de tramitación a la indemnización por despido improcedente decisiones como la anteriormente comentada del CEDS que abogan por considerar que una "indemnización adecuada" que repare los perjuicios de un despido injustificado es aquella que también prevea "el reembolso de las pérdidas financieras sufridas entre la fecha del despido y la decisión del órgano de apelación". Los salarios de trámite formarían parte, entonces, como condición necesaria, pero no suficiente —según los términos que emplea la decisión de fondo del CEDS dictada en julio de 2024— del derecho a una indemnización adecuada pues vendrían a compensar el daño patrimonial (la pérdida del salario) sufrido desde la fecha de efectos del despido hasta la fecha en que se pronuncia el órgano judicial. Pues bien, de considerar que esto deba ser así y más allá de la discusión acerca de la eficacia vinculante o no de las decisiones del CEDS[26], lo cierto es que este planteamiento supondría, de igual modo, una apoyatura de valor para las tesis, judiciales, académicas o políticas, que defienden la modificación de la actual re-

---

[26] Sobre ello, VIVERO SERRANO, J.: "El despido improcedente y el Comité Europeo de Derechos Sociales: las experiencias de Finlandia, Italia y Francia", *Brief de la AEDTSS*, publicado en 15 de abril de 2024, sostiene que "ni las normas internacionales del Consejo de Europea ni las normas procesales españolas otorgan carácter jurisdiccional al CEDS. Ni tampoco sus decisiones de fondo conocen mecanismos jurídicos internacionales o nacionales capaces de garantizar su vinculatoriedad". En sentido contrario, JIMENA QUESADA, L.: "La primera decisión de fondo contra España del Comité Europeo de Derechos Sociales: evidentemente vinculante", en *Lex Social: Revista De Derechos Sociales*, n.º 14(1), 2024, pp. 1-6.

gulación del despido improcedente a fin de recuperar los salarios de tramitación sea cual sea la opción que se escoja. Y, dicho sea de paso, implicaría reconocer, a mi modo de ver, la naturaleza indemnizatoria —que no de débito salarial— de estas cuantías. Veamos.

B) Naturaleza jurídica de los salarios de tramitación

Más allá de la adecuación o no adecuación constitucional y supranacional de la limitación de los salarios de tramitación, el abono de esta cuantía aún plantea otra cuestión verdaderamente vidriosa: el debate en torno a su naturaleza jurídica. Y no es éste un tema meramente dogmático o académico; antes al contrario, pues de la naturaleza salarial o extrasalarial de este monto dependerá, por ejemplo, la compatibilidad o incompatibilidad del mismo con el abono de otras percepciones. Ciertamente, la jurisprudencia, a día de hoy, del Tribunal Supremo es bastante clara[27]. La ontología de los salarios de trámite es indemnizatoria y no salarial habida cuenta de la naturaleza constitutiva del despido, que "ni siquiera se desvirtúa en los casos de despido nulo". Ello quiere decir que la relación laboral, a consecuencia del acto empresarial de despido, se encuentra rota desde ese mismo momento y el restablecimiento del contrato sólo tendrá lugar cuando haya una readmisión y además ésta sea regular[28]. Pues bien, si ello así se considera, si la relación laboral se encuentra rota

---

27 Más allá de alguna sentencia dispar. Así, STS de 7 de julio de 1994 (Rec. n.º 93/1994).

28 Como afirma la STS de 10 de enero de 2023 (Rec. 3770/2021) "en la STS de 10 de enero de 2023 (Rec. n.º 3770/2021) recordamos ese carácter, citando al efecto la STS de 10 de junio de 2009 (Rec. n.º 3098/2007), y la coincidencia tanto de la doctrina científica como de la jurisprudencia, en términos generales, en la naturaleza extintiva de la resolución empresarial del despido, que lleva a determinar el carácter autónomo y constitutivo del acto mismo de despido, que ni siquiera se desvirtúa en los casos de despido nulo; así resulta de los artículos 49.11 y 54.1 del Estatuto de los Trabajadores y del artículo 3 del Convenio 158 OIT; así lo atestigua el Tribunal Constitucional, que en sentencia 33/1987 de 12 de marzo, invoca la jurisprudencia consolidada del Tribunal Supremo y la doctrina del Tribunal Central de Trabajo en el sentido de que la relación laboral a consecuencia del acto empresarial de despido se encuentra rota y el restablecimiento del

desde el acto extintivo, mal puede devengarse un débito salarial denominado salarios de trámite, pues éstos "no corresponden a trabajo efectivo ni a descansos retribuidos"[29]. Y es que, en efecto, mal se cohonestaría la naturaleza salarial de estas cuantías con lo dispuesto en el art. 26.1 ET que define al salario como "la totalidad de las percepciones económicas de los trabajadores, en dinero o en especie, por la prestación profesional de los servicios laborales por cuenta ajena, ya retribuyan el trabajo efectivo, cualquiera que sea la forma de remuneración, o los periodos de descanso computables como de trabajo". Los salarios de tramitación, desde este punto de vista, ni suponen una contraprestación por el trabajo realizado (pues no hay

---

contrato sólo tendrá lugar cuando haya una readmisión y además ésta sea regular (STS de 21 de diciembre de 1990, Rec. n.º 2397/1989)".

29 No obstante, en el plano fiscal, son considerados rendimientos de trabajo a efectos del IRPF, como lo es el salario (DGT V1437-06, de 11 de julio). Por lo demás, no se benefician de la exención prevista para las indemnizaciones por despido o cese (DGT V1437-06, de 11 de julio), aunque sí pueden hacerlo de las reducciones previstas en el art. 18.2 Ley 35/2006, de 28 de noviembre, del Impuesto sobre la Renta de las Personas Físicas (DGT V1923-17, de 19 de julio) y se imputarán "al período impositivo en el que la sentencia que reconoce el derecho a su percepción adquirió firmeza". Pero, "si se perciben estas cuantías por el contribuyente en un período impositivo posterior, su imputación a tal ejercicio determinará que, en su caso, se practique una autoliquidación complementaria en el plazo que media entre la fecha en que se perciban y el final del inmediato siguiente plazo de declaraciones por el impuesto" (DGT V0498-21, de 5 de marzo) y todo ello teniendo en cuenta que "los salarios de tramitación no tienen la consideración de atrasos" (DGT V3153-19, de 13 de noviembre), consideración que "únicamente procederá otorgar si se satisficieran en un período impositivo posterior al de su imputación temporal (es decir, posterior a de la firmeza de la sentencia)" (DGT V3108-23, de 28 de noviembre). Por lo que respecta a la devolución de las prestaciones por desempleo, "debido a su incompatibilidad con los salarios de tramitación (artículo 268 del texto refundido de la Ley General de la Seguridad Social), su incidencia en el IRPF se produce, por su carácter de indebidas, en la declaración del Impuesto en el que las mismas se hubieran incluido. Por tanto, los ingresos percibidos en su día por tal concepto y que se reintegran minorándolos de los salarios de tramitación procede excluirlos de aquella declaración, al considerarse que no se han obtenido, no habiéndose producido respecto a los mismos el hecho imponible del impuesto: obtención de renta por el contribuyente (artículo 6 de la LIRPF)" (DGT V0498-21, de 5 de marzo).

trabajo que realizar) ni suponen una compensación por descanso, habida cuenta de que el trabajador propiamente no está disfrutando de descanso alguno. En base a este razonamiento, se afirma que con los salarios de tramitación "se pretende, en los despidos nulos y en los improcedentes, compensar al trabajador uno de los perjuicios que para él se derivan del hecho del despido, cual es el de no percibir retribución alguna desde la fecha del despido y durante la instrucción del despido correspondiente". Se añade, además, que "cuando el artículo 56.1.b) del Estatuto de los Trabajadores [actual art. 56.2 ET] habla de «la suma de los salarios dejados de percibir desde la fecha del despido hasta la notificación de la sentencia que declare la improcedencia o hasta que hubiera encontrado otro empleo», no está atribuyendo naturaleza salarial a los de tramitación, sino que la referencia a los dejados de percibir hace alusión únicamente al método a seguir para su cálculo"[30].

Esta tesis —construida para dar respuesta, todo hay que decirlo, a la problemática que surge en torno a la responsabilidad solidaria *ex* art. 42 ET—[31] es, pues, clara y, a mi parecer, correcta. El propósito de quien legisla, desde esta perspectiva, es que mientras dure la sustanciación del proceso no sufra perjuicio alguno el trabajador despedido. Perjuicio que no padecería si la calificación del despido fuera automática y consecutiva a la instrumentación de la decisión extintiva. Pero, en la práctica, es evidente que ello no es así, pues es frecuente que transcurra un período temporal lo suficientemente prolongado hasta que se resuelva el conflicto en la instancia para que el trabajador obtenga una respuesta, sea cual sea ésta. Los salarios de trámite van ligados, pues, a la duración del procedimiento[32] y esto es algo que los erige en una indemnización por tramitación del juicio

---

30 Así, entre otras muchas, SSTS de 21 de febrero de 2023 (Rec. n.º 4476/2019), de 9 de marzo de 2022 (Rec. n.º 427/2020), de 4 de marzo de 2014 (Rec. n.º 3069/2012), de 21 de octubre de 2004 (Rec. n.º 4966/2002), de 26 de diciembre de 2000 (Rec. n.º 4595/1999), de 13 de mayo de 1991 (RJ 1991/3907). También, STS, Sala de lo Contencioso-Administrativo, de 13 de diciembre de 2006 (Rec. n.º 2530/2002).

31 Véase apartado IV.4.B.b.

32 Señala BORRAJO DACRUZ, E.: "Los salarios de tramitación: mito y realidad", en *Actualidad Laboral*, n.º 12, 2003, p. 209, que "la carga empresarial

oral, que se mide por los salarios del tiempo que haya durado aquélla[33] y que pretende compensar la desocupación o falta de ganancia del trabajador despedido improcedentemente. Por esto mismo, precisamente, es por lo que existe una norma como la del art. 56.2 ET que permite deducir de estas percepciones el salario obtenido por el trabajador en otro empleo "si tal colocación fuera anterior a [la] sentencia y se probase por el empresario lo percibido". En tanto que el perjuicio del trabajador, en estos casos, se ve aminorado, es lógico pensar que también deban quedar menguados los salarios de trámite, pues o bien puede entenderse que no hay perjuicio que compensar o bien que éste no es tan gravoso[34]. Es más, que sea posible reclamar al Estado el abono de ciertos salarios de tramitación cuando el proceso

---

no está en la duración del contrato; está en el tiempo de gestión del pleito; es decir, en la mayor o menor diligencia de los Tribunales de Justicia".

33 SAGARDOY, J.A.: *El despido laboral y los expedientes de crisis*, Ediciones Deusto, Bilbao, 1969, pp. 133-134.

34 Véase apartado III.3.B. Como indica RODRÍGUEZ CARDO, I.: "Los salarios de tramitación a la luz de los últimos cambios legales y de la jurisprudencia", en *Actualidad Laboral*, n.º 11, 2006, p. 5 (v. *on line*), "si los salarios de tramitación fuesen auténticos salarios no habría razón alguna que amparase su limitación cuando el trabajador encuentra otro empleo durante el litigio", pues "si encuentra un nuevo empleo debería tener derecho a percibir la remuneración correspondiente por el desempeño de tal actividad y ello en nada tendría que afectar al importe de los salarios de tramitación si la naturaleza de éstos fuera verdaderamente salarial". Apuntando también en esta línea, pero para defender el carácter de débito salarial de estas percepciones, MONEREO PÉREZ, J.L. y ORTEGA LOZANO, P.G.: "Anticipación del sentido de la opción entre readmisión o indemnización por parte del FOGASA limitándose los salarios al momento del despido: la empresa no ha comparecido al acto del juicio, se encuentra incursa en procedimiento concursal y no posee actividad alguna", en *Revista de Jurisprudencia Laboral*, n.º 3, 2019 y RODRÍGUEZ FERNÁNDEZ, M.ª L.: *Los salarios de tramitación*, Tecnos, Madrid, 1992, pp. 28 y 29. Por lo demás y en otro orden de ideas, fácil es pensar que, en tanto que no existe una previsión de tal calibre en el caso del despido nulo, tal descuento, en estos supuestos, no debería producirse. No es el caso, pues, como ha sostenido la STS de 13 de mayo de 1991 (n.º 2460/1991), "el art. 55.4 ET [actual art. 55.6 ET] debe interpretarse a la luz del art. 56.1.b ET [actual art. 56.2 ET]", con lo que el descuento procedería en ambos supuestos de despido.

se haya dilatado en exceso (art. 56.5 ET)[35] no hace más que corroborar la naturaleza indemnizatoria de estas percepciones. Si las mismas quedan vinculadas a la duración del proceso, es del todo punto coherente que sea el Estado, como garante de la correcta aplicación de la justicia, el que se haga cargo de las mismas cuando se ha producido un retardo en la administración de la misma. O, dicho de otro modo, si se trata con los salarios de trámite de reparar un daño al trabajador producido con ocasión del despido y vinculado al tiempo de duración del proceso, es factible considerar que el Estado también deba ser el deudor de esta obligación indemnizatoria cuando ha pasado un determinado lapso temporal —que el legislador ha considerado excesivo— entre la fecha en la que se presentó la demanda y la fecha en la que se ha notificado la sentencia.

Este favor por la naturaleza indemnizatoria de los salarios de trámite, sin embargo, ha sido puesto en duda en el ámbito académico sobre la base, fundamentalmente, de la teoría de la mora del deudor, esto es, del empresario. Se parte de postular el carácter constitutivo no del despido, sino de la sentencia que declara la improcedencia, algo que, por cierto, iría en contra de lo preceptuado en el art. 56.1 ET. Así, el entendimiento de que el despido no rompe el vínculo laboral conduce a sostener que la relación laboral ha quedado, desde el momento de la decisión extintiva, en estado de latencia; un estado del que saldrá si se opta por la readmisión, que es lo que, a la postre, rehabilitará el vínculo contractual que se habrá mantenido vivo sin solución de continuidad. Desde ese momento, el empresario habrá incurrido en mora por el pago de los salarios devengados desde el despido y el trabajador, por aplicación analógica de lo previsto en el art. 30 ET[36], conservará el derecho a percibirlos porque corresponden a la retribución de una prestación de servicios que, si no se ha hecho efectiva, se ha debido a una acción antijurídica del empresario. *Ergo,* si estos salarios, los de tramitación, traen su causa de la

---

35 Véase apartado III.4.B.

36 Según este precepto, "si el trabajador no pudiera prestar sus servicios una vez vigente el contrato porque el empresario se retrasare en darle trabajo por impedimentos imputables al mismo y no al trabajador, este conservará el derecho a su salario, sin que pueda hacérsele compensar el que perdió con otro trabajo realizado en otro tiempo".

prestación de trabajo originaria, no puede más que considerarse que son débito salarial[37]. La misma interpretación se ha aplicado, por lo demás, en los casos de los despidos nulos, pues habida cuenta de la eficacia *a radice* de la nulidad, la relación laboral siempre se habría mantenido en vigor, devengándose, en consecuencia, los salarios desde que el despido se produjo[38].

---

37 Es clásica, a este respecto, la postura sostenida por MONTOYA MELGAR, A.: *La extinción del contrato de trabajo por abandono del trabajador*, Instituto García Oviedo, Sevilla, 1967, p. 31, quien sostiene que "el empresario incurre en mora, pues, su decisión no ha producido efectos extintivos y, por tanto, tendría que haber mantenido al trabajador efectivamente ocupado desde que lo despidió hasta que se ha declarado la improcedencia (aspecto particularmente visible en las sentencias citadas). Lo que significa que tendría que haberle abonado el salario por dicho periodo a pesar de su inactividad. Y, por ende, el origen histórico de esta institución, su ontología, está intrínsecamente unida a su naturaleza/carácter salarial". Sosteniendo el mismo argumento, BELTRÁN DE HEREDIA, I.: "Salarios de tramitación: naturaleza salarial (notas para retomar un debate)", en el blog *Una mirada crítica a las relaciones laborales*, entrada de 20 de noviembre de 2014. E, igualmente, LAVADO MOLINA, M.: "El régimen jurídico de los salarios de tramitación en los procesos por despido", en *Revista de Política Social*, n.º 115, 1977, pp. 119 y ss y ORTIZ LALLANA, M.C.: "Algunas reflexiones sobre la naturaleza jurídica de los salarios de tramitación en el proceso de ejecución de las sentencias firmes por despido", en *Proyecto social: Revista de relaciones laborales*, n.º 3, 1995, pp. 23-40.

38 Con todo, incluso ha existido controversia a la hora de catalogar como débito salarial a los salarios de tramitación cuando se está ante un despido nulo o ante otro improcedente y ello habida cuenta de la interpretación literal de las normas en liza. Si se observa, en el caso del despido nulo, el art. 55.6 ET se refiere a "los salarios dejados de percibir", mientras que, en el caso del despido improcedente, el art. 56.2 ET alude a que los salarios de tramitación "equivaldrán a una cantidad igual a la suma de los salarios dejados de percibir desde la fecha de despido hasta la notificación de la sentencia que declarase la improcedencia o hasta que hubiera encontrado otro empleo". Pareciera, pues, que los preceptos se refieren a cuestiones distintas, el primero a una deuda salarial, a auténticos salarios, y el segundo a algo distinto, a una reparación por un daño causado cuantificada tomando como módulo de cálculo el salario del trabajador. Al respecto, RODRÍGUEZ FERNÁNDEZ, M.ª L.: *Los salarios de …*, op.cit., p. 13. Por su parte, LÓPEZ CUMBRE, L.: "Salarios de tramitación concurrentes con el desempleo: devolución parcial y no íntegra de la prestación", en *Revista de derecho de la seguridad social. Laborum*, n.º extra 1, 2016 p. 208 señala que "aun

Avalaría, hoy por hoy, esta interpretación el hecho de que la reforma efectuada por la Ley 3/2012 —aún vigente— haya anudado únicamente a la readmisión el abono de los salarios de trámite. Esto sostendría la tesis de la mora del empresario y del estado de latencia en el que quedaría el contrato tras el despido[39]. Ahora bien, me parece que se estaría olvidando un aspecto clave: que la intención del legislador en aquel momento no era determinar la ontología de los salarios de trámite, sino, simple y llanamente, abaratar el coste del despido en una coyuntura social, económica y laboral especialmente complicada y adversa. Es más, de acontecer una hipotética reforma legislativa que vinculara de nuevo los salarios de trámite al despido improcedente fuese cuál fuese la opción escogida, ¿qué naturaleza habría que otorgarles entonces? Porque si la mora proviene de la readmisión, ésta queda orillada si se opta por la extinción indemnizada. Pues bien, evidentemente, sólo cabría una solución, que pasaría por entender que los salarios de trámite en estos supuestos no serían más que indemnizaciones añadidas a la propia del despido improcedente. La derivada de esto se muestra meridiana: la naturaleza de los salarios de trámite se haría depender, entonces, de cuál fuese la opción escogida[40]. Y esta conclusión creo que es lo suficientemente controvertida como para no sostenerla. Los salarios de trámite, los salarios dejados de percibir, son una única entelequia que responde a una misma *ratio legis* y que, por tanto, deben trascender de la opción escogida: sea la readmisión, sea la extinción indemnizada (si ello se volviera a dar), compensan por un mismo daño, el tiempo en el que el trabajador está sin sustento económico durante la tramitación del proceso. Por ello, entiendo más razonable desde el punto de vista jurídico afirmar que la ontología de estas percepciones debe ser única

---

cuando se aceptara esta hipótesis [la distinta naturaleza según se trate de uno u otro despido], lo que no tendría sentido sería que la indemnización por despido (calculada desde el momento en que se extingue la relación, esto es, desde la fecha del despido) recibiera un tratamiento dispar al de los salarios de tramitación (considerados como indemnización y calculados como una «cantidad igual a la suma de los salarios dejados de percibir»".

39 Sobre ello, MONEREO PÉREZ, J.L. y ORTEGA LOZANO, P.G.: "Anticipación del sentido de ..., op.cit.

40 RODRÍGUEZ FERNÁNDEZ, M.ª L.: *Los salarios de* ..., op.cit., p. 14.

con independencia de que se escoja una u otra opción o de que, al límite, se califique al despido como improcedente o como nulo.

En cualquier caso, también conectada con la mora son dos ideas más. La primera, que, si durante la sustanciación del proceso y cuando se opte por la readmisión, hay que entender que el contrato estaba aletargado, ello supone, a su vez, que el trabajador, durante ese tiempo, había quedado a disposición de su empleador. Pero, ciertamente, no puede impedirse al trabajador desempeñar otro empleo durante la tramitación del proceso para garantizarse su subsistencia. De ahí que, si la puesta a disposición desaparece total o parcialmente, en la misma medida debe reducirse *ex* art. 56.2 ET la deuda salarial del primer empresario a cuenta, precisamente, de los salarios generados en otro empleo[41]. Y, la segunda, que si el empresario se ve compelido *ex* art. 268.6 LGSS a "instar el alta y la baja del trabajador y cotizar a la Seguridad Social durante el período correspondiente a los salarios de tramitación que se considerará como de ocupación cotizada a todos los efectos"[42] en los supuestos de despido improcedente, ello es porque cabe entender que la readmisión ha rehabilitado el contrato

41 ORTIZ LALLANA, M.C.: "Algunas reflexiones sobre ..., op.cit., pp. 38 y 39. Por su parte, DE LA VILLA GIL, L.E.: "La formalización (carta y expedientes) del despido disciplinario", en AA.VV.: *Dieciséis lecciones sobre causas de despido*, Universidad de Madrid, Facultad de Derecho, Madrid, 1969, p. 288, admite que considerar a los salarios de trámite como salarios "tiene la ventaja de que hace más explicables los posibles descuentos a realizar de las cantidades debidas al trabajador, si durante el tiempo de separación de la empresa realizó trabajos retribuidos".

42 Véase apartado III.3.C.b. Esta obligación, por mor de la Ley 11/1994, de 19 de mayo, se encontraba regulada en el antiguo art. 56.1.b) ET. Posteriormente, se decidió eliminar esta referencia y pasarla a su lugar natural, la LGSS. Por lo demás, cabe apuntar que el incumplimiento de esta obligación determinará la imposición de una infracción de carácter grave (art. 22.12 LISOS). Por lo demás, se deja apuntado que la STS, Contencioso-Administrativo, de 16 de marzo de 2022 (Rec. n.° 1676/2020) ha rechazado que se puede aplicar lo previsto en el art. 268.6 LGSS ("el período correspondiente a los salarios de tramitación se considerará como de ocupación cotizada a todos los efectos") para sostener que el tiempo durante el que se devengan salarios de tramitación puede considerarse equivalente a servicios prestados a efectos del reconocimiento de antigüedad en el ámbito del empleo público.

existente a todos los efectos, tanto en la economía del readmitido como en las consecuencias ante la Seguridad Social, lo que termina corroborando el carácter salarial de estas percepciones[43]. Con todo, creo que la cotización de estas percepciones no constituye óbice alguno para seguir defendiendo su naturaleza indemnizatoria. De lo que se trata con esta medida es de garantizar que el trabajador no tenga vacíos de cotización cuando es injustamente despedido, de ahí que los salarios de trámite coticen a la Seguridad Social, como también lo hace, precisamente, la prestación por desempleo (art. 273 LGSS)[44].

También se apunta para corroborar la naturaleza salarial de los salarios de tramitación lo preceptuado por el art. 33 ET que se refiere, como es conocido, a las cantidades que debe abonar el FOGASA en caso de insolvencia de la empresa[45]. Pues bien, en esa norma se indica que "se considerará salario la cantidad reconocida como tal en acto de conciliación o en resolución judicial por todos los conceptos a que se refiere el artículo 26.1, así como los salarios de tramitación en los supuestos en que legalmente procedan". Tal equiparación ha conducido a sostener que los salarios de tramitación son salario, son

---

43 BLASCO PELLICER, A.: *La reforma del sistema de protección por desempleo y de los salarios de tramitación*, Tirant lo Blanch, Valencia, 2003, p. 39, ORTIZ LALLANA, M.C.: "Algunas reflexiones sobre ..., op.cit., pp. 31 y 32 y RODRÍGUEZ FERNÁNDEZ, M.ª L.: *Los salarios de* ..., op.cit., p. 17.

44 ALTÉS TÁRREGA, J.A.: "La naturaleza jurídica de los salarios de tramitación: ¿al fin una cuestión resuelta?", en *Relaciones Laborales*, n.º 14, 1998, p. 7 (v. *on line*). Por su parte, RODRÍGUEZ CARDO, I.: "Los salarios de tramitación a la luz de ..., op.cit., p. 7, apunta, en la misma línea, que "la obligación de cotizar no es una consecuencia de su pretendida naturaleza salarial, sino una compensación por daños que pretende ofrecer al trabajador una reparación integral". Finalmente, SEMPERE NAVARRO, A.V.: "Doctrina unificada sobre los salarios de tramitación", en *Revista de Trabajo y Seguridad Social. CEF*, n.º 167, 1997, p. 8, perfila que "siendo el de la base de cotización un concepto de construcción jurídico-positiva, en el que se excluyen algunas partidas retributivas de signo salarial, también sería factible que por razones de política legislativa se hubiere dispuesto la cotización de unas prestaciones económicas aun sin que poseyeren naturaleza de salario".

45 Véase al respecto apartado III.4.A.

deuda salarial[46] y que, como tales, debe abonarlos el FOGASA[47]. Este argumento, sin embargo, no se sostiene con firmeza porque, como bien señala el precepto indicado, esta equiparación es "a los efectos" del abono por el organismo público de determinadas cantidades, por lo que no parece que quepa inferir de ahí ninguna regla general relativa a la naturaleza de los salarios de trámite[48].

Igualmente, se ha aludido a la existencia de cierta doctrina del Tribunal Supremo que afirma que no procede el abono de estas cuantías durante una situación de suspensión contractual como pueda ser la incapacidad temporal[49] porque "si esta suspensión exonera de las obligaciones de trabajar y de remunerar el trabajo, es claro que cuando el despido se produce en ese tiempo en que no son debidos los salarios, tampoco cabe imponer a la empresa el abono de los de tramitación en el tramo temporal que coincidan despido con la incapacidad temporal y con las prestaciones debidas por esta contingencia". [50] Pues bien, de aplicar esta teoría al supuesto que nos ocupa, se ha concluido que si los salarios de trámite no se devengan durante una situación suspensiva ello permite traslucir su carácter más salarial que indemnizatorio. Con todo, mirado el asunto desde otra perspectiva, es del todo punto lógico sostener que, cuando se perciben prestaciones —ya sean las correspondientes a una situación suspensiva o ya sean las correspondientes al desempleo (art. 268.5.b LGSS)— durante el período en que se deben salarios de tramitación, éstos directamente no deben ser abonados habida cuenta del carácter resarcitorio que poseen estas percepciones. Retomando una idea

---

46 Con todo, la interpretación contraria, la que apostaba por la naturaleza indemnizatoria de los salarios de tramitación, se podía sustentar con la redacción anterior del art. 33 ET, pues se aludía a los salarios de trámite como una "indemnización complementaria".

47 Al hilo de esto, la STJCE de 12 de diciembre de 2002 apunta que los salarios de tramitación deben incluirse en el concepto de retribución "en el sentido que se deduce de los art. 1, 2 y 3 de la Directiva 90/987/CEE, de 20 de octubre de 1980", a efectos de que el FOGASA los abone.

48 En la misma línea, SEMPERE NAVARRO, A.V.: "Doctrina unificada sobre ..., op.cit., p. 9. En contra, BLASCO PELLICER, A.: *La reforma del ...*, op.cit., p. 39.

49 Véase apartado III.3.C.a.

50 Por todas, STS de 15 de septiembre de 2010 (Rec. n.º 4535/2009).

que se ha explicado anteriormente, si estas percepciones reparan el daño ocasionado por la pérdida de retribución durante la sustanciación del proceso, pero resulta que no se ha producido tal falta de ganancias por el devengo de ciertas prestaciones sociales, lo más correcto es entender que no hay daño alguno que compensar y que, en estas situaciones, no procede el pago de los salarios de trámite.

Se ha apuntado, en fin, otro problema: de convenir que estamos ante una cuantía, los salarios de tramitación, de naturaleza indemnizatoria, cabe plantearse si la aplicación de lo dispuesto en el art. 286 LJS, puesto en conexión con el art. 281.2 LJS, determina un enriquecimiento injusto del trabajador. Como es conocido, el art. 286 LJS preceptúa que "cuando se acreditase la imposibilidad de readmitir al trabajador por cese o cierre de la empresa obligada o cualquier otra causa de imposibilidad material o legal, el juez dictará auto en el que declarará extinguida la relación laboral en la fecha de dicha resolución y acordará se abonen al trabajador las indemnizaciones y los salarios dejados de percibir que señala el apartado 2 del artículo 281". Y, precisamente, este precepto dispone que el auto de resolución del incidente de no readmisión acordará que "se abone al trabajador las percepciones económicas previstas en los apartados 1 y 2 del artículo 56 del Estatuto de los Trabajadores", entre ellas, por lo tanto, los salarios de tramitación, los "salarios dejados de percibir desde la fecha de la notificación de la sentencia que por primera vez declare la improcedencia hasta la de la mencionada solución". Por lo tanto, en caso de imposibilidad de la readmisión, el trabajador tendrá derecho al abono de dos cuantías. De un lado, la indemnización por despido improcedente que, como ha señalado la jurisprudencia, tiene una naturaleza reparadora porque va destinada a compensar tanto el daño material producido por la privación injusta de empleo (pérdida del salario y del puesto de trabajo) como el inmaterial (pérdida de oportunidad de ejercitar actividad profesional, de prestigio e imagen en el mercado de trabajo)[51]. Y, de otro, la indemnización que suponen los salarios de trámite y que, como se ha dicho, compensan al trabajador uno de los perjuicios que para él se derivan del hecho del despido, cual es el de no percibir retribución alguna desde la fe-

---

51 Entre otras muchas, STS de 29 de enero de 1997 (Rec. n.º 3461/1995).

cha del despido y durante la instrucción del despido correspondiente. Y todo ello desde la fecha de notificación de la sentencia hasta la del auto que resuelve la no readmisión.

Existen, pues, dos cuantías indemnizatorias que se superponen en el mismo período temporal[52], lo que no tendría mayor importancia si sus causas operaran con plena independencia sin confundirse la una con la otra y repararan distinto daño[53]. Y, al efecto, podría alegarse que el daño que compensan los salarios de trámite (la pérdida del salario en un período temporal) ya está incluido en la indemnización por despido y deriva de la misma causa que ésta. *Ergo*, si el abono de estas dos indemnizaciones en el mismo período temporal puede ser contraproducente al suponer la adquisición por el trabajador de una ventaja patrimonial injusta, tal vez habría que replantearse, uno, el propio tenor literal del art. 286 LJS puesto en relación con el art. 281.2 LJS, y dos, la propia naturaleza de los salarios de tramitación, puesto que, si fuese salarial, ningún problema existiría para abonarlos junto con la indemnización por despido[54].

Con todo, no entiendo que ello deba interpretarse así. A mi entender, estamos ante dos indemnizaciones que obedecen a distintas causas y, por lo tanto, son compatibles entre sí. La propia del despido compensa por los efectos mismos del despido, mientras que la que corresponde a los salarios de trámite compensa por la pérdida de salarios que media durante la sustanciación del proceso y hasta que se dicta sentencia. Ésta última es complementaria de la primera[55] y,

---

[52] Lo mismo sucederá, como se verá, con la interpretación que el Tribunal Supremo ha realizado del art. 110.1.b) LJS.

[53] Es doctrina unificada que las indemnizaciones que tengan distinta causa y reparen distinto daño no son incompatibles entre así. Por todas, STS de 24 de febrero de 2014 (Rec. 1037/2013).

[54] En este sentido, ARETA MARTÍNEZ, Mª.: "Acumulación de procesos (despido disciplinario y reclamación de cantidad) y facultad del FOGASA para solicitar al juez la extinción indemnizada de la relación laboral por imposibilidad de readmisión alternativa. STSJ de Andalucía/Sevilla, de 5 de mayo de 2016 (AS 2016, 912)", en *Revista española de derecho del trabajo*, n.º 198, 2017, p. 330.

[55] Así lo entendió ya en su momento SAGARDOY, J.A.: *El despido laboral y ...*, op.cit., p. 138.

por lo tanto, perfectamente compatible la una con la otra. Refuerza esta idea, además, el hecho de que existan, como antes se adelantó, afirmaciones del CEDS sobre que una indemnización adecuada por despido improcedente debe prever "el reembolso de las pérdidas financieras sufridas entre la fecha del despido y la decisión del órgano de apelación" y de que "los salarios de tramitación forman parte —como condición necesaria aunque aún no suficiente— del derecho a una indemnización adecuada, porque la adecuación pasa necesariamente por reconocer estos salarios como un típico daño patrimonial (la pérdida de salarios desde que el despido es efectivo hasta que hay una condena por parte de la justicia)". Por lo tanto, los salarios de tramitación deben entenderse como una indemnización complementaria, que repara el daño causado al trabajador por el tiempo de duración del proceso judicial; un período en el que el legislador presume que el trabajador carece de ingresos por motivos del despido y que, por ello, se le causa un daño que conviene que reparar.

III. Configuración general de la readmisión y de los salarios de tramitación

1. EL EJERCICIO DEL DERECHO DE OPCIÓN

A) Titularidad

Señala el art. 56 ET que el ejercicio del derecho de opción entre la readmisión y la extinción indemnizada del contrato corresponderá al empresario o, en su caso, al trabajador despedido que ostente la condición de representante de los trabajadores. Se acaba de comentar que esta atribución al empresario puede resultar problemática por el contrasentido que supone otorgar a la parte incumplidora determinar el alcance de su responsabilidad y que, tal vez, por ello podría plantearse una reforma estatutaria que intentase superar esta disfuncionalidad. Así que, dejando esto a un lado, ha de prestarse atención ahora a la atribución del derecho de opción al trabajador representante (sindical o unitario)[56] por mor del art. 56.4 ET. Fácil es comprender que el trasfondo que subyace en tal decisión de política legislativa es evitar que no quede en manos del empresario desligar a este concreto trabajador de la empresa y, por ende, de sus labores de representación. Por lo tanto, será facultad irrenunciable[57] del representante decidir si desea ser readmitido y seguir ejerciendo las tareas que le son propias o, por el contrario, proceder a la extinción indemnizada de su contrato. Si no decide en el plazo que se le concede para ello, aclara el precepto que se entenderá que opta por la readmisión. De igual modo, también precisa la norma que opte por una situación u otra, la readmisión o la extinción del contrato, el empresario queda obligado a abonar al representante los salarios

---

56 También al delegado de prevención (art. 37 LPRL) y a los trabajadores designados para ocuparse de la prevención en la empresa y a los integrantes del servicio de prevención propio (art. 30.4 LPRL).

57 STS de 26 de julio de 1988 (Rec. n.º 6235/1988).

de tramitación, algo que supone un trato de favor respecto del resto de trabajadores de la empresa, que, tras la reforma laboral de 2012, únicamente tendrán derecho a percibir este tipo de salarios cuando el empresario opte por la readmisión.

Por lo que atañe a la extensión de los efectos de esta garantía, debe señalarse, en primer lugar, que aunque el derecho de opción esté ubicado sistemáticamente en el Estatuto de los Trabajadores en el conjunto de preceptos que regulan el despido disciplinario, opera frente a todo tipo de decisión extintiva del empresario declarada improcedente[58]. Y ello, porque, de lo contrario, de entender que queda limitada a aquel tipo de despido, podría darse el caso de que el representante, por cualquier otro motivo, quedase desvinculado de la empresa por decisión patronal, justo lo que se pretende evitar. Además, es ésta una medida que despliega sus efectos incluso durante el año siguiente de concluido el mandato representativo. Entendiendo ello así, tal y como lo ha hecho la jurisprudencia[59], se pretende disuadir al empresario, al igual que sucede en el caso del expediente contradictorio, de realizar cualquier tipo de actuación malintencionada consistente en esperar a que finalice el mandato para represaliar de forma inmediata al trabajador por el hecho de haber desarrollado labores representativas. Por lo demás, la medida ampara al candidato electo que aún no hubiera tomado posesión del cargo[60], a los candidatos proclamados para la elección mientras dure el proceso electoral[61], a los candidatos que no hayan presentado formalmente antes de su despido su candidatura cuando el proceso electoral esté iniciado, la empresa conozca su candidatura y hayan resultado elegidos tras el cese[62] y al primer suplente cuando dimite un representante ya elegido[63]. Por el contrario, la garantía no protege a

---

58 SSTS de 20 de marzo de 1997 (Rec. n.º 4206/1996) y de 23 de mayo de 1995 (Rec. n.º 2313/1994).

59 STS de 23 de mayo 1995 (Rec. 2313/1994) y, más recientemente, STS de 17 de abril de 2018 (Rec. n.º 2541/2016).

60 STS de 5 de noviembre de 1990 (17463/1990).

61 STS de 2 de diciembre de 2005 (Rec. n.º 6380/2003).

62 STS de 28 de diciembre de 2010 (Rec. n.º 1596/2010).

63 STS de 15 de marzo de 2022 (Rec. n.º 1816/2019). Recuerda esta sentencia que "el artículo 67.4 ET dispone que «en el caso de producirse vacante por

quien presenta su candidatura después de ser despedido sin que la empresa tuviera conocimiento de su intención[64], a los suplentes con carácter general[65] y a los trabajadores designados por el empresario para representarle en el Comité de Seguridad y Salud[66].

En otro orden de cosas, pero al hilo de las cuestiones anteriores, resta por comentar qué es lo que ocurre con el mandato representativo cuando la sentencia que declara la improcedencia del despido no es firme y es objeto de recurso por cualquiera de las partes. Sobre ello, se pronuncian los arts. 112 LJS y 282 y siguientes de la misma norma instaurando lo que se conoce como ejecución provisional de la sentencia, por un lado, y ejecución de la sentencia firme, por

---

cualquier causa en los comités de empresa o de centros de trabajo, aquella se cubrirá automáticamente por el trabajador siguiente en la lista a la que pertenezca el sustituido». La correcta interpretación del precepto, fundada en su literalidad y en su finalidad, implica que, por un lado, producido el cese de un miembro del comité, inmediata y automáticamente adquiere la condición de miembro del comité de empresa o centro, el suplente de la lista, pudiendo ejercer las funciones a partir de dicho momento; y, por otro, que adquirida tal condición de representante de los trabajadores, los derechos y garantías inherentes a tal condición se puedan ejercitar desde ese mismo momento. No en vano, el legislador utiliza la expresión «automáticamente», lo que excluye cualquier ulterior gestión, notificación o exigencia que condicione la referida adquisición de la condición de representante de los trabajadores. (…) La referida adquisición de la condición de miembro del comité de empresa que la suplente adquirió, de manera automática, tras la dimisión del representante anterior, produce efectos *erga omnes* con independencia del conocimiento de terceros. En ningún caso ni la norma legal, ni la reglamentaria (Real Decreto 1844/1994, de 9 de septiembre, por el que se aprueba el Reglamento de elecciones a órganos de representación de los trabajadores en la empresa), condicionan la adquisición de la condición de representante de los trabajadores al conocimiento de la empresa de tal circunstancia. Ello impide que puedan dejar de aplicarse las garantías que normativamente se establecen en favor de los representantes de los trabajadores".

64 SSTS de 25 de junio de 2012 (Rec. n.º 2370/2012) y de 20 de junio de 2000 (Rec. n.º 3407/1999).

65 SSTS de 15 de marzo de 1993 (Rec. n.º 2788/1991) y de 22 de febrero de 1990 (Rec. n.º 725/1988).

66 STS de 9 de diciembre 2021 (Rec. n.º 1253/2019).

otro.[67] En el primero de los casos, cuando la sentencia que declare la improcedencia del despido de un representante de los trabajadores fuese recurrida, habrá que estar a cuál ha sido la opción escogida por aquél. Así, cuando el trabajador hubiese optado por la readmisión, el empresario vendrá obligado, mientras dure la tramitación del recurso, a satisfacer al trabajador la misma retribución que venía percibiendo con anterioridad a producirse aquellos hechos[68] y continuará aquél prestando servicios (art. 297 LJS). El órgano judicial, además, deberá adoptar las medidas necesarias a fin de garantizar el ejercicio de las funciones de representación durante la sustanciación del recurso (art. 302 LJS)[69].

---

67 Sobre ambas, véase apartado III.5.

68 Si la sentencia de instancia favorable al trabajador fuese, en sede de recurso, revocada en todo o en parte, éste, como se comentará más adelante, no vendrá obligado al reintegro de los salarios percibidos durante el período de ejecución provisional y conservará el derecho a que se le abonen los devengados durante la tramitación del recurso y que no hubiere aún percibido (art. 300 LJS).

69 Indica la STS de 25 de abril de 2023 (Rec. n.º 4371/2019) que "persiste en ese periodo [en fase de recurso] un nexo o vinculación diferente pero conexa al del ejercicio efectivo del trabajo, que guarda semejanza con otras situaciones en las que tampoco concurre el desempeño del trabajo mismo, y que protege la propia normativa cuando atribuye a los representantes la facultad de opción en el despido ya calificado de improcedente (art. 56.4 ET), cuando diseña el percibo de salarios y así también la posibilidad de seguir prestando servicios durante la sustanciación del recurso (art. 297 LRJS ya citado), o de manera singular cuando aborda la misma ejecución provisional de la sentencia sobre el despido de representantes de los trabajadores en el art. 302 de la LRJS". Ahora bien, como también señala la resolución, "la regulación hasta este momento desglosada acota o limita de forma expresa la garantía del ejercicio de las funciones de representación a la fase de recurso, suscitando la duda acerca de cómo se configura esa cuestión durante el curso del procedimiento que le precede". Pues bien, sobre ello, se resuelve que "cuando todavía no se ha declarado judicialmente la improcedencia (con opción por la readmisión) o nulidad del despido el legislador no ha previsto explícitamente la extensión de la garantía reforzada del ejercicio de las funciones representativas". Es más, se argumenta que el art. 68 ET "dispone que los miembros del comité de empresa y los delegados de personal, como representantes legales de los trabajadores, tendrán, a salvo de lo que se disponga en los convenios colectivos, derecho a no ser despedidos ni sancionados durante el ejercicio de sus funciones ni dentro

De haber optado por la indemnización, por su parte, no procederá la readmisión ni el abono de salarios mientras esté pendiente el recurso, si bien, durante la sustanciación del mismo, el trabajador se considerará en situación legal de desempleo. En este supuesto, si la sentencia que resolviera el recurso interpuesto por el empresario disminuyera la cuantía de la indemnización, el trabajador podrá cambiar el sentido de su opción y, en tal caso, la readmisión retrotraería a sus efectos económicos a la fecha en que tuvo lugar la primera elección (art. 112.b LJS). Cuando, por el contrario, la sentencia declarase el despido nulo y fuese recurrida, la opción entre la readmisión y la extinción indemnizada se tendrá por no hecha, como señala el art. 112.2 LJS, si el Tribunal superior, al resolver el recurso, declarase nulo el despido. Y, si se confirmara la sentencia recurrida, el sentido de la opción no podría ser alterado.

Por cuanto atañe a la ejecución definitiva de la sentencia firme, el art. 282 LJS señala que la sentencia será ejecutada en sus propios términos cuando el trabajador despedido fuese representante de los trabajadores y hubiese optado por la readmisión. Ello supone que tal readmisión deberá producirse en un breve plazo, tres días, de tal modo que, si no se produce llegado ese término, el trabajador representante podrá acudir al juez para que éste ordene, tal y como dispone el art. 283 LJS, que se produzca la readmisión en otro plazo perentorio, cinco días esta vez. Si, con todo, la readmisión no acontece, el art. 284 LJS previene que el órgano judicial podrá adoptar una serie

---

del año siguiente a la expiración de su mandato, salvo en caso de que esta se produzca por revocación o dimisión, siempre que el despido o sanción se base en la acción del trabajador en el ejercicio de su representación, sin perjuicio, por tanto, de lo establecido en el art. 54 ET sobre despido disciplinario". Por ello, "la interpretación sistemática de aquellos preceptos permite una primera aproximación excluyente", lo que lleva a concluir que no puede ejercerse la condición de representante de los trabajadores desde que se produce el despido hasta que recae sentencia judicial del despido disciplinario acordado por la empresa. Es decir, todas las garantías decaen desde el momento del despido por los efectos constitutivos del mismo, sin perjuicio de que, posteriormente, pueda la relación laboral y las funciones anejas por la condición de representantes de los trabajadores rehabilitarse por una sentencia que declare nula o improcedente la decisión empresarial de extinguir aquélla.

de medidas coercitivas frente al empresario, tales como el abono del salario, el mantenimiento del alta y de la cotización en la Seguridad Social y el desarrollo de las funciones representativas sin ningún tipo de impedimento[70], hasta en tanto no se produzca aquélla.

El art. 56 ET, en fin, tiene carácter de Derecho necesario relativo y, por lo tanto, puede ser mejorado por la autonomía colectiva. Por ello, es factible que el convenio colectivo (o, incluso, el pacto individual) concedan el derecho de opción al trabajador, aunque éste no ostente la condición de representante[71]. Con todo, lo cierto es que habrá que estar a los términos de lo pactado para verificar en qué supuestos y bajo qué condiciones o circunstancias podrá la persona trabajadora ostentar esta prerrogativa porque nada impediría, pues ello entraría en el juego de las relaciones que entre ley y convenio colectivo establece el art. 3.3 ET, que se otorgara el derecho de forma genérica para poder ser utilizado ante cualquier supuesto de extinción del contrato o, por el contrario, de forma más restrictiva para supuestos muy delimitados (v.gr. únicamente ante despidos improcedentes o para determinadas y muy particulares relaciones contractuales)[72].

B) Requisitos formales y temporales

En otro orden de ideas, señala el art. 56.1 ET que el derecho de opción deberá ejercitarse "en el plazo de cinco días desde la notificación de la sentencia". Por su parte, el art. 110 LJS dispone que "la opción deberá ejercitarse mediante escrito o comparecencia ante la

---

70 La previsión respecto de los representantes de los trabajadores es acorde con lo previsto en el art. 1 del Convenio n.º 158 OIT, que, como es conocido, dispone que "los representantes de los trabajadores en la empresa deberán gozar de protección eficaz contra todo acto que pueda perjudicarlos, incluido el despido por razón de su condición de representantes de los trabajadores, de sus actividades como tales, de su afiliación al sindicato, o de su participación en la actividad sindical, siempre que dichos representantes actúen conforme a las leyes, contratos colectivos u otros acuerdos comunes en vigor".

71 STS de 21 de junio de 2007 (Rec. n.º 194/2006).

72 Sobre ello, SSTS de 25 de septiembre de 2012 (Rec. n.º 3298/2011) y de 16 de marzo de 2005 (Rec. n.º 406/2004).

oficina del Juzgado de lo Social, dentro del plazo de cinco días desde la notificación de la sentencia que declare el despido improcedente, sin esperar a la firmeza de la misma, si fuera la de instancia". El juego combinado de estos preceptos ahonda en la necesidad de que exista una fórmula de exteriorización expresa de la manifestación empresarial por la opción. Quien legisla ha dispuesto específicamente el modo, la forma, el tiempo[73] y manera en que debe ejercitarse la opción, lo que demuestra la clara intención de rodear ese acto de una serie de formalidades ineludibles para dotarlo de la necesaria seguridad jurídica que tan perentorio plazo exige. Avala esta conclusión lo que dispone el art. 56.3 ET al indicar que "en el supuesto de no optar el empresario por la readmisión o la indemnización, se entiende que procede la primera", previniendo de esta forma una opción tácita en favor de la readmisión, en lo que se constata que se quiere con ello evitar cualquier posibilidad de admitir una opción tácita favorable a la extinción indemnizada de la relación laboral, incompatible y contraria a esa previsión legal. La carga, en este sentido, para el empresario no es en modo alguna gravosa, sino más bien —al decir de la jurisprudencia— sencilla y fácil de cumplir y, siendo ello así, "no cabe admitir una interpretación flexibilizadora de la norma que pudiera dar cabida a otras formas de cumplimiento del ejercicio de tal opción". A mayor abundamiento, en fin, la letra a) del art. 110.1 LJS, al contemplar la posibilidad de anticipar el ejercicio del derecho de opción en el acto de juicio oral, señala que ello debe realizarse "mediante expresa manifestación en tal sentido", lo que evidencia, claramente y de nuevo, que el titular del derecho ha de actuar de la forma más inequívoca y concluyente posible[74].

---

73 El *dies a quo* para el cómputo del plazo de cinco días cuando ha recaído auto de aclaración de la sentencia se corresponde con la fecha de notificación del mencionado auto (STS de 26 de mayo de 2020, Rec. n.º 3737/2017).

74 SSTS de 27 de abril de 2022 (Rec. n.º 4239/2020) y de 4 de febrero de 2020 (Rec. n.º 1788/2017). En esta línea, la STJS Galicia, de 13 de abril de 2021 (Rec. n.º 756/2021) resuelve que existe una actitud obstaculizadora del trabajador cuando se niega a recoger el burofax a través del cual la empresa le comunica, lo que implica que se le tenga por notificado en la fecha en la que rechazó el mencionado burofax.

Por lo tanto, no existe una libertad formal para que el empresario pueda ejercitar la opción, porque, "si no la ha anticipado expresa y previamente en el juicio, debe ejercitarla de una forma predeterminada, en un plazo concreto y en un lugar determinado, toda vez que debe efectuarla ante un tercero (la oficina del juzgado) que cumple así una triple función: constancia de la declaración, calificación de su válida y eficaz emisión o no y traslado a la otra parte interesada". En consecuencia, el incumplimiento de los requisitos legales exigidos produce como efecto tener por no ejercitado expresamente el derecho de opción, lo que equivale a que se tendrá efectuada la opción a favor de la readmisión según establece expresamente el antes citado art. 56.3 ET. Y ello aunque hubiera sido hecho el pago de la indemnización fijada en la sentencia dentro del plazo de cinco días directamente a la persona trabajadora o se haya consignado la cuantía en la cuenta del juzgado. Cualquiera de estas circunstancias no supone que el empresario haya hecho una elección tácita a favor del pago de la indemnización, puesto que la única opción tácita concedida al empresario lo es, como se ha dicho, por la readmisión. Además, este modo de interpretar la norma evita cualquier equívoco con las normas del art. 111 LJS que desarrollan los efectos jurídicos derivados de la interposición de recurso contra las sentencias que declaran la improcedencia del despido y contemplan la ejecución provisional de la sentencia, así como con el cumplimiento de los requisitos para recurrir que demandan igualmente la consignación a tal efecto del importe de la indemnización (art. 230.1 LJS)[75].

C) La anticipación del derecho de opción: cuestiones atinentes al FOGASA y a los salarios de tramitación

Como antes se ha apuntado, la letra a) del art. 110.1 LJS dispone que "en el acto de juicio, la parte titular de la opción entre readmisión o indemnización podrá anticipar su opción, para el caso de

[75] SSTSJ Andalucía, Granada, de 14 de junio de 2018 (Rec. n.º 128/2018), Castilla-La Mancha, de 21 diciembre de 2016 (Rec. n.º 1420/2016), Castilla y León, Valladolid, de 19 marzo de 2014 (Rec. n.º 51/2014) y Extremadura, de 22 de junio de 2006 (Rec. n.º 301/2006), entre otras.

declaración de improcedencia, mediante expresa manifestación en tal sentido, sobre la que se pronunciará el juez en la sentencia, sin perjuicio de lo dispuesto en los artículos 111 y 112". A su vez, la letra b) del mencionado precepto señala que "a solicitud de la parte demandante, si constare no ser realizable la readmisión, podrá acordarse, en caso de improcedencia del despido, tener por hecha la opción por la indemnización en la sentencia, declarando extinguida la relación en la propia sentencia y condenando al empresario a abonar la indemnización por despido, calculada hasta la fecha de la sentencia". Ambos preceptos contemplan un par de peculiaridades al ejercicio regular del derecho de opción y sobre ellas se ha pronunciado tanto la jurisprudencia como la doctrina judicial.

De este modo, por lo que atañe al redactado de la letra b) del art. 110.1 LJS, se cierne la duda sobre si cabe, una vez constada —antes de que finalice el juicio por despido— la imposibilidad de la readmisión, el abono de los salarios de tramitación. Se plantea esta cuestión porque las consecuencias sobre la imposibilidad de la readmisión las regula, como ya tuvo ocasión de comentarse anteriormente, el art. 286.1 LJS que detalla que "cuando se acreditase la imposibilidad de readmitir al trabajador por cese o cierre de la empresa obligada o cualquier otra causa de imposibilidad material o legal[76], el juez dictará auto en el que declarará extinguida la relación laboral en la fecha de dicha resolución y acordará se abonen al trabajador las indemnizaciones y los salarios dejados de percibir que señala el apartado 2 del artículo 281". Y, precisamente, este precepto dispone que el auto de resolución del incidente de no readmisión acordará que "se abone al

---

76 La STS de 28 de junio de 2022 (Rec. n.º 2300/2019) declara, a los efectos de las causas que imposibilitan la readmisión, que las mismas "no son tasadas ni tampoco deben entenderse limitadas ni dependientes o circunscritas a los litigios examinados por la Sala con anterioridad. Los enjuiciados han valorado situaciones que bien afectaron al propio trabajador (fallecimiento y declaración de Incapacidad Permanente), o bien a la propia relación laboral (expiración del plazo en los contratos temporales) además de los supuestos de afectación a derechos fundamentales, pero ello no significa que jurisprudencialmente se haya elaborado un listado cerrado o excluyente de otros casos en los que también resulte vedada o de imposible realización la readmisión del afectado, como el que ahora analizamos [jubilación forzosa por cláusula convencional]".

trabajador las percepciones económicas previstas en los apartados 1 y 2 del artículo 56 del Estatuto de los Trabajadores", entre ellas, por lo tanto, los salarios de tramitación. Sucede, sin embargo, que el art. 110.1.b) LJS, aunque hace referencia expresa a la indemnización, no hace mención alguna a los salarios de tramitación, lo cual es del todo punto lógico si se tiene en cuenta que el legislador reformista de 2012 modificó expresamente el tenor literal del art. 110.1 LJS para eliminar la obligación de abonar, junto a la indemnización, los salarios de tramitación.

Sobre esta cuestión, se han pronunciado sentencias como la STS de 19 de julio de 2016 (Rec. n.º 338/2015) que sostuvo que de la interpretación literal del art. 110.1.b) LJS no podía inferirse el derecho al abono de los salarios de trámite, puesto que ello sólo sería posible mediante una interpretación analógica y sistemática de las previsiones contenidas en los preceptos sobre ejecución de sentencias de despido. Dicho de otro modo, el abono de los mencionados salarios tan sólo procedería cuando, en un momento posterior, el trabajador acudiese al incidente de no readmisión. Esta doctrina, sin embargo, fue modificada por la STS de 21 de julio de 2016 (Rec. n.º 879/2015) al realizarse una interpretación lógica y finalística de los preceptos en juego[77]. De esta forma, se dictaminó que procedía en estos casos, junto con la indemnización, el abono de los salarios de trámite (calculados ambos conceptos desde la fecha de despido hasta la fecha de la sentencia de instancia que declare, junto con la improcedencia, la extinción de la relación laboral) sin necesidad de esperar a la resolución del incidente de no readmisión, toda vez que "la interpretación estricta no sólo perjudicaría al trabajador injustamente despedido y beneficiaría a la empresa por una decisión injusta y contraria a la Ley, sino que, además, desincentivaría y sería contrario a cualquier principio de economía procesal en tanto que obligaría, de hecho, a todo trabajador despedido de forma improcedente y con la empresa cerrada, a no pedir la extinción contractual al momento de la sentencia, a no anticipar la solución del conflicto y esperar a la

---

77 Seguida posteriormente por resoluciones como las SSTS de 28 de noviembre de 2022 (Rec. n.º 3498/2021), de 17 de febrero de 2021 (Rec. n.º 1727/2018) y de 6 de marzo de 2018 (Rec. n.º 2967/2016), entre otras.

ejecución ordinaria, previsiblemente con readmisión implícita por falta de opción empresarial, y por tanto con devengo de salarios de tramitación, a costa de una mayor dilación procesal y de un mayor esfuerzo y saturación de la administración de justicia, innecesarios para prestar la tutela efectiva". Se insiste, además, en que ello no implica que se esté trasladando al trabajador un derecho de opción que no le corresponde, puesto que "el derecho a anticipar la opción del despido improcedente siempre se ha reconocido a favor del empleador, salvo las excepciones que puedan haberse establecido, legal o convencionalmente". Con todo, por decisión legislativa se ha querido que "el trabajador ostente la facultad de solicitar al órgano judicial, ante un supuesto muy concreto —readmisión no realizable—, que tenga por realizada la opción de indemnización, pudiendo acordarla o no según concurran las circunstancias que lo justifiquen", zanjándose "en sentencia los supuestos de imposible readmisión, mediante el otorgamiento al trabajador de esa facultad sin someterla o hacerla depender de que el empresario no anticipe un derecho de opción". Ahora bien, también se matiza que esta interpretación de las normas, respaldada por los principios de economía procesal y tutela judicial efectiva en relación con el necesario resarcimiento del daño en igualdad de condiciones, requerirá siempre y en todo caso, el cumplimiento de los dos siguientes requisitos. De un lado, que la extinción de la relación laboral sea solicitada expresamente por el trabajador demandante[78]. De otro, que en el acto del juicio se acredite la imposibilidad de su readmisión por cese o cierre de la empresa obligada o cualquier otra causa de imposibilidad material o legal.

Ciertamente, se entiende el empleo de los argumentos de celeridad y de economía procesal, pero no puede dejar de pensarse que, con esta interpretación, no se está dando a la norma el alcance que el legislador reformista de 2012 quiso otorgarle y que pasaba por la eliminación de los salarios de trámite si se daba el supuesto de la letra

---

[78] En buena lógica, si el trabajador no solicita la extinción de su contrato por imposibilidad manifiesta de la readmisión al haber cesado la empresa en su actividad, el órgano judicial no debe extinguir la relación laboral *motu proprio* al no cumplirse el requisito establecido en el art. 110.1.b) LJS. Así, STSJ Islas Canarias, Santa Cruz de Tenerife, de 13 de diciembre de 2019 (Rec. n.º 952/2019).

b) del art. 110.1 LJS. Es decir, la interpretación literal e inequívoca, incluso histórica, del precepto ha dado paso a otra más voluntarista para presentar un significado que rebasa los términos de su semántica y con el que se favorece el devengo de los salarios de tramitación. Que ello resulte más favorable para el trabajador no cabe duda, pero, en mi opinión, el art. 110.1.b) LJS aparece redactado con claridad por lo que se refiere a la supresión de los salarios de trámite y, siendo ello así, el mecanismo interpretativo judicial no tendría que haberse puesto en marcha para, a la postre, deformar la intención de quien legisla y ofrecer una solución jurídica distinta a la pretendida inicialmente por aquél[79].

---

[79] No ha sido la comentada la única sentencia que ha atemperado la rigidez del art. 56.2 ET. De este modo, la STS de 20 de marzo de 2018 (Rec. n.º 2271/2016) ha dictaminado que cabe el abono de los salarios de tramitación en caso de acumulación de la acción por extinción del contrato del art. 50 ET con la de despido, cuando se estima la primera decretando la extinción de la relación laboral y se acoge la segunda, declarando la improcedencia del despido. Se razona, en primer lugar, que la eficacia constitutiva del pronunciamiento judicial de extinción del contrato por los incumplimientos cometidos por el empresario con anterioridad al despido debe determinar la obligación de pago de los salarios dejados de percibir por el trabajador hasta el momento en que el órgano judicial aprecia la existencia y gravedad de los incumplimientos alegados y declara extinguida la relación laboral por esa causa, sin que a ello sea óbice que en dicho período no haya existido prestación de servicios por una decisión empresarial calificada como no ajustada a derecho. Y, en segundo lugar, se argumenta que la declaración de extinción del contrato por tal causa impone que la calificación del despido como improcedente no permita el ejercicio del derecho de opción por parte de la empresa. Esta solución, se indica, que "no entra en contradicción con el art. 56.2 ET que circunscribe la obligación de pago de los salarios de tramitación derivados de la declaración de improcedencia del despido al supuesto en que el empresario opte por la readmisión, pues en este caso no cabe esa alternativa y la decisión adoptada no encuentra fundamento en el citado precepto, pensado para la hipótesis de que el trabajador haya ejercitado únicamente la acción de despido, sino en los efectos derivados de la estimación de las demandas acumuladas de extinción del contrato por incumplimiento empresarial y de despido y a su necesaria acomodación. Entenderlo de manera distinta significaría privar prácticamente de eficacia jurídica al pronunciamiento estimatorio de la pretensión resolutoria deducida por el trabajador, de cuyas consecuencias

Por su parte, respecto de la letra a) del art. 110.1 LJS, se han discutido dos cuestiones. Primera, si el FOGASA puede ser, en el supuesto de incomparecencia de la empresa, quien anticipe el derecho de opción. La segunda supone responder afirmativamente a la primera, pues se ha planteado qué opción debe prevalecer cuando concurren la ejercitada por el FOGASA con la del trabajador despedido en base a la letra b) del mencionado precepto. De este modo, con respecto al primer interrogante, cabe recordar que el organismo público, a tenor de lo que dispone el art. 23.3 LJS, "dispondrá de plenas facultades de actuación en el proceso como parte, pudiendo oponer toda clase de excepciones y medios de defensa, aun los personales del demandado, y cuantos hechos obstativos, impeditivos o modificativos puedan dar lugar a la desestimación total o parcial de la demanda, así como proponer y practicar prueba e interponer toda clase de recursos contra las resoluciones interlocutorias o definitivas que se dicten". Si a esta enumeración tan genérica de facultades se le añade su obligación legal de abonar a los trabajadores el importe de los salarios pendientes de pago a causa de insolvencia o concurso del empresario (art. 33.1 ET), no parece existir problema alguno en que pueda asumir en el procedimiento el lugar de la empresa cuando ésta no concurre al acto del juicio, ejercitando aquellas prerrogativas que le corresponderían a aquélla, como sucede en el supuesto del art. 110.1.a) LJS. Pues bien, a partir de este razonamiento, la STS de 5 de marzo de 2019 (Rec. n.º 620/2018) ha considerado pertinente que el FOGASA pueda ejercitar el derecho de opción a favor de la indemnización con efectos plenos *ex* art. 110.1.a) LJS y con base en lo dispuesto en el art. 23.2 LJS[80], si bien limitándolo únicamente a

---

quedaría exonerada la empresa en razón de una actuación unilateral e injustificada, lo que no resulta admisible".

80 En este sentido, a tenor de este precepto, el FOGASA podrá "instar lo que convenga en Derecho" en los procesos en los que concurran "empresas incursas en procedimientos concursales, así como de las ya declaradas insolventes o desaparecidas, y en las demandas de las que pudiera derivar la responsabilidad prevista en el apartado 8 del artículo 33 del Texto Refundido de la Ley del Estatuto de los Trabajadores". De esta forma, soslaya el Tribunal el argumento de que no es posible entender que dentro de las facultades del FOGASA a las que se refiere el art. 23.3 LJS esté la de optar para el caso de improcedencia del despido porque tal derecho "no es una

aquellos casos en los que concurran, simultáneamente, las siguientes circunstancias: que la empresa no haya comparecido en el acto del juicio y sí el FOGASA, que se esté en presencia de alguno de los supuestos previstos en el art. 23.2 LJS (esto es, que se trate de empresas incursas en procedimientos concursales, declaradas insolventes o desaparecidas, siempre que conste que la empresa ha cerrado sus actividades, siendo, en consecuencia, imposible o de difícil realización la readmisión) y que el titular de la opción sea el empresario (no, por tanto, el trabajador).

Sentado, pues, que el organismo público puede ejercitar el derecho de opción por la indemnización y anticiparlo en el sentido de la letra a) del art. 110.1 LJS, cabe ahora plantearse si las facultades del FOGASA se extienden hasta tal punto que prevalecen sobre la opción efectuada por el trabajador *ex* art.110.1.b) LJS. Fíjese que, al límite, lo que aquí está en juego es el abono de los salarios de tramitación, pues de prevalecer la opción del Fondo no procederá la condena al pago de aquellas cantidades, mientras que, de prevalecer la opción del trabajador, ya se ha visto cómo la jurisprudencia ha admitido el abono de los salarios de trámite sin necesidad de esperar a la resolución del incidente de no readmisión en todos aquellos casos en los que sea imposible la readmisión (más allá, por tanto, de los supuestos del art. 23.2 LJS).

Pues bien, al respecto, la STS de 4 de abril de 2019 (Rec. n.º 1865/2018) dictaminó que la opción realizada por el trabajador es "preferente y prioritaria por ser personal frente a la del FOGASA, que es sustitutiva de la de la ordinaria titularidad empresarial, dado que la opción *ex* art. 110.1.b) LJS atribuida al trabajador —al tratarse de una previsión especial ligada a la concurrencia de unas determinadas circunstancias—, cabe considerarla preferente respecto de la genérica opción establecida en el art. 110.1.a) LJS atribuida al que resultare ser titular directo de la opción". Esta doctrina ha sido, posteriormente, ratificada por otras resoluciones[81], llegando a matizarse

excepción, ni un medio de defensa y tampoco es un hecho obstativo, impeditivo o modificativo de la responsabilidad empresarial".

81 SSTS de 13 de febrero de 2020 (Rec. n.º 1806/2018 y 2009/2018), de 11 de marzo de 2020 (Rec. n.º 2903/2018), de 13 de marzo de 2020 (Rec. n.º

en la de 26 de octubre de 2021 (Rec. n.º 51/2019), que "con ello no se está impidiendo al organismo recurrente que ejercite los derechos que le correspondan, sino dando a la norma el alcance que el legislador ha querido [y] tampoco se está imponiendo al FOGASA ninguna obligación superior a la que legalmente tiene impuesta, al tener que hacer frente a los salarios de tramitación, ya que el art. 33 del ET, en su apartado 1 se identifica como salarios a los de tramitación en los supuestos en que legalmente procedan, pero siempre dentro de los límites que allí se recogen".

Esta salvedad que se realiza en la sentencia es importante destacarla porque, bien entendida, supone una limitación a la interpretación judicial según la cual cuando el trabajador ejercita la prerrogativa contenida en la letra b) del art. 110.1 LJS procede el abono de los salarios de tramitación. Porque cuando comparece el FOGASA, éste sólo tendrá que abonar aquellas cuantías en la medida en que la imposibilidad de readmisión derive de alguno de los supuestos previstos en el art. 23.2 LJS, esto es, cuando la empresa sea insolvente o esté concursada o desaparecida y no, por lo tanto, en otros escenarios.

Ahora bien, precisamente esta resolución cuenta con un voto particular que cuestiona la interpretación mayoritaria de la Sala y con el que, en parte, se está de acuerdo. De este modo, el voto se asienta en dos pilares fundamentales: el primero, que los salarios de trámite, en la actualidad, están ligados a la readmisión, no a la extinción indemnizada del contrato; el segundo, que el titular del derecho de opción, también en la actualidad, es el empresario, por más que se le conceda en casos particulares al trabajador este derecho (cuando es representante o cuando se le asigna por convenio o contrato). Pues bien, si ello es así, cabe llegar a la conclusión de que ni el art. 110.1.b) LJS le está atribuyendo un derecho de opción al trabajador ni que éste sea prioritario con respecto a la opción ejercida por el FOGASA. Los motivos que apuntalan esta interpretación son los siguientes. Primero, uno de tipo lógico, en tanto que "la opción originaria del empleador no puede quedar sin contenido por el hecho de que la per-

---

1806/2018), de 17 de marzo de 2020 (Rec. n.º 3425/2018 y 3752/2018), de 6 de noviembre de 2020 (Rec. n.º 3069/2018) y de 21 de julio de 2021 (Rec. n.º 3745/2018).

sona despedida se adelante y active la facultad prevista en la norma procesal". Se añade a éste un argumento locativo, pues "la previsión del apartado b) está presuponiendo que no ha operado la previsión del apartado a) del artículo 110.1 LJS. Por eso su ubicación es posterior y no previa". Y, a ambos, se adiciona un argumento basado en la literalidad del precepto, habida cuenta de que "la regla [del art. 110.1.b LJS] está admitiendo que cabe «tener por hecha la opción», pero si ésta ya ha sido realizada por el sujeto titular es evidente que ya no cabe su entrada en juego. Estamos ante una ficción, que entra en juego si no se ha llevado a cabo la verdadera opción". También se matiza, en cuarto lugar, que "el proclamado carácter prioritario y preferente de la facultad contemplada en el artículo 110.1.b) LJS, si realmente fuera tal, debería esgrimirse también frente al empleador; sin embargo [ello se rechaza] hasta el extremo de que no cabe comparar los casos en que quien activa el precepto es el empleador con los otros en que es el Fondo". Además, se añade que "la prioridad y preferencia en cuestión acaba eliminando la facultad que el empleador posee y que asume, por subrogación, el Fondo. De ese modo, la subrogación no es tal". Finalmente, y en sexto lugar, se enfatiza que "el titular de la opción entre readmisión o indemnización es el empresario, salvo que el trabajador sea representante legal o sindical, en cuyo caso —y único caso— el trabajador es el titular de la opción. El trabajador demandante no puede constituirse nunca en el titular de la opción cuando ésta corresponda al empresario. La opción, o es del empresario o es del trabajador, pero no se sustituyen personalmente. Y si el FOGASA puede ejercitar el derecho de opción del empresario con plenos efectos y oponer todos los medios de defensa incluidos los personales de la empresa (art. 23.3 LJS), se convierte por disposición legal, en el único titular de la opción cuando ésta hubiera correspondido al empresario". Se concluye, en fin, que lo que el demandante acomete al activar la letra b) del art. 110.1 LJS es la "solicitud de que se tenga por hecha la opción, es decir, se trata de una *fictio iuris*, como si el empresario hubiera optado. En modo alguno del tenor del precepto se infiere que el trabajador sea titular de una verdadera opción alguna. La norma procesal no puede anular la titularidad que el art. 56.1 ET concede al empresario. Y como no es posible entender que el trabajador despedido posea una opción personal, tampoco cabe compararla con la del empleador y calificarla de preferente sobre la que ejercita el Fondo cuando sustituye a la empresa".

A todo lo explicado, además, hay que unir, al decir del voto particular, el debido respeto a las funciones del FOGASA. Así, de un lado, se matiza que "la restricción de los efectos subrogatorios ha de estar expresamente contemplada por la Ley a fin de que no opere la construcción general. Y no aparece en norma alguna la restricción referida a que el FOGASA se vea imposibilitado para ejercer las facultades previstas en el artículo 110.1.a) LJS". También se añade que la interpretación consistente en dar prioridad a la opción ejercida por el trabajador acabaría propiciando "el aumento de la responsabilidad del Fondo porque se le impide adoptar las mismas decisiones que podría tomar la empresa cuyos impagos ha de afrontar". Al hilo de esto, también se repara en que de tal interpretación "surgen responsabilidades para [el Fondo] que no derivan de [la insolvencia o concurso del empresario], sino de la pasividad procesal de la empresa", alcanzándose así "un resultado que, si bien puede resultar satisfactorio en términos de protección social, aparece como disfuncional [porque] para alcanzar una mayor protección en caso de despido improcedente parece que se induzca a la irresponsabilidad empresarial [y] parece paradójico que acabe con mayor protección el trabajador de empresa insolvente que el de empresa operativa y cumplidora de sus obligaciones". Y es que fíjese que "si la empresa que ha despedido es solvente y comparece en el juicio por despido, la persona que pierde su empleo recibe una protección inferior que cuando su empleador no comparece, es insolvente o ambas cosas. No se trata de que con ello haya una vulneración del artículo 14 CE o preceptos análogos, sino de que un organismo surgido para proteger en los casos en que la empresa no lo hace acaba dispensando prestaciones superiores a las que, de ordinario, satisfaría la misma".

Ciertamente, los argumentos ofrecidos por el voto particular son lo suficientemente sólidos para, como mínimo, enfocar la cuestión desde otro ángulo. A mi modo de ver, no se trata tanto de discernir qué sucede con los salarios de tramitación cuando se activa la letra b) del art. 110.1 LJS y cuál debe ser la responsabilidad del FOGASA en esos supuestos (pues, para ello, basta con acudir a lo dispuesto en los arts. 33 ET y 23 LJS), sino, más bien, de comprender cómo deben conjugarse las prerrogativas de las letras a) y b) del aquel precepto legal, es decir, si ambas están en igualdad de condiciones o no. Y, al respecto, creo que acierta el voto particular al señalar que, si una está por delante de la otra en el texto de la norma, por algún motivo será. En este punto, los tres argumentos que ofrece el voto particular, el lógico, el locativo y el literal, deben conducir a la conclusión de que ningún derecho de opción se le atribuye al trabajador en la letra b) del art. 110.1 LJS, pues, a salvo de que éste sea representante, el único titular que existe del derecho de opción es el empresario o, en su caso, el FOGASA, si se subroga en su posición *ex* art. 110.1.a) LJS. Y si esto es un hecho incontestable hoy en día, si no se pueden comparar las prerrogativas contenidas en aquellas dos letras del precepto procesal, mal puede decirse que la que se le concede al trabajador sea prioritaria y preferente respecto a la que se le atribuye al verdadero titular del derecho de opción. Con todo, para evitar dudas interpretativas y futura litigiosidad, bien podría acometerse una reforma legal de la letra a) del art. 110.1 LJS por la que se clarificara qué sucede en los casos de incomparecencia empresarial y comparecencia del Fondo. Una reforma que, a la vista de lo razonable del argumentario del voto particular, previera que aquel organismo público, si el empresario titular de la opción no compareciera en juicio y constara no ser posible la readmisión, pudiera optar por la extinción indemnizada sin devengo de salarios de tramitación. Y que si las prerrogativas de las letras a) y b) del precepto legal se ejercieran de modo simultáneo, fuera preferente la del Fondo si quiera sea por mínimas razones de coherencia con las normas sustantivas que regulan el derecho de opción[82].

2. READMISIÓN REGULAR E IRREGULAR

Otra de las cuestiones problemáticas que plantea la reincorporación de la persona de la persona trabajadora a la empresa es discernir si aquélla se ha efectuado de manera regular o irregular. Señala, a

---

82 Propuestas que, incluso, el CGPJ ya veía viables, en mayo de 2020, en su Plan de medidas organizativas y procesales del plan de choque para la Administración de Justicia tras el estado de alarma.

estos efectos, el art. 110.1 LJS que "si el despido se declara improcedente, se condenará al empresario a la readmisión del trabajador en las mismas condiciones que regían antes de producirse el despido". En la misma línea, el art. 283 LJS dispone, a efectos de la readmisión en caso de declaración de nulidad o de improcedencia con opción a la reincorporación ejercida por el trabajador representante, que "si el empresario no procediera a la readmisión o lo hiciera en condiciones distintas a las que regían antes de producirse el despido, el trabajador podrá acudir ante el Juzgado de lo Social, solicitando la ejecución regular del fallo".

En base a estos dos preceptos, es evidente que pesa sobre el empresario la obligación de reincorporar correctamente al trabajador a su puesto de trabajo en las mismas condiciones que regían antes del despido. Sucede, sin embargo, que puede que ello no ocurra, que exista una voluntad, consciente o no, de no reincorporar correctamente al trabajador a su puesto de trabajo. Este hecho será contrarrestado procesalmente a través del incidente de no readmisión que llevará o bien a la aplicación de medidas coercitivas para forzar la correcta readmisión o bien a que el órgano judicial termine por extinguir el vínculo laboral condenando al pago de unas determinadas cuantías indemnizatorias. Con todo, en ese incidente se deberá esclarecer, en primer lugar, si se está ante una readmisión regular o ante otra de tipo irregular. Y ello en el bien entendido de que resultará necesario, salvo, evidentemente, en los casos en los que *de facto* no haya tenido lugar la vuelta del trabajador, que se produzca su previa reincorporación a la empresa, puesto que será este hecho lo que podrá permitir constatar si ha habido un efectivo cambio de condiciones laborales y analizar, en su caso, el carácter justificado o no de la razón determinante de su modificación[83].

Al respecto, repetidos pronunciamientos judiciales afirman que el concepto de readmisión irregular es "jurídicamente indeterminado

[83] STSJ Comunidad Valenciana, de 23 de mayo de 2003 (AS 2003\2847). Con todo, esta sentencia cuenta con un voto particular en el que se entiende admisible que el trabajador pueda renunciar a la readmisión y, por ende, a su puesto de trabajo una vez que la empresa haya expresado formalmente que las condiciones de la readmisión no iban a cumplir las exigencias legales.

y dependiente de las circunstancias concurrentes en cada caso concreto y que, por ello, no admite una cuantificación o determinación rigurosa". De hecho, se ha pasado de una interpretación rigurosa y estricta de las expresiones "las mismas condiciones" y "condiciones distintas"[84] a otra en la que prima "la conservación del vínculo laboral y la protección de la estabilidad en el puesto de trabajo más que la sujeción al rígido y tradicional principio de invariabilidad de las condiciones de trabajo, que debe atemperarse a la realidad objetiva de hacerla posible y compatible con la situación de hecho existente en el momento de su exigencia y el correcto uso de las facultades directivas empresariales"[85]. Por ello y en tanto que el contrato de

---

84 La STCT de 15 de marzo de 1988 (RTCT 1988/2210), reiterando el contenido de lo que al respecto señalaba la de 28 de abril de 1987 (RTCT 1987/8680), afirma que "la calificación regular de la readmisión precisa que se haga respetando todas las condiciones de que gozaba el trabajador antes del despido, tales como salario, jornada y puesto de trabajo tanto en su categoría como en su ubicación espacial y geográfica, de forma que quede repuesto aquél sin perjuicio alguno en su situación anterior". De igual forma, la STS de 4 de octubre de 1983 dispone que "no es suficiente el acto formal de la readmisión, si éste no va acompañado de una restitución completa del *status* anterior, sin ningún tipo de alteraciones unilaterales establecidas por la empresa en relación con el contrato que une a las partes, lo que implicaría una especie de novación impuesta por una de las partes e inadmisible en cualquier relación jurídica obligacional". También las SSTCT de 5 de junio de 1984 (RTCT 1984/5048) y de 14 y 29 de mayo de 1985 (RTCT 1985/3138 y RTCT 1985/3491) entienden que la readmisión regular es la efectuada "en el mismo puesto de trabajo y en idénticas condiciones a las existentes con anterioridad al hecho extintivo declarado antijurídico y junto a ello exigiéndose su exacto cumplimiento temporal". En fin, la STS de 22 de enero de 1983 (RJ 1983/114) y las SSTCT de 11 de junio y de 1 de octubre de 1985 (RTCT 1985/3864 y RTCT 1985/5385) sostienen que "la readmisión no se consuma en sus elementos típicos de incorporación al puesto de trabajo si no se observan las condiciones de ocupación efectiva en su tarea habitual, jornada, salario, etc., que venía disfrutando con anterioridad al despido". En fechas más recientes, también admite esta conceptualización de la expresión "readmisión regular" la STS de 27 de diciembre de 2013 (Rec. n.º 3034/2012).

85 Así, en la STSJ de Madrid, de 15 de noviembre de 2002 (Rec. n.º 3831/2002) se declara que, aunque la condena obliga a la reincorporación en las mismas condiciones que regían antes del despido, esta regla general debe atemperarse a la realidad objetiva de la empresa y a las exigencias de la

trabajo es un contrato de tracto sucesivo y cambiante en el tiempo, se ha llegado a sostener que "se impone trazar un esquema de su contenido esencial o prestaciones básicas como punto de partida para distinguir aquellas facetas no sustanciales del mismo que podrían ser modificadas tras la readmisión". Quiere esto decir, en definitiva, que la readmisión "puede ser considerada regular aunque se introduzcan ciertas modificaciones en la relación laboral, ordinariamente de carácter no sustancial, obligadas por las circunstancias concurrentes y ajenas a la voluntad torticera de la empresa que tratase de eludir el cumplimiento de la sentencia que se ejecuta"[86].

En este sentido, numerosas sentencias contraponen el ejercicio del poder empresarial en la ejecución del contrato con la obligación que pesa sobre el empleador de readmitir al trabajador en sus anteriores condiciones de trabajo, ampliando, en base a la doctrina anteriormente expuesta, su haz de facultades y tornando al concepto de "readmisión irregular" en una expresión "líquida", sujeta a multitud de condicionantes[87]. Algo que, no obstante, no considero contraproducente o inadecuado con los preceptos en liza de la norma procedimental en tanto que el ejercicio del poder de dirección está sujeto, como se sabe, a fuertes contrapesos normativos que determi-

---

buena fe, siendo decisiva la voluntad real de readmisión. Sostiene este posicionamiento también y, entre otras, la posterior STS de 18 de enero de 2017 (Rec. n.º 108/2016).

86 Vid. la ya citada STS de 18 de enero de 2017 (Rec. n.º 108/2016). Con todo, existen sentencias recientes dictadas en suplicación que siguen abogando por la interpretación restrictiva, de tal forma que se argumenta que "la readmisión con obligación de continuar prestando servicios equivale a hacerlo en las mismas condiciones que regían con anterioridad al despido o decisión extintiva de que se trate, entre ellas categoría profesional, remuneración, jornada laboral, horario y centro de trabajo anteriores al cese, de suerte que no existe margen alguno de maniobra para la empresa en cuanto a la posibilidad de imponer circunstancias distintas bajo la mera reincorporación, alta en Seguridad Social y pago del salario que se vincula a la efectiva prestación laboral de servicios". Así, SSTSJ Madrid, de 14 de abril de 2023 (Rec. n.º 90/2023) o Andalucía, Sevilla, de 25 de noviembre de 2021 (Rec. n.º 978/2020).

87 Vid., al efecto, el voto particular que contiene la STS de 18 de enero de 2017 (Rec. n.º 108/2016).

narán su licitud siempre que exista una racionalidad evidente que lo justifique. El instituto de la readmisión no puede ser ajeno, por lo tanto y en mi opinión, a los vaivenes empresariales si de lo que se trata es de intentar cohonestar en la medida de lo posible el interés de la empresa en la adaptación de los recursos humanos que tiene disponibles a las circunstancias concurrentes (incluidos aquéllos que derivan de una readmisión) con el propio de la persona trabajadora a reintegrarse en la organización productiva en virtud de una sentencia firme que así lo considera.

Pues bien, en base a esta doctrina, se ha explicitado que "el *ius variandi* del empresario permanece después de la sentencia de despido y, por tanto, su lícito ejercicio no da lugar a irregularidad en la readmisión". Y que "si el despido no puede servir para privar al trabajador de derecho alguno, tampoco puede ser ocasión de acrecentar el contenido de los que ordinariamente le corresponden". Esto debe ser entendido "en el sentido de que las mismas facultades novatorias que corresponderían al empresario respecto del trabajador no despedido, podrá ejercitar respecto del despedido, por supuesto si se acredita que no hay voluntad de apartarse del cumplimiento del fallo judicial, sino imposibilidad de acatarlo en el sentido literal absoluto". De ahí que se haya admitido que, tras la readmisión o al tiempo de la misma, se pueda movilizar funcionalmente al trabajador dentro de los límites marcados por el art. 39 ET, es decir, dentro del *ius variandi* ordinario del apartado primero del precepto mencionado[88] o dentro

---

[88] Con todo, siendo este tipo de movilidad funcional discrecional para el empresario por no estar sujeta a causas específicas ni a límites temporales, siempre planeará la duda sobre ella, esto es, siempre podrá existir una eventual oposición de los trabajadores por considerar que la conducta empresarial es antijurídica o se ha realizado como represalia. Por ello, podría resultar exigible, en función de las concretas circunstancias concurrentes, que la empresa explicitase sus necesidades de funcionamiento u organizativas o que, al menos, acredite que la movilidad funcional es ajena a todo propósito que pudiera conllevar el incumplimiento de la sentencia que condena a la readmisión. Sobre ello, vid. STS de 18 de enero de 2017 (Rec. 108/2016) y, entre la doctrina, CABEZA PEREIRO, J.: "La readmisión irregular en la doctrina más reciente de los Tribunales del orden social", en CASTIÑEIRA FERNÁNDEZ, J.: *Presente y futuro de la regulación por despido*, Aranzadi (Pamplona), 1997, p. 315.

del *ius variandi* extraordinario del segundo apartado[89]. Y, en sentido contrario, valorándose la mala fe empresarial o el incorrecto uso de las facultades directivas, se ha llegado a sostener la irregularidad de

---

[89] STS de 18 de enero de 2017 (Rec. n.º 108/2016) y SSTSJ Galicia, de 16 de octubre de 2018 (Rec. n.º 2260/2018), Madrid, de 5 de octubre de 2009 (Rec. n.º 3506/2009), País Vasco, de 11 de abril de 2003 (Rec. n.º 593/2003) y Cataluña, de 20 de noviembre de 2001 (Rec. n.º 454/2001), Andalucía, Málaga, de 28 de abril de 2000 (Rec. n.º 33/2000), entre otras. Por su parte, la STSJ Madrid, de 15 de noviembre de 2002 (Rec. n.º 3831/2002), en un supuesto de readmisión del trabajador no en la empresa usuaria sino en la ETT de la que dependía, señala que "no existen razones para considerar irregular la readmisión, pues aunque la condena obliga a la reincorporación en las mismas condiciones que regían antes del despido, esta regla general debe atemperarse a la realidad objetiva de la empresa y a las exigencias de la buena fe, siendo decisiva la voluntad real de readmisión. En el presente caso sería imposible una identidad absoluta en las condiciones de trabajo, pues con anterioridad al despido el demandante trabajaba en misión en una empresa usuaria que ha sido absuelta, por lo que no es posible respetar la situación anterior. La readmisión ha de acomodarse a la realidad de que debe tener lugar en una empresa de trabajo temporal en las condiciones que a este tipo de empresas le son aplicables, y teniendo en cuenta que el trabajador no desarrollaba su trabajo antes del despido en la empresa condenada. Por ello no se le puede imponer de una manera estricta la reposición en la realización de idénticas funciones, y también habrá que tener en cuenta que la empresa condenada tenía contratada la realización del servicio de contabilidad desde antes del despido del actor, por lo que es justificable que no pueda darle unas funciones tan amplias como sería exigible en otras circunstancias. En lo que respecta al salario, el trabajador ya no tiene por qué percibir el correspondiente a una empresa usuaria en la que ya no trabaja, teniendo derecho en cambio al de su grupo o categoría del convenio de empresas de trabajo temporal, y al de la empresa usuaria a que pueda ser destinado, que podrá ser superior o inferior al que percibía antes del despido". Con todo y a pesar de todo lo señalado, la sentencia detecta una razón para considerar irregular la readmisión, consistente en que "el trabajador está aislado en cuanto a las tareas que realiza del resto de empleados de la empresa y la empresa confiesa abiertamente que el actor no goza de su confianza, de ahí que se le imponga un trato discriminatorio, al no darle las llaves de la oficina, línea externa de teléfono ni acceso a la red informática interna de la empresa, que son de uso común para el resto de empleados. En consecuencia, al haberse acreditado un trato discriminatorio y vejatorio en la readmisión del demandante, se ha de confirmar que la readmisión ha sido irregular".

la readmisión cuando se han asignado funciones distintas a sabiendas, en el momento de la reincorporación o, incluso previamente, en el momento de la conciliación, de que el puesto de trabajo anterior ya no existía o que iba a ser objeto de amortización en breve (y ello aunque las funciones que se le asignaron al trabajador tras la incorporación eran equivalentes al mismo nivel de responsabilidad que tenía y adecuadas a su formación profesional)[90] o cuando se han establecido funciones totalmente distintas a las anteriores sin base o fundamento justificativo alguno, lo que podría acontecer, por ejemplo, si no ha existido en la empresa reorganización interna alguna que lo ampare[91].

Del mismo modo y siguiendo el mismo razonamiento, se ha admitido la modificación sustancial de condiciones de trabajo del trabajador readmitido en caso de que concurran los presupuestos causales y procedimentales del art. 41 ET[92]. De lo contrario, la readmisión

---

90 STS de 21 de julio de 2014 (Rec. n.º 1508/2013) y STSJ Cataluña, de 7 de noviembre de 2022 (Rec. n.º 1792/2022) y, en sentido similar, SSTSJ Cataluña, de 15 de marzo de 2016 (Rec. n.º 291/2016), Castilla y León, Burgos, de 4 de febrero de 2021 (Rec. n.º 5/2021) e Islas Baleares, de 17 de julio de 2018 (Rec. n.º 133/2018).

91 La STSJ País Vasco, de 1 de junio de 2021 (Rec. n.º 754/2021), ante un cambio de funciones debido éste a una supuesta modificación en el organigrama de la empresa, dictaminó que "la actuación empresarial ha excedido claramente las facultades inherentes al *ius variandi* empresarial, pues aunque la empresa haya tenido alguna razón objetiva y legítima, lo cierto es que no la ha acreditado. Por consiguiente, no es suficiente con invocar el poder de organización y dirección empresarial. El actor tiene derecho en virtud de una sentencia firme a la reincorporación en su mismo puesto de trabajo, de manera que no puede ver mermadas sus facultades y su posición jerárquica en la fundación en base a una reorganización del organigrama empresarial, pues si esta reorganización no se apoya en razones objetivas no deja de ser una decisión voluntarista de la propia empresa que no se justifica". En sentido contrario, por venir justificado el cambio en el organigrama, vid. STSJ Galicia, de 30 de septiembre de 2019 (Rec. n.º 3095/2019). También desliza esta idea la STSJ Madrid, de 3 de mayo de 2019 (Rec. n.º 1186/2018).

92 SSTSJ Andalucía, Sevilla, de 12 de abril de 2012 (Rec. n.º 1791/2011) y Castilla-La Mancha, de 14 de febrero de 2013 (Rec. n.º 1357/2012), entre otras.

devendrá en irregular[93]. Así, se ha dictaminado que constituye readmisión irregular la decisión de colocar al trabajador en trabajo a distancia cuando no se ha acreditado la imposibilidad de la readmisión ni la desaparición del centro de trabajo originario que permitiera la prestación de servicios en modalidad presencial[94], cuando se procede a la readmisión con un salario distinto al fijado en la sentencia de despido sin razón aparente alguna[95], cuando la empresa conocía que no era posible reubicar a la persona trabajadora en su horario habitual y le asigna otro distinto[96] o cuando se varía la jornada de forma sustancial no justificando la empresa tal modificación[97].

Por lo que atañe al traslado a otro centro de trabajo, cierto es que el lugar donde se prestan los servicios es una condición de trabajo tan importante que, para alterarla de forma sustancial, se exige la concurrencia de los requisitos que se establecen en el art. 40 ET[98]. De ahí que esas mismas exigencias deban cumplirse cuando se pretende efectuar el traslado o el desplazamiento de un trabajador previamente readmitido. De este modo, para que la reincorporación del trabajador a otro centro de trabajo distinto del precedente no se torne en irregular deberá producirse la coincidencia de las causales que habilitan para la movilidad geográfica con la readmisión ordenada por la sentencia de despido, teniendo el empresario que seguir el cauce

---

93 SSTSJ Andalucía, Granada, de 23 de febrero de 2017 (Rec. n.º 1518/2016), País Vasco, de 27 de febrero de 2007 (Rec. n.º 2809/2006), Cataluña, de 8 de octubre de 2004 (Rec. n.º 4183/2004) y Madrid, de 1 de junio de 2000 (Rec. n.º 958/2000), entre otras.

94 STSJ de Madrid, de 26 de enero de 2023 (Rec. n.º 800/2022).

95 STSJ Andalucía, Sevilla, de 7 de julio de 2022 (Rec. n.º 2179/2020). No así cuando existe un error excusable en la nómina al no reflejar la antigüedad del trabajador. Así, STSJ Andalucía, Granada, de 12 de enero de 2017 (Rec. n.º 2393/2016).

96 STSJ Castilla-La Mancha, de 23 de octubre de 2018 (Rec. n.º 1085/2017) y Navarra, de 2 de diciembre de 2016 (Rec. n.º 487/2016).

97 STSJ Asturias, de 30 de diciembre de 2014 (Rec. n.º 2644/2014).

98 Aunque recuérdese que este precepto no se aplica ni a la movilidad geográfica que se produce por acuerdo entre empresario y trabajador ni a la que queda sometido un trabajador contratado para prestar servicios en centros móviles o itinerantes (STSJ Extremadura, de 28 de julio de 1994, Rec. n.º 445/1994).

procedimental que articula el precepto estatutario para ello. En este sentido, es posible encontrar numerosas sentencias que dictaminan que el traslado a otro centro de trabajo de la persona trabajadora sin que se justifique la imposibilidad de readmitir al trabajador en el anterior donde prestaba sus servicios antes del despido es una readmisión irregular por alterar de forma notoria y sustancial un aspecto tan fundamental de la relación laboral como es el lugar de trabajo[99]. Con todo y por supuesto, también es posible encontrar resoluciones judiciales en las que queda justificada la movilidad geográfica del trabajador readmitido por no considerarse ésta de carácter sustancial, sino, más bien, accesoria, al no implicar cambio de residencia alguno[100].

Un supuesto específico, no obstante, es aquel que acontece cuando la readmisión se produce en centro de trabajo distinto por encontrarse el originario cerrado o desaparecido. La cuestión aquí estriba en discernir si procede la aplicación de lo dispuesto en el art. 286.1 LJS, que señala, como se ha dicho ya, que "cuando se acreditase la imposibilidad de readmitir al trabajador por cese o cierre de la empresa obligada o cualquier otra causa de imposibilidad material o legal, el juez dictará auto en el que declarará extinguida la relación laboral en la fecha de dicha resolución y acordará se abonen al trabajador las indemnizaciones y los salarios dejados de percibir que señala el apartado 2 del artículo 281". En un primer momento, podría

---

99 STS de 27 de diciembre de 2013 (Rec. n.º 3034/2012) y SSTSJ Madrid, de 14 de abril de 2023 (Rec. n.º 90/2023) y de 29 de noviembre de 2017 (Rec. n.º 1048/2017), Islas Canarias, Las Palmas, de 14 de junio de 2022 (Rec. n.º 187/2022), Asturias, de 13 de diciembre de 2016 (Rec. n.º 2406/2016), de 27 de septiembre de 2016 (Rec. n.º 1736/2016) y de 25 de noviembre de 2011 (Rec. n.º 2269/2011), Galicia, de 2 de abril de 2013 (Rec. n.º 5137/2012), Comunidad Valenciana, de 2 de marzo de 2011 (Rec. n.º 68/2011) y País Vasco, de 2 de noviembre de 2010 (Rec. n.º 2230/2010), entre otras.

100 SSTSJ Asturias, de 26 de junio de 2018 (Rec. n.º 917/2018), Andalucía, Granada, de 23 de abril de 2018 (Rec. n.º 2601/2017) y de 25 de febrero de 2009 (Rec. n.º 41/2009), Cantabria, de 10 de febrero de 2015 (Rec. n.º 922/2014), Madrid, de 13 de octubre de 2004 (Rec. n.º 3061/2004) y Castilla-La Mancha, de 14 de febrero de 2013 (Rec. n.º 1357/2012), entre otras.

pensarse que es la solución idónea porque encajaría en el supuesto de hecho normativo: en tanto que existe una imposibilidad objetiva de cumplir con la sentencia de despido[101], ello debe resolverse, sin más, con un auto resolutorio del contrato[102]. Con todo, dos son los argumentos que contravienen este posicionamiento. De un lado, el tenor literal de la norma que, para el caso de cierre o cese, se refiere a la empresa, no al centro de trabajo. Por lo tanto, cabe pensar que si quien legisla hubiera querido que el cierre del centro de trabajo provocara la imposibilidad de la readmisión y, con ello, un auto resolutorio de la relación laboral, así lo hubiera indicado expresamente, al igual que lo ha hecho cuando, para otras circunstancias, se ha hecho alusión al centro de trabajo o a éste y a la empresa[103]. Y, de otro lado, la "liquidez" de la que anteriormente se hablaba del concepto de readmisión regular y el favor por la estabilidad del vínculo contractual que impregna todas las resoluciones judiciales que abogan por este modo de entender el instituto que aquí nos ocupa. Por ello, la solución más óptima que se ha encontrado en sede judicial[104] ha

---

101 Se trataría de cualquier situación de hecho o reorganización empresarial que impida la readmisión en el mismo puesto de trabajo que ocupaba el trabajador antes del despido, incluyendo, por lo tanto, el cierre de un centro de trabajo.

102 Esta es la solución por la que aboga el voto particular de la STS de 18 de enero de 2017 (Rec. n.º 108/2016), haciendo alusión, además, a lo que dispone el art. 18.2 LOPJ.

103 Sobre ello y a modo de ejemplo, STSJ Castilla y León, Burgos, de 10 de septiembre de 2014 (Rec. n.º 600/2014).

104 Leída con todos su matices, pues hace referencia a una readmisión a un centro de trabajo distinto por cierre del anterior pero que implica cambio de residencia, STS de 27 de diciembre de 2013 (Rec. n.º 3034/2012) y SSTSJ Madrid, de 14 de abril de 2023 (Rec. n.º 90/2023), de 12 de diciembre de 2019 (Rec. n.º 578/2019) y de 29 de noviembre de 2017 (Rec. n.º 1048/2017), Islas Canarias, Las Palmas, de 14 de junio de 2022 (Rec. n.º 187/2022), Andalucía, Granada, de 31 de enero de 2019 (Rec. n.º 1314/2018), Islas Canarias, Santa Cruz de Tenerife, de 13 de diciembre de 2019 (Rec. n.º 952/2019) y Galicia, de 22 de febrero de 2017 (Rec. n.º 4562/2016), entre otras. Un supuesto particular se plantea en la STSJ Madrid, de 12 de julio de 2017 (Rec. n.º 547/2017) dictamina que "tratándose de un trabajador expatriado que es despedido el mismo día del retorno a España, sin llegar a prestar servicios ni en España ni en ningún otro lugar, se considera que el último puesto real fue el desempeñado en el extranjero

sido la de considerar que, si la empresa cuenta con varios centros, cabe articular la readmisión del trabajador a uno de ellos en estos particulares supuestos por existir circunstancias que así lo justifican. Pero esto sin perjuicio, claro está, de que, comprobadas las condiciones, aquélla se declare irregular por contravenir lo dispuesto en los arts. 39, 40 o 41 ET[105].

Teniendo en cuenta, de igual modo, este concepto flexible de la readmisión, incluso se ha aceptado que el trabajador sea incorporado, tras el ejercicio por el mismo del derecho de opción por la reincorporación, a un ERTE suspensivo por COVID —debidamente autorizado por la autoridad administrativa y en cuyo ámbito subjetivo estaba comprendido— previamente declarado a que recayera la sentencia firme por despido porque no se puede "prescindir de la realidad jurídica existente al tiempo de la readmisión [de tal forma] "que su readmisión por parte de la empresa había de determinar su inclusión en dicho ERTE y con los efectos propios del mismo, esto es desde la fecha determinada en dicho expediente, coincidente con la del hecho causante de la fuerza mayor, según el artículo 22.2.c del Real Decreto 8/20, de Medidas urgentes extraordinarias para hacer frente al impacto económico y social del COVID-19. Y ello porque, aunque la readmisión haya de realizarse en principio en las mismas condiciones previas al despido, sin embargo no son estas inmunes a las decisiones que la empresa adopte en su legítimo ejercicio de organización del trabajo, entre las que se encuentra la adopción de un expediente de regulación temporal de empleo por

---

y, por tanto, la readmisión en localidad distinta, con distintas funciones y diferente salario es irregular".

105 A estos efectos, se ha afirmado que, en aquellos casos en los que exista cambio de residencia, la reincorporación deberá producirse mediante una comunicación al trabajador y a sus representantes con treinta días de antelación, durante los cuales el trabajador tendrá que seguir percibiendo su salario. No obstante, no podrá entenderse que existe readmisión irregular por la circunstancia de que el empresario no emplee al trabajador durante el período de preaviso, pues, por un lado, su centro de trabajo originario ya no existe y, por otro, deben respetarse por imperativo legal, los días de preaviso. Lo que no empece, sin embargo, para que se opte por la extinción del contrato con base a lo que dispone el art. 40.1 ET. Sobre ello, CABEZA PEREIRO, J.: "La readmisión irregular en ..., op.cit., p. 318.

causa de fuerza mayor (COVID). La readmisión no puede enervar el derecho empresarial de adoptar lícitamente medidas que colectivamente modifiquen las condiciones de trabajo. Por ello, la readmisión se realizará en las mismas condiciones que tenía el trabajador al tiempo del despido, en la medida en que las mismas subsistan en la empresa al tiempo de la readmisión y no en otras ya inexistentes. De este modo, determinada la licitud de dicha medida y la inclusión en ella del actor, no puede considerarse readmisión irregular, pues es resultado del legítimo ejercicio del *ius variandi* empresarial, dada la situación productiva existente en la empresa en dichas fechas, según se refleja en la citada sentencia firme que ha determinado la procedencia del actor en la inclusión de tal medida". Y se continua señalando que "ello es conforme a la naturaleza de la readmisión tras un despido declarado improcedente, que habrá de hacerse en las mismas condiciones que regían con anterioridad al despido, en la medida en que las mismas subsistan en la empresa, lo que determina que en rigor la readmisión haya de realizarse en las condiciones imperantes en la empresa para los trabajadores de la misma, sin que sea posible otorgar al actor un trato, no ya sólo injustificadamente privilegiado respecto al resto de trabajadores de la empresa, sino que incluso responda a una realidad inexistente en la misma, a unas condiciones ficticias, que si bien concurrían en el actor al tiempo de su despido, han desaparecido ya a la fecha de la readmisión, lo que hace imposible la reposición en condiciones que han devenido inexistentes en la empresa, en virtud del legítimo ejercicio del *ius variandi* empresarial". Por el mismo argumentario, se ha considerado regular la readmisión producida con disminución salarial cuando ésta deriva de un pacto de reducción salarial aplicable a la plantilla no afectada por el despido colectivo efectuado en la empresa y ello en tanto que "la reincorporación del trabajador a la empresa tras la declaración de la improcedencia de su despido lo somete a la reducción salarial colectiva al incluirlo en el grupo de los afectados por la medida"[106].

En otro orden de ideas, la readmisión también puede devenir en irregular cuando la comunicación de la empresa al trabajador se

---

106 STSJ Islas Canarias, Las Palmas, de 30 de diciembre de 2019 (Rec. n.º 1170/2019).

hace pasados los diez días que estipula el art. 278 LJS. De este modo, es doctrina consolidada considerar que si la comunicación de readmisión se lleva a cabo después del referido plazo de diez días, se produzca o no la reincorporación del trabajador, "dicha forma de ejecución del mandato de la sentencia deviene en extemporánea, por lo que esa decisión de la empresa equivale a una readmisión irregular al no haberse llevado a cabo con los requisitos legalmente previstos para ello"[107]. Con todo y a tenor de la misma doctrina, no genera el mismo efecto el incumplimiento del plazo no inferior a tres días que señala el mismo precepto legal para que el trabajador se reincorpore, por cuanto este es un plazo que ya no afecta a la readmisión en sí. Es éste, antes al contrario, "un plazo que cumple otra finalidad: la de conceder un tiempo suficiente al trabajador para incorporarse al trabajo, de manera que pueda dilatar esa reincorporación durante un mínimo de tres días por razones de conveniencia o comodidad. Se trata de un plazo que amplía el margen del trabajador para reincorporarse. La finalidad de esta norma es, por tanto, completamente distinta de la que determina el establecimiento del plazo para readmitir del empresario. Por ello, no debe darse al plazo mínimo de reincorporación el mismo tratamiento que, en el orden sancionador, se le da al incumplimiento del plazo para readmitir".

También es cuestión pacífica entender que el impago de los salarios de tramitación no convierte a la readmisión en irregular en tanto que ambas condenas, readmisión y salarios de tramitación, tienen perfiles distintos: la primera impone una obligación de hacer y la segunda el pago de determinada cantidad. La readmisión tendrá, pues, que considerarse regular cuando se hubiera restablecido el vínculo laboral en iguales condiciones que regían antes del despido, sin que afecte a ello el hecho de que no se hubieran satisfecho los salarios de tramitación[108]. De igual modo, tampoco torna la readmisión en irregular el hecho de no dar cumplimiento de forma puntual a la

---

107 STS de 23 de julio de 2008 (Rec. n.º 3682/2007) y STSJ Madrid, de 30 de abril de 2015 (Rec. n.º 125/2015).

108 SSTS de 2 y 20 de noviembre de 1989 (RJ 1989/7986 y RJ 1989/8505). En fecha posterior, SSTSJ Madrid, de 24 de noviembre de 2022 (Rec. n.º 774/2022) y Andalucía, Granada, de 3 de febrero de 2022 (Rec. n.º 2129/2021).

obligación de alta en Seguridad Social si este hecho no deriva de la voluntad empresarial[109] (aunque sí cuando no lo ha hecho de forma deliberada)[110], la reincorporación en cualquiera de las empresas condenadas de forma solidaria[111], no dar cumplimiento efectivo a la sentencia durante un breve lapso de tiempo por circunstancias más que justificadas que no evidencian voluntad torticera alguna de la empresa[112] o no dar ocupación efectiva al trabajador que se encuentra en situación de incapacidad temporal[113].

Precisamente al hilo de lo acabado de señalar, ha suscitado dudas, por lo demás, la concesión de vacaciones al trabajador al momento de la reincorporación. A este respecto, en sede judicial se ha dictaminado la regularidad de la readmisión cuando la empresa se encontraba en período vacacional en el momento fijado para llevarla a cabo o, en general, cuando existían circunstancias que justificaban conceder vacaciones al trabajador que debía ser readmitido[114]. En

---

109 STSJ de 7 de julio de 2021 (Rec. n.º 2345/2021). Con todo, no serían obligaciones accesorias, sino principales, la evaluación de riesgos de carácter general relativa al inicio de actividad ni una evaluación específica cuando la persona trabajadora presenta una discapacidad y se le ha readmitido, por imposibilidad manifiesta, en otro centro de trabajo habida cuenta de la obligación legal (art. 25.1 LPRL) de proteger a los trabajadores especialmente sensibles a determinadas riesgos. Así, STSJ Islas Canarias, Santa Cruz de Tenerife, de 29 de junio de 2020 (Rec. n.º 978/2019).

110 STSJ Andalucía, Granada, de 12 de diciembre de 2019 (Rec. n.º 627/2019).

111 Así, en el caso de una cesión ilegal, se ha dictaminado que existe readmisión irregular cuando se readmite a la persona trabajadora en la empresa cedente (que, además, estaba incursa en un ERTE extintivo incluyéndose en él al actor) y no en la cesionaria, la concretamente elegida por aquélla por ser en la que efectivamente prestó los servicios. Así, SSTSJ Comunidad Valenciana, de 27 de octubre de 2021 (Rec. n.º 1873/2021) y de 7 de septiembre de 2021 (Rec. n.º 1226/2021).

112 STSJ País Vasco, de 16 de diciembre de 2014 (Rec. n.º 2511/2014).

113 STSJ Cataluña, de 15 de mayo de 2007 (Rec. n.º 1564/2007).

114 De esta forma, la STS de 19 de febrero de 1991 (RJ 1991/851), dictada en un caso en el que, por carencia de los locales adecuados para la prestación laboral, la empresa, mientras procedía a su acondicionamiento, había acordado aplicar este intervalo al disfrute de las vacaciones anuales de los trabajadores, sentó la doctrina de que "la empresa hizo cuanto pudo para cumplir la Sentencia, comunicando la readmisión y pagando puntualmente los

caso contrario, esto es, cuando no se ha acreditado la concurrencia de ninguna causa que pudiera justificar o explicar la imposición unilateral por el empresario del disfrute de vacaciones en la fecha de readmisión del trabajador, se ha señalado que ésta debe devenir en irregular[115]. Cuestión distinta a ésta, por el contrario, es determinar si el tiempo transcurrido de inactividad entre la fecha en la que se acomete el despido y la efectiva readmisión debe asimilarse a un período de trabajo efectivo a fin de determinar el derecho a vacaciones anuales retribuidas. En este sentido, la STS de 27 de mayo de 2019 (Rec. n.º 1518/2017) ha clarificado que ello así debe entenderse "puesto que si en ese lapso de tiempo no ha habido trabajo efectivo, no ha sido precisamente por la voluntad del trabajador, sino que la inactividad se debe a un acto extintivo de la empresa que después se declara ilícito, y cuyos efectos antijurídicos se tratan de restaurar completamente a través de la readmisión, tal y como se desprende de los arts. 278, 282 y 284 para la ejecución de sentencias de despido con readmisión". Por ello, se entiende que ese tiempo de tramitación equiparable a tiempo de trabajo tras la readmisión debe proyectar sus efectos "sobre los parámetros de la relación laboral, entre los que se encuentra el derecho a las vacaciones no disfrutadas por el trabajador debido a causas que en absoluto le son imputables"[116].

---

salarios de los trabajadores, sin solución de continuidad desde que fueron despedidos y si la ocupación efectiva no se les facilitó de inmediato no fue por voluntad torticera de la empresa que tratase de eludir el cumplimiento de la sentencia, sino por imperio de las circunstancias, de donde se sigue que el ofrecimiento de las vacaciones, tampoco tuvo la intención elusiva ya dicha".

115 Así, la concesión unilateral de vacaciones una vez producida la readmisión como consecuencia de despido improcedente sin que se acredite la concurrencia de ninguna causa que pudiera justificar o explicar la imposición unilateral por el empresario del disfrute de vacaciones en la fecha de readmisión del trabajador y, además, por un período de tiempo inferior al establecido legalmente, ha determinado un incumplimiento del derecho del trabajador a la ocupación efectiva y, por ende, una readmisión irregular. Sobre ello, STSJ Cataluña, de 14 de noviembre de 2003 (Rec. n.º 63/2002).

116 Reiteran esta doctrina, incluso aplicándola a los supuestos de despido nulo, las SSTS de 31 de enero de 2023 (Rec. n.º 4025/2019), de 25 de enero de 2023 (Rec. n.º 3603/2019), de 12 de julio de 2022 (Rec. n.º 2598/2019), de 11 de mayo de 2021 (Rec. n.º 3630/2018) y de 27 de mayo de 2019 (Rec. n.º

En fin, no puede concluirse este apartado sin hacer referencia a los efectos que sobre la readmisión pueda tener un nuevo despido acaecido inmediatamente después de la misma. La cuestión no ha sido siempre pacífica en el ámbito judicial, pues es posible encontrar tanto sentencias que dictaminan que no es posible simultanear readmisión con despido posterior porque, en este caso, lo que habría existido es una "apariencia de readmisión, una readmisión «formal» que carece de toda virtualidad y cuya admisión implicaría amparar el fraude infringiendo el numeral 6° del artículo 55 del ET" [117], como otras que entienden que "cabe la fórmula utilizada de simultánea readmisión y despido, siempre que con la misma se pretenda subsanar los defectos de forma advertidos por la sentencia previa, y ello por cuanto que tal conducto constituye el ejercicio de una facultad legal [contenida en el art. 110.4 LJS][118] que impide tener por incumplido el deber de readmisión"[119]. No obstante, en fechas relativamente

---

1518/2017). También STJUE de 25 de junio de 2020 (C-762/18 y C-37/19, asunto QH).

117 STSJ País Vasco, de 9 de mayo de 2006 (Rec. n.° 554/2006). La readmisión, pues, sería tan sólo aparente "al no llegar el trabajador a ocupar su puesto de trabajo y desempeñar las funciones propias del mismo en idénticas condiciones que tenía con anterioridad al despido, al haberse acordado por el Ayuntamiento de forma simultánea la readmisión y un nuevo despido que se constata como un instrumento destinado al incumplimiento de la obligación de readmisión, por lo que esta ha de calificarse de irregular y ello sin perjuicio de que una vez readmitido el trabajador de forma efectiva pueda acordar la empresa demandada un nuevo despido si concurre causa legal que lo ampare" (STSJ Asturias, de 20 de diciembre de 2013, Rec. n.° 1503/2013). En el mismo sentido, STSJ Castilla y León, Valladolid, de 29 de junio de 2017 (Rec. n.° 690/2017).

118 Es oportuno recordar que este precepto concede un plazo de siete días desde la notificación de la sentencia que declara la improcedencia del despido por razones de forma para efectuar un nuevo despido, que "no constituirá una subsanación del primitivo acto extintivo, sino un nuevo despido, que surtirá efectos desde su fecha". El señalado plazo de siete días se ha declarado por el Tribunal Supremo como sustantivo *sui generis*, pues de él habría que descontar los días inhábiles. Así, STS de 5 de noviembre de 2019 (Rec. n.° 1860/2017).

119 SSTSJ Andalucía, Granada, de 9 de febrero de 2017 (Rec. n.° 2747/2016), Asturias, de 16 de octubre de 2009 (Rec. n.° 1856/2009) y Cataluña, de 27 de octubre de 2003 (Rec. n.° 552/2003). Por su parte, la STSJ Andalucía,

recientes se ha pronunciado el Tribunal Supremo, quien ha dictaminado que es posible, tras un despido declarado improcedente por razones de forma, efectuar otro tras la readmisión de la persona trabajadora en el que se cumplan los requisitos formales defectuosos u omitidos en el precedente. Y ello porque "esta nueva resolución contractual no constituirá en ningún caso subsanación del primitivo acto extintivo, sino un nuevo acuerdo de extinción con efectos desde su fecha". De esta forma, declarada la improcedencia del despido por defectos u omisión de los requisitos formales esenciales, la relación laboral "se recompone con la opción por la readmisión, pero puede ser nuevamente declarada resuelta por el empresario, mediante un nuevo despido, en el que se subsanen los defectos formales que dieron lugar a la nulidad del anterior". Esta nueva resolución contractual "se puede efectuar una vez producida la readmisión a que obliga la improcedencia con opción por la readmisión del despido anterior y también, en el momento de la incorporación del trabajador, sin que sea necesario que se produzca, previamente, una efectiva prestación de servicios"[120]. Cosa distinta es que el segundo despido

---

de 11 de octubre de 1994 (AS 1994/3936) señala que "no es necesaria una física readmisión o efectivo abono de los salarios de tramitación, sino la acreditación de la efectiva aceptación del fallo de la sentencia", porque "nada impide que el empresario simultanee la readmisión con el nuevo despido, con lo que la readmisión no deja de ser simbólica, aunque los salarios de trámite se deben hasta la misma. Así lo ha declarado el Tribunal Supremo en su sentencia de 1 de junio de 1983 (RJ 1983/2958) al señalar que el abono de los salarios, la readmisión del anterior despido y el nuevo despido pueden ser simultáneos sin que sea preciso dar trabajo alguno al despedido antes de reiterar el despido declarado nulo; ello, por supuesto, sin perjuicio de la consideración que el nuevo despido pueda merecer a tenor de la legalidad del Estatuto y las consecuencias inherentes a su calificación".

120 STS de 7 de septiembre de 2021 (Rec. n.º 1864/2018), siguiendo la estela de resoluciones como la STS de 30 de junio de 1990 (RJ 1990/5549) que declara que "lo único que exige la ley es que el nuevo despido en forma se realice en el plazo de siete días siguientes a la declaración de nulidad del primero, lo que efectivamente tuvo lugar en el presente caso, sin necesidad de esperar a la efectiva readmisión como consecuencia de la anterior declaración, la que en todo caso se considera realizada por el simple hecho de proceder al segundo despido en forma y plazo, y menos todavía esperar a la resolución de los eventuales recursos contra la primitiva sentencia declarativa de la nulidad". Es de destacar también que la resolución de 2021 aboga

sea autónomo del primero, de modo tal que no se trate con aquél de subsanar a éste, sino, más bien, de apuntalar la segunda decisión extintiva en razones objetivas que la justifiquen. En estos supuestos, se ha entendido que en el segundo proceso declarativo por despido no puede discutirse la regularidad o irregularidad de la readmisión, pues ésta debe sustanciarse en el proceso de ejecución de la sentencia derivada del primer despido[121].

3. CUANTÍA, DESCUENTOS E INCOMPATIBILIDADES DE LOS SALARIOS DE TRAMITACIÓN

A) Cuantía de los salarios de trámite

Señala el art. 56.2 ET que la base de cálculo de los salarios de trámite son los "salarios dejados de percibir" con un claro límite temporal, pues el *dies a quo* está fijado en la "fecha del despido" y el *dies ad quem* en la "notificación de la sentencia que declarase la improcedencia". A esta regla, sin embargo, deben hacérsele algunas matizaciones. De este modo, si la primera sentencia de instancia ha

---

por entender que al despido objetivo declarado improcedente por razones de forma le puede seguir otro en el que se cumplan los requisitos formales defectuosos. Y ello porque, aunque no se aplique a este tipo de despidos lo previsto en el art. 110.4 LJS (STS de 10 de octubre de 2017, Rec. n.º 1507/2015), ello no puede suponer coartar la posibilidad al empresario de subsanar el despido que ha efectuado incluso aunque hubiesen transcurrido los siete días que señala aquel precepto o de que esa posibilidad se halle limitada a la concurrencia e invocación de nuevos hechos justificativos de la decisión extintiva. Por lo demás, el hecho de que el empresario utilice la opción prevista en el art. 110.4 LJS impide, en buena lógica, que el trabajador pueda solicitar la ejecución de la sentencia previa.

121 SSTSJ Madrid, de 22 de noviembre de 2018 (Rec. n.º 639/2018) y Aragón, de 25 de junio de 2018 (JUR 2019\114892). Por su parte, la STSJ Castilla y León, Valladolid, de 29 de junio de 2017 (Rec. n.º 690/2017) explica que, si se efectúa la comunicación de un nuevo despido, aún por distintas causas, el mismo día de la readmisión sin que ésta se haya hecho efectiva, tal hecho no puede impedir la ejecución de la sentencia que declaró la improcedencia de otro anterior y que se declare la readmisión irregular con independencia de que el trabajador no hubiera impugnado este segundo despido.

sido anulada por el tribunal superior correspondiente y, posteriormente, se dicta una nueva sentencia en instancia que declara otra vez la improcedencia, los salarios de tramitación llegarán hasta la notificación de esta segunda sentencia[122]. De igual forma, es de reseñar que no procede descontar de la cuantía el tiempo transcurrido ante el juzgado de lo social territorialmente incompetente hasta la presentación en el juzgado competente[123], así como tampoco procede descontar el tiempo en que el procedimiento estuvo suspendido para la subsanación de la demanda o para cualquier otro menester si no media abuso de Derecho en la actuación del trabajador[124]. Tampoco cabe deducir de los salarios de trámite los salarios que debe abonar el empresario cuando, en un despido objetivo, no da cumplimiento al período de preaviso (art. 123.2 LJS). En cuanto a los trabajadores excedentes, se ha dictaminado que la declaración judicial de improcedencia del despido por negativa empresarial al reingreso conlleva el pago de salarios de tramitación desde la fecha en que se fije como la del despido[125]. Y, en fin, por lo que atañe a los trabajadores fijos discontinuos, la cuantía que se les debe abonar en concepto de salarios de tramitación se corresponde con los salarios dejados de percibir en los periodos de actividad que existan entre la fecha del despido hasta la notificación de la sentencia, no procediendo el devengo, por lo tanto, durante el periodo en el que están en inactividad[126].

---

122 STS de 21 de octubre de 2002, Rec. n.º 549/2002).

123 STS de 20 de noviembre de 2018 (Rec. n.º 3968/2016).

124 SSTS de 9 de mayo de 2014 (Rec. n.º 1116/2013) y de 10 de diciembre de 2012 (Rec. n.º 70/2012).

125 STS de 19 de diciembre de 2011 (Rec. n.º 218/2011) y STSJ Galicia, de 13 de diciembre de 2018 (Rec. n.º 2655/2018). Por su parte, la STSJ Madrid, de 12 de junio de 2006 (Rec. n.º 1177/2006) añade que deben abonarse salarios de trámite en estos casos porque "a partir de ese momento [la negativa empresarial a la readmisión] no hay diferencia entre un trabajador excedente y otro que se encuentra en plantilla y de ahí que las consecuencias deban ser idénticas entre ambos". Similar a esta situación es el despido por ausencias injustificadas del trabajador excedente que no acepta el puesto vacante ofrecido porque le supone un cambio de residencia. Así, STS de 11 de octubre de 2017 (Rec. n.º 3142/2015).

126 STS de 9 de marzo de 2022 (Rec. n.º 427/2020).

Teniendo lo anterior en cuenta, la cantidad, pues, que debe abonar el empresario en el caso de que opte por la readmisión se determina en función de los vectores que se han señalado: el día del despido y el día de la notificación de la sentencia. Y, para ello, es necesario partir del salario que cobraba el trabajador en el momento de ser despedido (aunque teniendo en cuenta que, en los supuestos de jornada reducida, se tomará como referencia el salario completo)[127], de tal modo que los salarios de trámite serán el resultado de multiplicar[128] su salario diario —calculado de igual forma que para computar la indemnización por despido improcedente— por los días transcurridos desde el despido hasta la notificación de la sentencia que declara la improcedencia.

Es, pues, el salario del momento del despido el salario regulador que, a modo de "foto fija", se ha de tener en cuenta para proceder al cálculo, pero ello siempre teniendo en cuenta que ese salario no puede ser inferior al SMI ni al establecido en el convenio colectivo aplicable[129]. Puede suceder, no obstante, que, en un momento posterior a la instrumentación de la decisión extintiva, pero anterior a

127 Por aplicación de los preceptuado en la Disposición adicional decimonovena del Estatuto de los Trabajadores sobre el cálculo de indemnizaciones en determinados supuestos de jornada reducida. Esta previsión es introducida en el Estatuto en razón de lo prevenido en la Ley Orgánica 3/2007, de 22 de marzo, para la igualdad efectiva de mujeres y hombres, cuyo objetivo es la corrección de la desigualdad en el ámbito específico de las relaciones laborales mediante una serie de previsiones en favor del derecho a la conciliación de la vida personal, familiar y laboral y el fomento de una mayor corresponsabilidad entre mujeres y hombres en la asunción de obligaciones familiares y se ha dicho de ella que "admite una interpretación extensiva en favor de entender incluidos en ese supuestos los salarios de tramitación, en tanto que se refiere de manera genérica y en plural al cálculo de las indemnizaciones previstas en esta Ley, lo que permite incluir bajo ese ámbito cualquier tipo de indemnización en la que esté en juego la cuantía del salario, y no solo la indemnización por despido vinculada en sentido estricto a la pérdida del empleo" (STS de 25 de abril de 2018, Rec. n.° 2152/2016).

128 STS, Sala de lo Contencioso-Administrativo, de 15 de enero de 2013 (Rec. n.° 196/2011).

129 Por poner un par de ejemplos, STS de 27 de diciembre de 2010 (Rec. n.° 1751/2010) y STSJ Extremadura, de 19 de abril de 1994 (Rec. n.° 116/1994), entre muchas otras.

la sentencia o ya, incluso, en fase de recurso, sobrevengan determinados aumentos salariales por vía legal o convencional, por lo que es del todo punto idóneo preguntarse acerca de si los salarios de tramitación deben o no conllevar una dinamicidad o actualización de acuerdo a normas legales o convencionales publicadas con posterioridad al despido. En este sentido, la jurisprudencia tiene sentado que "los salarios de tramitación, al formar parte de compensaciones o indemnizaciones tasadas, previamente fijadas por la ley", deben ser inocuos a estas circunstancias y, por lo tanto, no actualizables[130]. Por lo tanto, una vez fijado en el proceso por despido el salario regulador para las indemnizaciones correspondientes, incluidos los salarios de tramitación, la cuantificación de éstos es automática y no puede ser objeto de procesos posteriores, pues despliega efectos de cosa juzgada[131]. Y ello aunque la pretensión se plantee mediante una reclama-

---

130 Y al igual que en ningún caso tiene el trabajador acción para reclamar diferencias salariales sobre la base de actualizaciones o incrementos posteriores a su despido, tampoco la tiene la empresa para aplicarle descuentos por circunstancias que no le han incumbido. Así, STSJ Madrid, de 22 de marzo de 2017 (Rec. n.º 1081/2016).

131 Aunque sí puede pedirse aclaración de la sentencia para precisar el devengo de los salarios de tramitación, teniendo en cuenta que "si en los hechos declarados probados se hace referencia a documentos que figuren a los folios que se detallen concretamente y que se han dado por reproducidos, no es necesaria su completa trascripción, posibilitándose su integración en los referidos hechos". Sobre ello, STS de 28 de julio de 2015 (Rec. n.º 1925/2014). Por lo demás y al hilo del auto de aclaración, la STS de 10 de octubre de 2007 (Rec. n.º 312/2007) resuelve la cuestión de hasta qué fecha se adeudan los salarios de trámite: si hasta la fecha en que se notifica la sentencia recurrida o hasta el día en que se notifica el auto de aclaración de esa sentencia. Al respecto, diferencia entre los autos de aclaración o de rectificación de errores que "no afectan en forma alguna a aquellos extremos o partes del fallo de la sentencia que tienen capital importancia a los efectos de ejercitar el derecho de opción" y aquellos otros que "modifican sustancialmente alguno de esos extremos o partes del fallo que sí tienen interés para tal opción, así por ejemplo cuando el auto cambia de modo relevante el importe de la indemnización de despido fijada en la sentencia". De esta forma, de estar ante la segunda clase de autos, se dictamina que "es obligado reabrir de nuevo el plazo para efectuar la opción, lo que a su vez determina que los salarios de trámite tengan que ser abonados hasta la notificación del auto". De estar ante los primeros, "sería desacertado dar lugar

ción de cantidad, pues "la cosa juzgada no pierde eficacia aunque se dé a las acciones una denominación distinta, ya que esta circunstancia no desnaturaliza la identidad de la causa"[132].

Con todo, esta tesis se ha visto matizada por otra según la cual, a pesar de la regla general, si acontece que "el salario percibido con anterioridad a la fecha del despido no fuera el adecuado a la Ley, al convenio o al contrato", el trabajador podrá, entonces, "reclamar las diferencias que estime puedan existir a su favor en un nuevo proceso que no guardará la identidad exigida por el art. 1252 CC para poder apreciar la excepción de cosa juzgada"[133]. Con base, precisamente, en esta posibilidad se ha admitido, aunque no de forma unánime, la reclamación en otro proceso posterior[134] de la diferencia en los salarios de tramitación generada como consecuencia de un convenio colectivo publicado con posterioridad a la fecha del despido (e, incluso, a la presentación de la demanda judicial por razón de éste) que establece unos incrementos salariales con eficacia retroactiva al tiempo del despido, fijando, en consecuencia, mayores salarios a los que entonces se percibían[135].

---

a un nuevo ejercicio de ese derecho de opción, lo que a su vez supondría el correlativo aumento del abono de los salarios de trámite. Si esos datos no han resultado alterados por dicho auto, la opción ejercitada a raíz de la notificación de la sentencia debe conservar su plena validez y eficacia, y por tanto tampoco hay base para ampliar el período en que se han de satisfacer los salarios de trámite".

132 STS de 30 de enero de 1991 (Rec. n.° 248/1990), de 7 de diciembre de 1990 (Rec. n.° 520/1990), de 26 de enero de 1987 (RJ 131/1987) y de 14 de junio de 1986 (RJ 3544/1986), entre otras.

133 STS de 12 de abril de 1993 (Rec. n.° 1857/1992).

134 Como indica la STSJ Madrid, de 17 de septiembre de 2002 (Rec. n.° 2125/2002), la diferencia "debe reclamarse separadamente, fuera del propio trámite procesal ejecutor de la sentencia de despido originaria, dentro del que no es dable, en mérito a la obligada sujeción a los términos de la ejecutoria, plantear la pretensión de reclamación por diferencias salariales a causa de la actualización del salario regulador del despido: esta reclamación se sitúa fuera del ámbito del proceso de ejecución, puesto que una vez fijado el salario por sentencia la cuantificación de los salarios de tramitación es automática".

135 ATS de 21 de diciembre de 1998 (Rec. n.° 2546/1998) y SSTSJ País Vasco, de 25 de mayo de 2010 (Rec. n.° 616/2010) y Andalucía, Sevilla, de 7 de

A mi modo de ver, la naturaleza indemnizatoria de los salarios de trámite debiera impedir la actualización de su cuantía a través de la vía convencional. Mantener, como se ha hecho, la posible revisión al alza del monto ya fijado en el proceso por despido de estas percepciones supone, a la postre, abogar por su naturaleza de débito salarial y apostar por la tesis de la mora del deudor. Esto es, si el contrato no ha de entenderse roto a la fecha de efectos del despido, sino tan sólo en estado latente, es claro que el trabajador despedido debería percibir por el período de inactividad los mismos salarios que los que devengaría en caso de actividad laboral. Pero, como ya se tuvo ocasión de comentar, tal posicionamiento no es el que aquí se sostiene, por lo que me inclino a considerar que la doctrina correcta era la primigenia del Tribunal Supremo, la que apostaba por no considerar aplicable la actualización de estas percepciones a raíz de los sucesivos incrementos salariales producidos por el convenio de aplicación. Avalarían también esta interpretación los tres siguientes argumentos. Así, piénsese, en línea de principio, en la enorme litigiosidad que provocaría que, detrás de un proceso de despido, haya de seguirse otro residual de reclamación de cantidad en el que se ventile el incremento del salario acordado en el convenio colectivo, de frecuente vigencia anual. Igualmente, obsérvese que la pretendida actualiza-

junio de 2000 (Rec. n.º 3393/1999), entre otras. Precisamente, la STSJ País Vasco antes citada fundamenta esta posibilidad en el derecho a la tutela judicial efectiva al disponer que "si la indemnización se determina con arreglo a un salario inferior a aquél a que tiene derecho, el trabajador ha de impugnarlo en litigio por despido y si no lo hace o no le prospera, no puede intentarlo luego en un procedimiento destinado a reclamar la diferencia, ya que no es el procedimiento adecuado para realizarlo y, en el segundo caso, estaremos también ante una cuestión ya juzgada. Ahora bien, hay un caso excepcional en que sí se permite que las diferencias puedan reclamarse en procedimiento distinto al de despido, como es aquél en que el salario a que tiene derecho el trabajador en la fecha de su despido se determina en momento posterior al mismo y sin posibilidad de alegarlo en el eventual litigio por despido que hubiera planteado. La razón básica de ello radica en que, de lo contrario, quedaría sin posibilidad de acceso a la tutela judicial ese derecho a la indemnización fijada en función del salario a que se tiene derecho en la fecha del despido". En contra, SSTSJ Galicia, de 4 de febrero de 2011 (Rec. n.º 1874/2007) y Castilla y León, Valladolid, de 27 de marzo de 2006 (Rec. n.º 370/2006).

ción salarial alcanzaría no sólo a los salarios de tramitación correspondientes al período de afectación, sino también a los debidos por el Estado en el caso del despido improcedente y a los que tuviera que pagar, en su caso, el FOGASA con posibilidad de reclamaciones sucesivas cuando se hubiera seguido una primera por un salario anterior después incrementado. Por último y saliendo al paso de las críticas a este planteamiento derivadas del hecho de que ello conduciría a que el trabajador injustamente despedido habría de sufrir el perjuicio de la no obtención de las mejoras salariales devengadas por los demás trabajadores no sancionados desde la fecha del despido hasta la de la efectiva y real resolución de su contrato laboral[136], debe apuntarse que nada impediría, antes al contrario, que, tras la readmisión, el salario del trabajador se actualizase con base en los nuevos incrementos estipulados vía convenio colectivo.

Por lo demás y en otro orden de ideas, a la cuantía resultante de los salarios de tramitación se le sumarán los intereses moratorios o sustantivos, que se devengan desde la fecha de la sentencia que declara el despido improcedente, y, en su caso, los intereses procesales, que se devengan a partir del auto que declara la extinción laboral en caso de que la readmisión no se produzca. Cabe recordar, a estos efectos, que la primera tipología de intereses "sirven para corregir la pérdida de poder adquisitivo de la moneda y el perjuicio consistente en la no disposición patrimonial de la cantidad debida en el tiempo exigible y su finalidad es reponer al acreedor a la situación patrimonial en que se encontraría de haberse satisfecho la deuda puntualmente; [por ello] es necesario que se trate de una deuda vencida, líquida y exigible". Por su parte, los intereses procesales "cumplen una doble función: se resarce con ellos en sentido amplio el perjuicio que para quien ha vencido en el juicio se deriva de la demora en ejecución de una sentencia judicial favorable, protegiendo así el interés en obtener satisfacción material de su pretensión sin el deterioro de la depreciación monetaria y, por otra parte, el abono de los intereses tiene también un alcance disuasorio de la interposición de recursos infundados, como pone de relieve el recargo de dos puntos sobre el interés legal del dinero". En consecuencia, "se devengan a favor del

---

136 Voto Particular STS de 7 de diciembre de 1990 (Rec. n.º 520/1990).

demandante desde que se dicta una sentencia o resolución judicial que condena al pago de una cantidad de dinero líquida y se calculan conforme al interés legal del dinero incrementado en dos puntos o el que corresponda por pacto de las partes o por disposición especial de la ley (art. 576.1 LEC)"[137]. Este último tipo de intereses, en fin, han de fijarse sobre la cuantía neta resultante del descuento de las retenciones a cuenta del IRPF y cuotas de la Seguridad Social[138] y ello teniendo siempre en cuenta la imposibilidad de entregar al trabajador cantidades brutas en una condena al pago de salarios de tramitación[139].

B) El descuento por la colocación en otro empleo

Como se acaba de comentar, el número dos del art. 56 ET identifica tanto el *dies a quo* del devengo de los salarios de trámite (fecha de efectos del despido) como el *dies ad quem* (notificación de la sentencia que declara la improcedencia). No obstante, éste último puede adelantarse a una fecha anterior si el trabajador, antes de la sentencia, hubiese encontrado otro empleo. El límite temporal final y específico de esta obligación del abono de los salarios de trámite queda fijado, pues, en el momento en el que el trabajador obtiene otro empleo y pasa a percibir un salario, independientemente de que éste sea igual o superior al que percibía con anterioridad[140]. Pues bien, en estos supuestos, el empresario (o, en su caso, el FOGASA o

---

137 SSTS de 17 de mayo de 2022 (Rec. n.º 563/2019), de 1 de octubre de 2019 (Rec. n.º 976/2017) y de 21 de julio de 2009 (Rec. n.º 1767/2008).

138 STS de 15 de junio de 2022 (Rec. n.º 1052/2019).

139 STS de 8 de febrero de 2023 (Rec. n.º 603/2020).

140 Como matiza la STS de 15 de junio de 2004 (Rec. 3305/2003) "la condena sólo alcanza a los salarios dejados de percibir y no se dejan de percibir salarios cuando el trabajador tiene otros ingresos derivados por otro trabajo en igual o superior cuantía". También STSJ Extremadura, de 15 de septiembre de 2005 (Rec. n.º 400/2005). Si el salario fuese inferior, habrá que abonar la diferencia entre los salarios dejados de percibir a causa del despido y los efectivamente percibidos por la empresa. Así, STSJ Castilla y León, Burgos, de 27 de octubre de 2005 (Rec. n.º 986/2005).

el Estado)[141] podrá deducirse de la deuda por los salarios de trámite las retribuciones que el trabajador haya obtenido con el otro empleo[142]. Ahora bien, conviene tener en cuenta que la deducción no se practica sobre la totalidad de lo percibido en el otro empleo, sino sólo sobre aquella parte que haya sido concurrente con el período de los salarios de trámite, porque entender lo contrario "llevaría al absurdo de que la empresa que ha despedido ilícitamente al trabajador, al haberse calificado el despido como improcedente con las consecuencias legales inherentes a tal calificación, pueda verse beneficiada en el descuento cuando la retribución percibida por el trabajador en el nuevo empleo es superior a la que percibía en la empresa que le despidió ilícitamente y es responsable de su abono y el espíritu de la norma no es otro que el de resarcir al trabajador despedido de los salarios correspondientes al período no percibido y no trabajado en otra empresa"[143].

Para practicar la deducción, no obstante, el empresario debe probar que el trabajador ha encontrado otro empleo[144] y la cuantía retributiva que percibe por el mismo. Es decir, tal y como resulta del tenor literal de la norma, sobre el empresario[145] recae la carga de probar

---

141 STS de 2 de diciembre de 1992 (Rec. n.º 652/1992). Véase apartados III.4.A y III.4.B.

142 La STSJ Asturias, de 24 de octubre de 2003 (Rec. n.º 841/2003) distingue entre salarios devengados en otro empleo y salarios percibidos en ese otro empleo, resultando que tan sólo éstos últimos son los que interesan a efectos de su descuento para los salarios de tramitación.

143 STS de 18 de abril de 2007 (Rec. n.º 1254/2006).

144 Siendo así que, si logra demostrar la prestación de servicios, pero no el día en concreto en que se inició la misma, éste quedará fijado en el día del acto del juicio si quedó en él indubitadamente probado el trabajo para otra empresa. Así, STSJ Castilla-La Mancha, de 18 de mayo de 2004 (Rec. n.º 470/2004).

145 Aunque es posible encontrar alguna sentencia en la que se apuesta por el principio de facilidad probatoria. Así, por ejemplo, la STSJ Islas Baleares, de 25 de enero de 2013 (Rec. n.º 394/2012) argumenta que "cuando la prueba se encuentra en poder de una de las partes, el deber de colaboración constitucionalmente recogido en el art. 118 de la CE, implica que se deben aportar los datos requeridos para que pueda dictarse la resolución más justa. De esta forma, aunque la carga de la prueba sobre la existencia de un segundo empleo y lo percibido en él durante el tiempo que media

el importe percibido por el trabajador en la nueva empresa para la que ha venido prestando servicios durante un período coincidente con los salarios de tramitación[146]. De acreditar tan sólo que existe otra prestación de servicios, pero no así el importe percibido en ésta, es pacífico considerar que hay que deducir "la cantidad que resulte de aplicar el SMI y las correspondientes partes proporcionales de las pagas extraordinarias al período que se acredita como trabajado en otra empresa". Y ello es así porque "en los supuestos normales de prestación de trabajo la retribución no puede ser inferior al del salario mínimo interprofesional en virtud de las normas imperativas de carácter general. Por ello, si se demuestra por el empresario la prestación de trabajo en un período coincidente con el cubierto por los salarios de tramitación, surge la presunción de que, al menos, se ha percibido el salario mínimo interprofesional y frente a esta presunción, que establece una percepción mínima a efectos de la aplicación del descuento, es el trabajador el que debe probar la existencia de circunstancias que han determinado el abono de una retribución menor"[147]. Se entiende, ciertamente, lo pretendido por la jurisprudencia, facilitando de este modo la tarea tanto al empresario como al juzgador al establecer el SMI como módulo de referencia; con todo y a mi entender, no parece encontrarse impedimento alguno, más

---

entre la fecha del despido y la de la notificación de la sentencia, corresponde al empresario, el juez, en una interpretación flexible del art. 217 de la LEC, pude tener en cuenta la facilidad probatoria del trabajador, sobre todo si el segundo empleo desempeñado es por cuenta propia, para requerirle que justifique los rendimientos obtenidos por tal actividad. No atender ese requerimiento implica detener el devengo de los salarios de tramitación al momento de iniciarse aquella".

146 La STS de 10 de octubre de 2007 (Rec. n.° 372/2007) menciona ejemplos de los medios probatorios que pueden utilizarse. Así, se señala que el empresario "pudo solicitar prueba documental (que el Juzgado interesase a la nueva empresa que comunicara el salario abonado al trabajador, que el trabajador aportara las nóminas, que la TGSS remitiera informe de las bases de cotización) prueba de interrogatorio de la parte (preguntando en la comparecencia al trabajador el importe de lo percibido en la nueva empresa) prueba testifical (del representante de la empresa en la que presta servicios el trabajador para que testificara sobre el salario percibido por este)".

147 STS de 10 de octubre de 2007 (Rec. n.° 372/2007), entre muchas otras.

allá de que pueda practicarse una deducción por cuantía superior, para que se contemple como salario regulador el establecido convencionalmente para la nueva actividad. Tal vez ello sería lo más acorde con el espíritu del art. 56.2 ET, con la finalidad indemnizatoria de los salarios de trámite y con la virtualidad de los convenios para mejorar determinadas disposiciones legales, entre ellas, la cuantía del SMI[148].

Sea como fuere y ya sea el salario mínimo, el convencional o la cantidad real que perciba el trabajador[149], la sentencia que declara la improcedencia deberá contemplar la posibilidad de reducir de la suma total resultante la diferencia entre el salario módulo y el percibido en el nuevo trabajo, durante el periodo coincidente, sin perjuicio de que su cuantificación se efectúe en trámite de ejecución de sentencia[150]. Ello supone que sea, pues, el trámite de ejecución de sentencia el adecuado para determinar los salarios de tramitación cuando no se ha fijado su cuantía en la sentencia que por primera vez declara la improcedencia por acudir ésta a la fórmula genérica del art. 56.2 ET. Y, cuando ello acontezca, se ha señalado que esto "en nada atenta contra la preclusividad de los actos procesales y la firmeza de los mismos, pues lejos de ser práctica incorrecta, resulta obligada en dicha fase de ejecución la compensación de los salarios dejados de percibir de los devengados por otros trabajos profesionales, pues éstos pueden iniciarse después de presentada la demanda e, incluso, del acto del juicio y de la misma sentencia, en cuyo caso quedaría la empresa imposibilitada de hacerlos valer si se exigiera el

---

148 Se está de acuerdo entonces con SEMPERE NAVARRO, A.V.: "Doctrina unificada sobre ..., op.cit., p. 11. Entre la doctrina de suplicación, también es posible encontrar esta solución. Así, SSTSJ País Vasco, de 30 de mayo de 2006 (Rec. n.º 901/2006) y Madrid, de 28 de octubre de 2004 (Rec. n.º 3535/2004). O, incluso, alguna similar, tomando como referencia para el descuento el salario percibido por otros trabajadores de la empresa. Así, STSJ Madrid, de 17 de junio de 1996 (Rec. n.º 857/1996).

149 Se ha matizado que la cuantía de referencia a descontar (ya sea el SMI o el salario real) se establezca en proporción a la duración de la jornada desempeñada. Así, GÁRATE CASTRO, J.: *Los salarios de tramitación. Un estudio de las percepciones salariales unidas a la declaración de improcedencia o nulidad del despido*, ACARL, Madrid, 1994, pp. 267 y ss.

150 STSJ Cantabria, de 9 de octubre de 2018 (Rec. n.º 503/2018).

planteamiento de esta cuestión en la fase de alegaciones del proceso por despido". [151]

Se ha discutido también si el descuento que el empresario puede practicar en la liquidación de los salarios de trámite por los haberes que el trabajador hubiera percibido durante el proceso por despido en otro empleo o colocación comprende tan sólo el supuesto de actividad realizada por cuenta ajena al amparo de una relación laboral (salarios en sentido estricto) o incluye también las rentas obtenidas como consecuencia de la ejecución de un trabajo por cuenta propia. Sobre ello, es doctrina pacífica entender que, a pesar del tenor literal del art. 56.2 ET que hace referencia a los términos "empleo" y "colocación" con lo que ello implica de ser sinónimos de trabajo por cuenta ajena, la deducción también se pueda practicar cuando el trabajador despedido ha iniciado un trabajo por cuenta propia durante la sustanciación del proceso. De este modo, se afirma en la STS de 22 de marzo de 1999 (Rec. n.º 2812/1998) que "la solución que ha de darse a la cuestión planteada debe estar en armonía con la naturaleza de los salarios de tramitación que están concebidos como cantidad de dinero a percibir como reparación de la falta de ingresos del trabajador, durante la tramitación de un proceso que concluye con la declaración de improcedencia o nulidad de su despido. De aquí, que, si durante la citada tramitación, el trabajador ha conseguido ingresos por vía de empleo o colocación en otra empresa, el artículo 56 del Estatuto de los Trabajadores autoriza el descuento correspondiente de esos salarios. No hay razón, pues, dada la finalidad de los salarios de tramitación, para seguir una interpretación literal del precepto citado y debe extenderse su contenido, a los supuestos en que el actor consigue durante el período de tramitación unas retribuciones debidas, como ocurre en el presente caso, a su actividad como trabajador por cuenta propia".

Con todo, si pacífica es esta solución, no lo es tanto la cuestión de qué cuantía deducir cuando se demuestra que existe trabajo por cuenta propia, pero no el importe ganado con el mismo. Sobre ello,

---

[151] SSTS de 9 de marzo de 2022 (Rec. n.º 427/2020), de 15 de junio de 2004 (Rec. n.º 3305/2003), de 5 de mayo de 2004 (Rec. n.º 1957/2003) y de 27 de febrero de 1990 (RJ 1240/1990), entre otras muchas.

hay resoluciones que simplemente se limitan a deducir un monto igual al que se percibía como consecuencia del contrato extinguido[152], mientras que otras deducen el SMI[153] o indican que únicamente procederá la deducción "si dicha actividad autónoma ha producido beneficios y ello se prueba por el empresario" porque la deducción del SMI "no resulta aplicable a los casos de trabajos por cuenta propia en los que dicha retribución mínima no se encuentra garantizada"[154]. A mi modo de ver, sin embargo, la no aplicabilidad del SMI no resulta tan evidente, pues cierto es que existen situaciones normativas en las que se ha tenido en cuenta como umbral de referencia en ciertos ámbitos de la política social. Como botón de muestra, cabe apuntar, por ejemplo, que, en el Real Decreto-ley 13/2022, de 26 de julio, por el que se establece un nuevo sistema de cotización para los trabajadores por cuenta propia o autónomos y se mejora la protección por cese de actividad, se toma como referencia el SMI para varias cuestiones referidas a las bases de cotización de este tipo de profesionales. Pues bien, existiendo referentes como el mencionado, no parece descabellado, antes al contrario, utilizar la cuantía salarial mínima legal para proceder al descuento cuando se desempeña una actividad profesional por cuenta propia. Ahora bien, de no comulgarse con esta opción, otra posibilidad que se ha planteado es la consistente en deducir de los salarios de trámite la cuantía de la base de mínima de cotización que le corresponda aplicarse al trabajador[155].

Por lo demás, cabe apuntar que el descuento no se podrá aplicar por las cantidades percibidas en otro empleo cuando éste (ya sea en régimen de trabajo por cuenta propia o ajena) se hubiese simultaneado con el que se extingue tras el despido. El tenor literal del art. 56.2 ET es del todo punto claro cuando utiliza la expresión "hasta que hubiera encontrado otro empleo, si tal colocación fuera anterior a dicha sentencia". Es decir, para que proceda el descuento, el trabajador debe haber "encontrado" otro empleo, uno nuevo, con pos-

---

152 STSJ Madrid, de 18 de octubre de 2005 (Rec. n.º 3222/2005).

153 STSJ Galicia, de 19 de enero de 2010 (Rec. n.º 4561/2009).

154 STSJ Andalucía, Málaga, de 26 de noviembre de 1999 (Rec. n.º 1617/1999).

155 RODRÍGUEZ CARDO, I.: "Los salarios de tramitación a la luz de ..., op.cit., p. 8.

terioridad al despido y antes de la sentencia que funcionaría como sustitutivo del que se ha extinguido. *Ergo*, en la situación en la que se simultanean dos o más trabajos antes del despido no procede aplicar descuento alguno por la sencilla razón de que, en este caso, ese otro empleo ya lo tenía el trabajador cuando fue despedido[156]. Con todo, a esta tesis se le han hecho un par de matizaciones. Así, por un lado, se ha apuntado que sí cabe descuento si el trabajador incumple con el segundo empleo que simultánea el pacto de exclusividad con la empresa que lo despidió[157]. Por otro, se ha llegado a defender que, si el mayor volumen de ingresos en el desempeño del trabajo autónomo deriva de una mayor dedicación tras la extinción contractual, ello justifica la deducción en una cuantía equivalente al incremento de ingresos obtenido[158].

De igual forma, en fin, también se ha tenido que resolver sobre si cabe el descuento cuando se ha encontrado otro trabajo distinto, pero con la particularidad de que el trabajador podría haber compatibilizado ambos empleos (el ya extinto y el nuevo) al tener horarios distintos. En estos casos, se ha hecho jugar la *ratio legis* de los salarios de tramitación (su finalidad resarcitoria de un perjuicio) para constatar que nada importa que se hubiesen podido compatibilizar ambos trabajos. El descuento debe realizarse porque, simplemente, se ha trabajado para otra empresa en todo o parte del lapso de tiempo durante el que deben abonarse los salarios de tramitación y se ha cobrado la pertinente remuneración. Por lo tanto, si ha habido remuneración, no puede decirse que haya existido perjuicio alguno y, si no hay perjuicio, no puede haber tampoco resarcimiento[159].

---

156 Entre muchas otras, STS de 12 de marzo de 2013 (Rec. n.º 1042/2012) y SSTSJ Galicia, de 29 de septiembre de 2011 (Rec. n.º 2176/2011) y de 10 de mayo de 2010 (Rec. n.º 439/2010) y Asturias, de 11 de junio de 2004 (Rec. n.º 4124/2003).

157 STSJ Madrid, de 25 de febrero de 2013 (Rec. n.º 4964/2012).

158 STSJ Aragón de 26 de enero de 2011 (Rec. n.º 942/2010).

159 STS de 1 de marzo de 2004 (Rec. n.º 4846/2002).

C) Incompatibilidad de los salarios de trámite con otras percepciones

a) Con la prestación por incapacidad temporal (y otras situaciones suspensivas)

Cuando más arriba se planteó el siempre espinoso asunto de la naturaleza de los salarios de tramitación, se comentó que, dada su naturaleza indemnizatoria por la que aquí también se apuesta, no cabe que el sujeto obligado al pago los abone cuando concurre una situación de incapacidad temporal con el período de devengo de estas percepciones y ello con independencia de que la incapacidad se haya iniciado antes o después de la fecha del despido. La filosofía que subyace en esta afirmación en sencilla: habida cuenta de que el contrato está suspendido *ex* art. 45.1.c) ET, de que el trabajador queda exonerado de prestar servicios y de que percibe una prestación económica sustitutiva, no se ha generado perjuicio económico alguno que quepa resarcir con los salarios de tramitación y ni tan siquiera con la diferencia entre el importe de éstos y el de la prestación. Entender lo contrario, además, supondría colocar al trabajador en una situación de enriquecimiento injusto por recibir, al tiempo, la prestación por incapacidad y los salarios de tramitación[160].

Este mismo razonamiento se puede aplicar a otras situaciones suspensivas amparadas por una prestación económica. Si la suspensión exonera de las obligaciones de trabajar y de remunerar el trabajo, no cabe imponer a la empresa el abono de los salarios de tramitación en el tramo temporal que coincidan el despido con la suspensión de que se trate y con las prestaciones debidas por esta contingen-

---

160 SSTS de 15 de septiembre de 2010 (Rec. n.º 4565/2009), de 22 de julio de 2004 (Rec. n.º 4037/2003), de 24 de mayo de 2004 (Rec. n.º 4195/2003) y de 28 de febrero de 2000 (Rec. n.º 2046/1999), entre otras muchas. Fíjese, por lo demás, que se exonera al empresario del abono de los salarios, pero no a la entidad gestora del pago de la correspondiente prestación pública. Además, debe recordarse, como ya se dijo en otro lugar, que aquélla, al tiempo, percibirá las cotizaciones correspondientes a los salarios de tramitación, lapso de tiempo que se considerará como de ocupación cotizada a todos los efectos (art. 268.6 LGSS).

cia[161]. Ahora bien, conviene tener en cuenta que igualmente se ha inadmitido el abono de los salarios de trámite cuando coincide el período de los salarios de trámite con situaciones suspensivas que no generan el percibo de la correspondiente prestación, como es el caso de la excedencia voluntaria[162]. Por ello, más que sostener la tesis del enriquecimiento injusto del trabajador (que, ciertamente, es convincente, aunque secundaria), debe hacerse valer la que enraíza más con la naturaleza indemnizatoria de los salarios de trámite: si el contrato se suspende y no hay obligación ni de prestar servicios ni de abonar el salario, es evidente que ningún perjuicio se le ha ocasionado al trabajador que haya de ser resarcido con el abono de aquellas cuantías. El dato decisivo a tener en cuenta no sería, pues, el percibo de una prestación del Sistema que compensa un detrimento económico, sino, más bien, la suspensión contractual[163].

El empresario queda, pues, en estas circunstancias, liberado del abono de estos salarios. Pero no así de la mejora convencional que hubiese podido pactarse. En efecto, es pacífico entender que nada obsta a que el trabajador despedido pueda recibir la cantidad que, en concepto de mejora voluntaria, haya sido pactada en convenio colectivo porque una cosa es recibir la prestación pública propia del sistema y no poder simultanearla con el abono de los salarios de trámite y otra bien distinta es una mejora a aquella prestación pactada por los agentes sociales cuya interpretación no debe hacerse de forma restrictiva, sino, más bien, debiendo aplicar el principio *pro beneficiario*[164]. Se añade a ello que sostener que tampoco pueda abonarse tal cuantía durante el período de devengo de los salarios de trámite

---

161 Así, como botón de muestra, para la suspensión por riesgo durante el embarazo, STSJ Extremadura, de 24 de mayo de 2011 (Rec. n.º 154/2011) y, para la maternidad, STSJ Madrid, de 31 de marzo de 1998 (Rec. n.º 6339/1997). En la misma línea, aunque más genérica, STSJ Madrid, de 4 de febrero de 2020 (Rec. n.º 961/2019). También STSJ Galicia, de 16 de diciembre de 2010 (Rec. n.º 3909/2010).

162 Así, SSTS de 3 de mayo de 2011 (Rec. n.º 3453/2010), de 12 de julio de 2010 (Rec. n.º 3282/2009), de 14 octubre de 2005 (Rec. n.º 4006/2004) y de 26 de junio de 1998 (Rec. n.º 3044/1997), entre otras.

163 Sobre el percibo de los salarios de trámite durante la IPT y la jubilación, véase apartado IV.1

164 STS de 22 de noviembre de 2011 (Rec. n.º 4277/2010).

supondría "liberar al empleador del pago de la mejora convencional y atribuir las consecuencias del acto ilícito laboral al trabajador, a quien se le obligaría a soportar el quebranto económico consecuente a la pérdida de la mejora voluntaria de la Seguridad Social"[165].

b) Con la prestación por desempleo

El número tercero del art. 267.1.a) LGSS establece como una de las circunstancias que puede provocar el nacimiento de la situación legal de desempleo el hecho mismo del despido. Así, el precepto es coherente con el carácter constitutivo del despido que propugna la jurisprudencia, así como con el propio tenor literal del art. 56.1 ET, de tal forma que será la instrumentación de la decisión extintiva por parte del empresario lo que provocará el nacimiento del derecho al desempleo y ello con independencia de que aquélla se recurra e, incluso, de cuál sea, tras el recurso, la calificación que proceda otorgarle. Evidentemente, ello conduce a una consecuencia inexorable por lo que atañe a los salarios de tramitación. Toda vez que la fecha de efectos del despido es también la que se toma como referencia para el devengo de los salarios de trámite cuando se opta por la readmisión, resultará que un mismo lapso temporal quedará cubierto tanto por éstos como por la prestación por desempleo. Tal situación puede derivar en un enriquecimiento injusto del trabajador puesto que ambas percepciones vienen a compensar lo mismo, esto es, la falta de percepción salarial, de ingresos, durante un determinado período; de ahí que quien legisla haya regulado en el art. 268.5 LGSS la incompatibilidad entre los salarios de tramitación y la prestación de desempleo, permitiendo la coordinación de los efectos de la apertura del derecho a aquella prestación con el despido sin esperar a la calificación de éste y las consecuencias que de esa calificación pueden derivarse en orden al periodo de percepción inicial.

En efecto, en tal precepto se diferencian tres escenarios. El primero derivado de la improcedencia del despido y de la opción por la extinción. En estos casos, señala la letra a) del precepto que "el

---

[165] SSTS de 21 de septiembre de 2010 (Rec. n.° 3704/2009) y de 10 de febrero de 2009 (Rec. n.° 3672/2007).

trabajador continuará percibiendo las prestaciones por desempleo o, si no las estuviera percibiendo, comenzará a percibirlas con efectos desde la fecha del cese efectivo en el trabajo, siempre que se cumpla lo establecido en el apartado 1[166], tomando como fecha inicial para tal cumplimiento la del acta de conciliación o providencia de opción por la indemnización o, en su caso, la de la resolución judicial". La ausencia de salarios de tramitación hoy por hoy en estos casos hace que la prestación se puede seguir percibiendo con normalidad (o se pueda iniciar) sin que se considere indebida.

Distinto es el segundo de los escenarios planteados, pues en la letra b) del art. 268.5 LGSS se apunta que "cuando se produzca la readmisión del trabajador, mediante conciliación o sentencia firme, o aunque aquella no se produzca en el supuesto al que se refiere el artículo 284 de la Ley reguladora de la jurisdicción social[167], las cantidades percibidas por este en concepto de prestaciones por desempleo se considerarán indebidas por causa no imputable al trabajador". Más allá de que la conciliación a la que se alude pueda ser —dada la indeterminación normativa— de carácter administrativo o judicial, lo cierto es que la readmisión provoca como efecto inmediato el abono de los salarios de tramitación y, por ende, su coincidencia

---

166 Señala este apartado que "las personas que cumplan los requisitos establecidos en el artículo 266 deberán solicitar a la entidad gestora competente el reconocimiento del derecho a las prestaciones que nacerá a partir de que se produzca la situación legal de desempleo, siempre que se solicite dentro del plazo de los quince días siguientes. La solicitud requerirá la inscripción como persona demandante de empleo. Asimismo, en la fecha de solicitud se deberá suscribir el acuerdo de actividad al que se refiere el artículo 3 de la Ley 3/2023, de 28 de febrero, de Empleo. La inscripción como demandante de empleo deberá mantenerse durante todo el período de duración de la prestación como requisito necesario para la conservación de su percepción, suspendiéndose el abono, en caso de incumplirse dicho requisito, de acuerdo con lo establecido en el artículo 271".

167 El mencionado precepto alude a las consecuencias del incumplimiento por parte del empresario de una sentencia por despido que debe ejecutarse en sus propios términos, esto es, cuando el trabajador despedido fuera delegado de personal, miembro del comité de empresa o delegado sindical y, declarada la improcedencia del despido, opte por la readmisión, y cuando se declare la nulidad del despido (art. 282 LJS).

temporal con la prestación por desempleo está servida. De ahí que se haya articulado un mecanismo para proceder a la devolución de una prestación que se considera indebida, si bien por causa inimputable al trabajador. Se parte del abono de las prestaciones a partir del despido, pero si, con posterioridad, la calificación de éste implica el abono de salarios de tramitación con cargo a la empresa, la doble percepción se evita mediante el reintegro de las prestaciones y de las cuotas. Más en concreto, los efectos que se desencadenan son los siguientes. De forma inmediata, se producirá el cese en el abono de la prestación y la entidad gestora "reclamará a la Tesorería General de la Seguridad Social las cotizaciones efectuadas durante la percepción de las prestaciones". Al tiempo, pesa sobre el empresario el deber de "ingresar a la entidad gestora las cantidades percibidas por el trabajador, deduciéndolas de los salarios dejados de percibir que hubieran correspondido, con el límite de la suma de tales salarios". A tal fin, además, procede aplicar lo establecido en el art. 295.1 LGSS respecto "al reintegro de prestaciones de cuyo pago sea directamente responsable el empresario, así como de la reclamación al trabajador si la cuantía de la prestación hubiera superado la del salario"[168]. Igualmente, queda obligado el empresario a gestionar el alta en la Seguridad Social del trabajador "con efectos desde la fecha del despido o extinción inicial, cotizando por ese período, que se considerará como de ocupación cotizada a todos los efectos".

Finalmente y por su parte, la letra c) del art. 268.5 LGSS reglamenta la coordinación entre la prestación y la no readmisión o readmisión irregular (art. 281.2 LJS) y la imposibilidad de la readmisión por cese o cierre de la empresa obligada o cualquier otra causa de

---

168 Apunta este precepto que "corresponde a la entidad gestora competente declarar y exigir la devolución de las prestaciones indebidamente percibidas por los trabajadores y el reintegro de las prestaciones de cuyo pago sea directamente responsable el empresario. Transcurrido el respectivo plazo fijado para el reintegro de las prestaciones indebidamente percibidas o de responsabilidad empresarial sin haberse efectuado el mismo, corresponderá a la Tesorería General de la Seguridad Social proceder a su recaudación en vía ejecutiva de conformidad con las normas reguladoras de la gestión recaudatoria de la Seguridad Social, devengándose el recargo y el interés de demora en los términos y condiciones establecidos en esta ley".

imposibilidad material o legal (art. 286.1 LJS). Recuérdese que, en ambos supuestos, la consecuencia es la misma: la existencia de un auto judicial que declarará extinguida la relación laboral desde ese momento y que acordará que se abonen al trabajador ciertas cantidades, entre ellas, los salarios de tramitación. Pues bien, en tales circunstancias, "si el trabajador no estuviera percibiendo las prestaciones comenzará a percibirlas a partir del momento en que se declare extinguida la relación laboral". Es decir, la prestación por desempleo nacerá desde ese justo momento y no habrá incompatibilidad con los salarios de tramitación porque éstos, en el incidente de no readmisión, se abonan desde la fecha de la notificación de la sentencia que por primera vez declare la improcedencia hasta la del auto extintivo.

Con todo, del propio tenor literal de la norma se deduce que pueden existir situaciones en las que el trabajador ya esté percibiendo la prestación, por lo que cabe plantearse qué ocurre en tal escenario. Un escenario que, por dejarlo más claro, supondrá que confluyan en un mismo lapso temporal la prestación, que se habrá iniciado en la fecha del cese efectivo, con los salarios de tramitación que se deben, como se conoce, desde la fecha del despido hasta la correspondiente a la notificación de la sentencia que declara la improcedencia y, en el caso del incidente de no readmisión, como se ha dicho, desde la fecha de la notificación de la sentencia que por primera vez declare la improcedencia hasta la del auto extintivo. Pues bien, aquí la letra c) del art. 268.5 LGSS contempla una última previsión: "en ambos casos [supuesto de no readmisión y de readmisión irregular y de imposibilidad de readmisión], se estará a lo establecido en la letra a) de este apartado respecto a las prestaciones percibidas hasta la extinción de la relación laboral". Lo que ocurre es que esa remisión a la letra a) conduce a confusión al intérprete, toda vez que en ella tan sólo se alude, tras la reforma efectuada por la Ley 3/2012, a una situación —la improcedencia con opción por la indemnización— en la que no se devengan salarios de tramitación y no existe, por lo tanto, incompatibilidad alguna.

La remisión a lo dispuesto en la letra a) del apartado cinco del art. 268 LGSS no es, en consecuencia, de utilidad para resolver la situación que anteriormente se ha planteado. De hecho, más bien se está en presencia de un olvido o, si se quiere, de un desacierto del legislador reformista de 2012. Y es que cuando se modificó el art. 209.5 LGSS [actual art. 265.5 LGSS] de manera coherente con la supresión del derecho a salarios de tramitación en caso de despido improcedente para eliminar toda referencia al cobro indebido de éstos, al cese de la prestación y a la necesidad de su regularización por la entidad gestora, se mantuvo sin modificaciones la letra c) por cuanto no se suprimió con aquella reforma el derecho a salarios de tramitación derivados del incidente de no readmisión, sin tener en cuenta que aquel apartado seguía haciendo referencia a lo dispuesto en el párrafo eliminado[169]. En definitiva, permaneció en la letra

---

169 La anterior redacción del art. 209.5.a) LGSS decía así: "cuando, como consecuencia de la reclamación o el recurso, el despido sea considerado improcedente y se opte por la indemnización: Si el trabajador no tiene derecho a los salarios de tramitación continuará percibiendo las prestaciones por desempleo o, si no las estuviera percibiendo, comenzará a percibirlas con efectos desde la fecha del cese efectivo en el trabajo, siempre que se cumpla lo establecido en el apartado 1 de este artículo, tomando como fecha inicial para tal cumplimiento la del acta de conciliación o providencia de opción por la indemnización, o, en su caso, la de la resolución judicial. Si el trabajador tiene derecho a los salarios de tramitación y no estuviera percibiendo las prestaciones comenzará a percibirlas con efectos desde la fecha en que finaliza la obligación del abono de dichos salarios; y si estuviera percibiendo las prestaciones dejará de percibirlas, considerándose indebidas, y podrá volver a percibirlas con efectos desde la fecha en que finaliza la obligación del abono de dichos salarios, previa regularización por la Entidad Gestora del derecho inicialmente reconocido, reclamando a la Tesorería General de la Seguridad Social las cotizaciones efectuadas durante la percepción de las prestaciones y efectuando la compensación correspondiente por las prestaciones indebidamente percibidas, o bien reclamando su importe al trabajador. En ambos casos, el trabajador deberá solicitar el reconocimiento de las prestaciones en el plazo previsto en el apartado 1 de este artículo, tomando como fecha inicial para tal cumplimiento la del acta de conciliación o providencia de opción por la indemnización, o, en su caso, la de la resolución judicial, y acreditar el período que corresponde a los salarios de tramitación". Por su parte, la letra c) rezaba "en los supuestos a que se refieren los artículos 279.2 y 284 de la Ley de Procedimiento Laboral el trabajador comenzará a percibir las prestaciones si no las estuviera percibiendo, a partir del momento en que se declare extinguida la relación laboral. En ambos casos, se estará a lo establecido en la letra a) de este apartado respecto a las prestaciones percibidas hasta la extinción de la relación laboral".

c) la obligación de regularizar la situación en los mismos términos que antes pero, debido a la defectuosa técnica empleada, se mantuvo también la remisión normativa a una regla ya suprimida en lugar de trasladar a dicho párrafo la regulación material, lo que produjo como resultado una incongruencia interna del apartado cinco.

El modo de salvar esta incoherencia y de impedir la percepción de dos prestaciones incompatibles —salarios de tramitación y prestación por desempleo correspondientes a un mismo período y que tienen la misma causa y finalidad— se encontró en "considerar aplicable a la situación contemplada la regla eliminada de la letra a), toda vez que la modificación afectó exclusivamente a los salarios de tramitación por despido improcedente pero no a lo establecido para los supuestos derivados de la no readmisión"[170]. Consecuencia de ello es que realmente lo que procede es aplicar el mecanismo previsto en la letra b) del art. 268.5 LGSS para la devolución de las cantidades indebidamente percibidas en concepto de desempleo, si bien adaptándolo porque aquí no hay readmisión efectiva del trabajador. Se producirá, pues, el cese en la prestación, considerándose como indebidas las cuantías que ya se hubiesen percibido, reclamando la entidad gestora al empresario la parte indebida de la prestación para efectuar la compensación correspondiente, o bien reclamando su importe al trabajador[171].

Siendo el descrito el escenario que plantea la redacción actual del art. 268.5 LGSS, conviene ahora realizar una serie de puntualizaciones sobre el mecanismo compensatorio o de reintegro. De este modo y en línea de principio, obsérvese que el modo de efectuar el reintegro de la prestación indebidamente percibida implica al empresario pues a él le compete deducir las cuantías correspondientes

---

170 Así aparece en la Memoria del análisis de impacto normativo del proyecto de Real Decreto Legislativo por el que se aprueba el texto refundido de la Ley General de Seguridad Social de 2015. En este informe, se advierte, además, que, "ante la posibilidad de vulnerar los límites de la delegación legislativa, se opta por mantener la redacción originaria del citado artículo 209 actualizando las referencias de la legislación procesal".

171 STS de 26 de marzo de 2007 (Rec. n.º 1646/2006).

de los salarios de trámite con el límite de su suma total[172]. No obstante, la norma no se olvida del trabajador, pues, en la hipótesis de que la prestación por desempleo supere en importe a los salarios de trámite y únicamente en este supuesto[173], se le impone la obligación de reintegrar la diferencia.

Puede ocurrir, sin embargo, que el empresario no pueda maniobrar sobre la cuantía de los salarios dejados de percibir porque ésta haya sido objeto de consignación judicial. En este supuesto, se ha considerado que debe ser el trabajador, que es quien recibirá el importe de la condena consignada, el que tendrá que proceder a la devolución de las cantidades indebidamente percibidas en concepto de prestación[174]. No obstante, tal vez este planteamiento haya sido superado por otro habida cuenta de la doctrina contenida en la STS de 8 de febrero de 2023 (Rec. n.º 603/2020). En esta resolución, se resuelve si procede entregar a los trabajadores ejecutantes las cuantías brutas objeto de condena (consignadas en el juzgado de lo social) o las resultantes tras efectuar los correspondientes descuentos fiscales (por IRPF) y de Seguridad Social (por la cuota obrera, en favor de la TGSS). La respuesta que se ofrece es afirmativa y ello sobre la base de entender, primero, que "es en el momento de la ejecución judicial, bien se actúe contra la cantidad consignada para recurrir, bien contra la depositada para pagar, cuando deben practicarse las retenciones a cuenta del IRPF o por cotización a la Seguridad Social", y segundo, que "el órgano judicial al pagar al acreedor, sustituye al deudor y debe realizarlo en las mismas condiciones que éste, esto es,

---

172 En el caso de que el trabajador ya haya percibido los salarios de trámite, el empresario deberá proceder al reingreso de la cuantía de la prestación indebidamente percibida y, correlativamente, repetir contra el trabajador. El objeto, pues, de la reclamación empresarial son prestaciones indebidamente percibidas y, por ello, el plazo del que se dispone es el de cuatro años previsto en el art. 55.3 LGSS. Este plazo, por lo demás, comenzará a contar, no desde que se abonaron los salarios de trámite, sino desde que el empleador reintegra a la entidad gestora lo cobrado indebidamente por ser este momento cuando nace el derecho a repetir lo pagado. Así, SSTS de 8 de marzo de 2018 (Rec. n.º 1485/2016) y de 12 de enero de 2018 (Rec. n.º 4242/2015).

173 STS de 22 de enero de 2014 (Rec. n.º 704/2013).

174 STS de 17 de abril de 2012 (Rec. n.º 1167/2011).

respetando las obligaciones que a todo pagador imponen las leyes tributarias o de Seguridad Social". Por lo tanto, de hacer extensible esta tesis al supuesto que ahora nos ocupa, puede concluirse, parece que sin grandes problemas, que deberá ser el órgano judicial el que proceda a practicar la devolución de la prestación indebidamente percibida contra la cantidad consignada judicialmente, en lugar de obligar al trabajador a que lo haga en un momento posterior a recibir la cuantía bruta sin la oportuna deducción.

El reintegro, en otro orden de ideas, tiene un límite temporal muy claro, que se fija en el período en el que resultaron coincidentes salarios y prestación. En estos supuestos es cuando se produce el cobro indebido de la prestación y cuando entra en juego el mecanismo compensatorio[175]. Esta regla se aplica, incluso, cuando la prestación por desempleo se ha reconocido en su modalidad de pago único y ello porque "la finalidad del pago único, como medida favorecedora del trabajo por cuenta propia, no implica que su naturaleza jurídica difiera de la prestación de desempleo fraccionada cuyo derecho deriva en ambos casos de una prestación de servicios por cuenta ajena anterior". Por este motivo, también en este específico supuesto se estima que "parece desajustado con la propia regulación legal la devolución íntegra de la totalidad de la prestación cuando durante el percibo de la prestación en la que no incide esa incompatibilidad existía realmente la inicial situación de desempleo protegida de la que derivó aquella única prestación"[176]. Con todo, conviene tener en cuenta que no existe percepción indebida cuando, como consecuencia de la desaparición o insolvencia de la empresa, los salarios de tramitación no se perciben. Entender lo contrario supondría aplicar el mecanismo compensatorio previsto normativamente y ello produciría "un grave y desproporcionado perjuicio al trabajador, que tendría que devolver unas prestaciones que ha disfrutado por mandato

---

175 Por todas, SSTS de 19 de abril de 2022 (Rec. n.º 1481/2019) y de 1 de febrero de 2011 (Rec. n.º 4120/2009).

176 STS de 29 de enero de 2024 (Rec. n.º 4999/2022). Es posible encontrar sentencias en contra de esta postura y, admitiendo, por lo tanto, la compatibilidad entre la prestación en su modalidad de pago único y los salarios de trámite. Así, SSTSJ Cantabria, de 11 de octubre de 2006 (Rec. n.º 748/2006) y País Vasco, de 19 de febrero de 2002 (Rec. n.º 138/2002).

de la ley por una situación real de desempleo y cuando no ha surgido realmente ninguna causa de incompatibilidad, pues no ha percibido salario alguno en el periodo subsidiado"[177].

También se ha planteado cuál es el plazo del que dispone la entidad gestora para decretar el cese de la prestación sin necesidad de acudir a la vía judicial ante su incompatibilidad con los salarios de trámite. Recuérdese, al efecto, que el art. 146.1 LJS dispone que "las entidades, órganos u organismos gestores, o el Fondo de Garantía Salarial no podrán revisar por sí mismos sus actos declarativos de derechos en perjuicio de sus beneficiarios, debiendo, en su caso, solicitar la revisión ante el Juzgado de lo Social competente, mediante la oportuna demanda que se dirigirá contra el beneficiario del derecho reconocido". Con todo, de esta regla general se exceptúan tres supuestos, siendo el segundo de ellos "las revisiones de los actos en materia de protección por desempleo, y por cese de actividad de los trabajadores autónomos, siempre que se efectúen dentro del plazo máximo de un año desde la resolución administrativa o del órgano gestor que no hubiere sido impugnada, sin perjuicio de lo dispuesto en el artículo 147". Será posible, pues, el ejercicio de la autotutela dentro del plazo de un año desde que el organismo gestor dictó la resolución de reconocimiento de la prestación. Ahora bien, se ha matizado que el *dies a quo* de ese plazo de un año comenzará a contar, si es el FOGASA el que abona los salarios de trámite, desde la fecha en que la entidad gestora tuvo conocimiento, por resolución de aquel organismo, de la situación de incompatibilidad sobrevenida de la prestación de desempleo con los salarios de tramitación. En otras palabras, al tiempo de la resolución primigenia de concesión, no existía declaración alguna de abono de salarios de tramitación, el organismo gestor de la prestación no pudo llevar a efecto regularización alguna en el lapso de un año desde el reconocimiento de la prestación, ni dejarla sin efecto ni tampoco exigir la correlativa devolución. Ello conduce a sostener que será tras la actuación del FOGASA cuando se alcance el conocimiento de una incompatibilidad

---

177 SSTS de 27 de marzo de 2013 (Rec. n.º 1837/2012) y de 18 de mayo de 2011 (Rec. n.º 3815/2010), entre otras.

sobrevenida y, correlativamente, cuando se pueda dejar sin efecto el derecho prestacional y declarar su percepción indebida[178].

Una última cuestión más cabe abordar. Como ya se vio, si el trabajador encuentra un nuevo empleo tras la extinción contractual y durante la sustanciación del proceso, los salarios de tramitación menguarán en la cuantía correspondiente al salario recibido en el otro empleo o, en su caso, al SMI (art. 56.2 ET). Ahora bien, ¿qué sucede en estos supuestos con la prestación por desempleo? Porque nada se prevé en las normas en liza, no hay al respecto regla de coordinación alguna en la LGSS y en la LJS que solvente la concurrencia temporal de los salarios de trámite, la prestación por desempleo y la colocación en un nuevo empleo o actividad. *A priori*, por aplicación combinada del art. 271.1.d) LGSS y del art. 272.c) del mismo cuerpo legal, habría que entender que el derecho prestacional se suspenderá o se extinguirá en función de si el nuevo trabajo por cuenta ajena tiene una duración igual, superior o inferior a doce meses o de si, en su caso, el nuevo trabajo por cuenta propia, tiene una duración igual, superior o inferior a sesenta meses[179]. De este modo, tanto en un supuesto —suspensión— como en otro —extinción—, la prestación habría dejado de ser incompatible con los salarios de trámite y ello con independencia de que se les aplicara a éstos el descuento por lo percibido en el otro empleo o actividad y de que el reintegro al que alude el art. 268.5.b) LGSS y las obligaciones de alta y cotización que menciona el art. 268.6 LGSS quedaran limitados al período concreto de disfrute de la prestación verdaderamente incompatible[180]. Ahora

---

178 STS de 4 de octubre de 2022 (Rec. n.º 4779/2019).

179 Añaden los arts. 271.1.d) y 272.c) LGSS, en la redacción dada por el Real Decreto-ley 2/2024, de 21 de mayo, que la prestación también se podrá suspender o, en su caso, extinguir, por “la realización de actividades duración inferior, igual o superior a veinticuatro meses con alta en alguna mutualidad de previsión social alternativa al Régimen Especial de la Seguridad Social de los Trabajadores por Cuenta Propia o Autónomos”. Con todo, esta previsión no entrará en vigor hasta el día 31 de octubre de 2024.

180 En este sentido, BLASCO PELLICER, A.: *La reforma del* ..., op.cit., p. 65. Téngase en cuenta, al efecto, que el reintegro de la prestación está previsto para cuando acontece la readmisión o ésta es forzada por la aplicación del art. 284 LJS (y, por extensión, como se ha dicho, cuando se produce la extinción del contrato a partir del incidente de no readmisión o cuando acon-

bien, toda vez que, a partir de 31 de octubre de 2024, se permitirá la compatibilidad entre la prestación y el desempeño de un trabajo a tiempo parcial y que ello supondrá la deducción en el importe de la prestación de la parte proporcional al tiempo trabajado (art. 282.2 LGSS)[181], habrá que convenir, atendiendo a la lógica de las normas en liza, que, en estos específicos supuestos, se abrirán dos períodos temporales, cado uno con su régimen jurídico. El primero, el correspondiente al período coincidente entre los salarios de tramitación y la prestación por desempleo, donde las cantidades percibidas por este último concepto se consideran indebidas por causa no imputable al trabajador y debe procederse a su reintegro, deduciéndolas de los salarios de trámite con el límite de la suma de los mismos. El segundo, el período que se inicia tras la colocación del trabajador en el nuevo empleo, siendo éste a tiempo parcial, donde se podrá compatibilizar la prestación con el salario percibido por el nuevo

---

tece la imposibilidad de readmisión *ex* art. 286 LJS). En estos supuestos, las cantidades percibidas por el trabajador en concepto de prestaciones por desempleo se consideran indebidas por causa no imputable al trabajador, debiendo procederse al reintegro de una determinada forma. Por lo tanto, la hipótesis de que la readmisión no pueda producirse por causa imputable al trabajador (y lo sería su colocación en un nuevo empleo) no tendría cabida en el art. 268.5 LGSS, por lo que parece del todo punto lógico distinguir entre el período en el que sí existe verdadera incompatibilidad y, por lo tanto, debe hacerse jugar el reintegro previsto en el precepto, y aquel otro en el que el presupuesto de hecho para aplicarlo ha desaparecido.

181 A causa de las modificaciones introducidas por el Real Decreto-ley 2/2024, de 21 de mayo, en la prestación y en el subsidio por desempleo, la prestación, desde la fecha indicada, será compatible con el trabajo por cuenta ajena a tiempo parcial, "en cuyo caso se deducirá del importe de la prestación, la parte proporcional al tiempo trabajado. Si la compatibilidad se solicita dentro de los quince días hábiles siguientes a la fecha de inicio de la relación laboral, se aplicará desde dicha fecha. En caso contrario se aplicará desde la fecha de la solicitud, siempre que ésta se presente antes de que transcurran doce meses desde la fecha de inicio de la relación laboral. La deducción a que se refiere el párrafo anterior se efectuará además de cuando el trabajador esté percibiendo la prestación por desempleo como consecuencia de la pérdida de un trabajo a tiempo completo o parcial y obtenga un nuevo trabajo a tiempo parcial, cuando tenga varios contratos a tiempo parcial y pierda uno de ellos".

empleo, aunque deduciendo del importe de la prestación la parte proporcional al tiempo trabajado.

Con todo, prescindiendo de estos concretos supuestos, entender, como se ha hecho, que la prestación queda suspendida desde el momento en que el trabajador encuentra otro empleo o desarrolla una actividad por cuenta propia supone considerar que el derecho prestacional podrá reanudarse una vez concluya la causa de suspensión (art. 271.3.b LGSS). Igualmente, entender que la prestación queda extinta supone considerar que podrá aplicarse la regla que contempla el art. 269.3 LGSS, que dispone que "cuando el derecho a la prestación se extinga por realizar el titular uno o varios trabajos de duración acumulada igual o superior a doce meses, sin reanudar entre ellos la prestación por desempleo, podrá optar, en el caso de que se le reconozca una nueva prestación, entre reabrir el derecho inicial por el período que le restaba y las bases y tipos que le correspondían, o percibir la prestación generada por las nuevas cotizaciones efectuadas"[182]. Y la cuestión es si realmente la prestación por desempleo derivada del primer contrato puede volver a retomarse tanto en un caso como en otro.

Si se lee con atención el art. 268.5.b) LGSS donde se alude a que "la entidad gestora cesará en el abono de las prestaciones por desempleo" y se confronta, además, la redacción actual del precepto con la original en la que se hacía referencia a la posibilidad de volver a percibir la misma prestación en caso de incompatibilidad con los salarios de trámite "con efectos desde la fecha en que finaliza la obligación del abono de dichos salarios, previa regularización por la entidad gestora del derecho inicialmente reconocido", parece poder llegarse a la conclusión de que el cese que se menciona en la redacción actual determina la revocación de la prestación, porque, si quien legisla hubiera querido que ello no fuera así abogando por mantener, regularizado, el anterior derecho, le hubiera bastado con emplear términos idénticos o similares a los precedentes. Por lo tanto, si se entiende que se ha producido la revocación de la prestación originaria por decisión de la entidad gestora al considerarla indebi-

---

[182] En la redacción del precepto dada por el Real Decreto-ley 2/2024, de 21 de mayo, que entrará en vigor el 31 de octubre de 2024.

da con la percepción de los salarios de trámite, habrá que concluir que, en el caso de la suspensión de la prestación por un trabajo de duración inferior a doce meses, ésta no podrá volver a retomarse por haber quedado inerte, sin efectos, tras aquella decisión, perdiéndose, en consecuencia, el tiempo que restase de disfrute. En el caso contrario de extinción de la prestación originaria de desempleo por desempeño de trabajo de duración igual o superior a doce meses, tan sólo habría que plantearse si el trabajador puede optar, en el caso de que se le reconozca una nueva prestación, entre reabrir el derecho inicial por el período que le restaba y las bases y tipos que le correspondían, o percibir la prestación generada por las nuevas cotizaciones efectuadas. Pues bien, aplicando aquí igualmente la interpretación anterior, cabe convenir que ninguna prestación inicial podría reabrirse pues la decisión extintiva *ex* art. 268.5.b) LGSS de la entidad gestora lo impediría.

A mi modo de ver, no obstante, la cuestión se puede resolver a la luz de una interpretación distinta. Partamos de la base de que se ha producido, con el cese de la prestación por parte de la entidad gestora, la revocación de la misma. Ahora bien, sólo se considera indebida la parte coincidente con el período en que se tiene derecho a los salarios de tramitación, lo que lleva a pensar que la prestación puede no haber sido consumida en su totalidad. Si no lo ha sido, aún resta una parte por disfrutar y toda vez que la incompatibilidad entre salarios de trámite y prestación pública se origina por causa no imputable al trabajador, parece adecuado sostener que éste no puede perderla —no puede perder lo que le reste— por una situación que ni tan siquiera ha provocado. Por ello, a pesar de que el tenor literal del art. 268.5.b) LGSS conduzca a sostener lo contrario especialmente si se confronta con su homólogo anterior, es evidente que aún subyace en el trasfondo del mismo la idea anterior: el derecho prestacional que reste tendrá que ser regularizado y se abonará en la cuantía y duración que proceda una vez que ya no exista la incompatibilidad. Derecho, además, que será el mismo que se había reconocido tras el despido, puesto que se parte de una única situación protegida de la que se obtiene una única prestación, con independencia de que, sobre ella, ulteriormente, incida la percepción de los salarios de trámite[183].

Pues bien, si el derecho es el mismo que se inició tras la instrumentación de la decisión extintiva, parece adecuado sostener que, cuando acontezca la colocación del trabajador en otro empleo o actividad durante el período de sustanciación del proceso y éste tenga una duración inferior a doce meses, la prestación por desempleo quedará suspendida, siendo incompatible con los salarios de trámite tan sólo aquella parte de la misma que se prolongase desde el despido hasta la colocación del trabajador en otro empleo. Tras la suspensión, podrá retomarse la parte de la prestación que restase, una vez ya regularizada, aplicándose, en este caso, lo dispuesto en la letra b) del art. 271.3 LGSS. En el supuesto contrario de extinción de la prestación por trabajo de duración igual o superior a doce meses, el trabajador, en virtud de la regla contenida en el 269.3 LGSS podrá optar, en el caso de que se le reconozca una nueva prestación, entre reabrir el derecho inicial por el período que le restaba o percibir la prestación generada por las nuevas cotizaciones efectuadas. No se

---

183 Así, jurisprudencialmente se ha entendido que "del mismo modo que sucedía con el art. 209.5 a) de la LGSS, la actual redacción del precepto, art. 268.5 b) de la LGSS, contiene una regla de adecuación o regularización, de lo que se llamaba en la norma anterior «el derecho inicialmente reconocido», en virtud de la cual, la gestora deja de abonar las prestaciones de desempleo y debe reclamar a la TGSS las cotizaciones efectuadas durante la percepción de las mismas, e impone al empresario la obligación de reintegro a la entidad gestora de las cantidades percibidas por el trabajador, deduciéndolas de los salarios dejados de percibir que le hubieran correspondido con el límite de la suma de tales salarios". Por ello, "no se trata de dos prestaciones por desempleo distintas, la que se obtiene cuando se produce la situación legal de desempleo protegida —el despido— y la que será fruto de la regularización cuando se conozca el título del que derivan los salarios de tramitación. (...) [Debe partirse] de la realidad de que la prestación por desempleo tiene su origen en la situación protegida, como antes se dijo, que es el despido (art. 208.1 c) y 209.4 LGSS) de la que no se derivan dos prestaciones diferentes sino una sola, en la que incide después un hecho —la percepción de los salarios de tramitación— que exige su regularización". Así, SSTS de 29 de enero de 2024 (Rec. n.º 4999/2022), de 2 de marzo de 2015 (Rec. n.º 903/2014) y de 1 de febrero de 2011 (Rec. n.º 4120/2009), entre otras muchas.

desconoce, sin embargo, la doctrina contenida en la STS de 7 de mayo de 2020 (Rec. n.º 4478/2017). Así, para un supuesto en el que la colocación en el nuevo empleo se había producido a los pocos días (un poco más de dos semanas) de iniciar la prestación, se llega a aducir que "el periodo de salarios de tramitación cobrados, seguido de trabajo, deja inexistente la situación legal de desempleo", pues, entre la primera actividad laboral —la extinta— y la segunda —la nueva—, no llega a estar el trabajador en ningún momento en situación de desempleo. Es decir, se entiende que, si el trabajador percibe, sin solución de continuidad, salarios de tramitación desde el despido y hasta el nuevo empleo "no es posible entender que se hubiera generado la situación protegida ya que los salarios no son compatibles con la prestación ni tampoco con estar trabajando". En consecuencia, esa prestación de desempleo no habría llegado "nunca a generarse, ni, por tanto, tampoco [podría] verse ni suspendida ni extinguida ni, por consiguiente, se [podría] recuperar"[184].

En mi opinión, aunque puede entenderse el trasluz económico de tal decisión especialmente si la nueva colocación se ha producido al poco tiempo del despido, esta interpretación creo que perjudica al trabajador diligente que, de modo activo, pretende encontrar —y lo encuentra— un nuevo empleo tras su despido y neutraliza, a la postre, lo que el legislador denomina "causa no imputable al trabajador", eliminando de raíz el hecho de que ha existido situación de desempleo y prestación a ella anudada y soslayando la posibilidad de que aún reste percepción pública por consumir. Por todo ello, entiendo que la mejor interpretación que aúna y equilibra todos los intereses en juego pasa por entender primero, que, en el escenario en el que el trabajador se emplee en otra empresa o comience a prestar servicios como autónomo, la prestación por desempleo quedará o bien suspendida o bien extinguida; segundo, que sólo será incompatible con los salarios de tramitación aquella parte de la prestación que se haya generado desde el despido hasta aquella nueva colocación; y, tercero, que la prestación, una vez ya regularizada, podrá retomarse por el tiempo que reste en caso de suspensión o, en caso de

---

184 Seguida por STS de 13 de mayo de 2020 (Rec. n.º 332/2018).

extinción, podrá el trabajador optar entre ésta o la que haya podido generar tras el nuevo empleo o actividad.

4. RESPONSABILIDAD PÚBLICA EN EL ABONO DE LOS SALARIOS DE TRAMITACIÓN

A) Salarios de tramitación y FOGASA

Señala el art. 33.1 ET que el Fondo de Garantía Salarial abonará a los trabajadores el importe de los salarios pendientes de pago a causa de insolvencia o concurso del empresario. A estos efectos, se considera salario "la cantidad reconocida como tal en acto de conciliación o en resolución judicial por todos los conceptos a que se refiere el artículo 26.1, así como los salarios de tramitación en los supuestos en que legalmente procedan"[185]. Pero ello con un límite: "sin que pueda el Fondo abonar, por uno u otro concepto, conjunta o separadamente, un importe superior a la cantidad resultante de multiplicar el doble del salario mínimo interprofesional diario, incluyendo la parte proporcional de las pagas extraordinarias, por el número de días de salario pendiente de pago, con un máximo de ciento veinte días". La norma es, pues, clara: el Fondo va a garantizar los salarios de trámite reconocidos en conciliación, sea ésta administrativa o judicial, o en resolución judicial[186], pero con un tope máximo entre salarios y sala-

185 Al respecto, señala la STSJ Galicia, de 10 de julio de 2018 (Rec. n.º 1518/2018) que la responsabilidad subsidiaria del FOGASA no alcanza a los salarios de tramitación cuando ha optado en el acto del juicio por el abono de la indemnización.

186 La certificación de la administración concursal no es título habilitante para el reconocimiento de las prestaciones a cargo del FOGASA. Así, STSJ Islas Baleares, de 12 de mayo de 2021 (Rec. n.º 356/2020). En esta línea, la STS de 25 de mayo de 2015 (Rec. n.º 3339/2013) se plantea si es posible determinar la responsabilidad en el pago de los salarios debidos por una empresa que se encuentra en concurso de acreedores cuando el crédito del trabajador no ha sido incluido en la lista de acreedores por la administración concursal, ni es contra la masa, pero fue reconocido por la empresa en acto de conciliación. Al efecto, dictamina que no procede el abono de salarios en este supuesto precisamente por esa no inclusión. Siguiendo esta

rios de tramitación fijado en el doble del SMI multiplicado por el número de días pendientes de pago con el límite de 120 días[187]. El *dies a quo* de nacimiento de este derecho va a ser, cuando la declaración de insolvencia se produce en el procedimiento de ejecución, la fecha de tal declaración y no la del despido o acto extintivo de la relación de trabajo[188]. La regla se invierte, sin embargo, cuando declarado el concurso, aún no se ha producido la extinción de los contratos de trabajo que determina la reclamación de los salarios de tramitación. En este específico supuesto, la responsabilidad del FOGASA nace, no cuando se declara el concurso, sino cuando, con posterioridad, se extingue la relación laboral, siendo esta fecha la que determina la legislación aplicable[189].

Con todo, el Fondo tan sólo va a responder por el pago de las cantidades que legalmente le corresponden. Ello supone que no pueda responsabilizarse del exceso de los salarios de tramitación si han pasado más de noventa días hábiles desde la fecha en la que se presentó la demanda a la fecha en la que se declara la improcedencia del despido, pues, en estos casos, la obligación de pago pesa sobre el Estado (art. 56.5 ET). Y es que la naturaleza de las obligaciones del Estado y del Fondo son bien distintas. Así, mientras que la de éste último trae su causa de la actuación de la empresa, de su insolvencia o de su situación de concurso, la del Estado se origina por la dilación de la administración de justicia en el dictado de una sentencia y es expresión legal de la responsabilidad patrimonial del Estado consagrada en el art. 121 CE, con lo que afecta sólo a la responsabilidad que, con el carácter de anticipada, se impone al empresario. Consecuentemente, se está, en el caso del art. 56.5 ET, ante un supuesto

---

doctrina, la STJS Andalucía, Sevilla, de 17 de septiembre de 2020 (Rec. n.º 657/2019) señala que no procede el abono de salarios de tramitación en el supuesto de una empresa en concurso de acreedores al no existir una certificación definitiva por no figurar adecuadamente identificados, desglosados y detallados los créditos salariales reclamados.

187 Un ejemplo en STSJ Cataluña, de 7 de abril de 2017 (Rec. n.º 5995/2016).

188 Por todas, STS de 26 de diciembre de 2007 (Rec. n.º 507/2006) y STSJ Cataluña, de 16 de junio de 2014 (Rec. n.º 2448/2014).

189 SSTS de 11 de septiembre de 2019 (Rec. n.º 687/2017) y de 12 de abril de 2019 (Rec. n.º 2894/2017), entre otras.

de responsabilidad empresarial sin deuda, ya que la misma es del Estado y, por ello, se excluye de la protección del Fondo de Garantía Salarial[190]. Todo ello, en fin, conduce a concluir que el trabajador

---

190 Al respecto y entre otras, SSTSJ Andalucía, Granada, de 21 de junio de 2018 (Rec. n.º 2722/2017), Cataluña, de 25 de febrero de 2014 (Rec. n.º 5960/2013) y Comunidad Valenciana, de 5 de julio de 2001 (Rec. n.º 4256/1998). Precisamente, la segunda de las sentencias mencionadas apunta que "es verdad que la configuración legal de los salarios de tramitación devengados en el periodo posterior a los sesenta días de la presentación de la demanda obliga al empresario a anticipar su pago al trabajador, debiendo luego reclamarlos al Estado, pero esto no supone que se trate de una deuda salarial de la empresa de la que deba responder subsidiariamente el FOGASA, sino tan solo de un supuesto de responsabilidad legal de la empresa al anticipo de dicha cantidad, lo que en terminología de la sentencia del TSJ de Andalucía de 15 de octubre de 1999, se denomina como una responsabilidad sin deuda de la empresa, para insistir en que el FOGASA está obligado a asumir únicamente las deudas salariales de la empresa insolvente, que no todas aquellas otras responsabilidades que la normativa legal pueda imponer a la empresa distintas al pago de la deuda salarial, o indemnización en su caso; y en el mismo sentido cabe citar la sentencia del TSJ de Valencia de 6 [sic] de julio de 2001 (AS 2002, 1529), cuando señala que, de acuerdo con el art. 57 del ET, es deuda del Estado el exceso de salarios de tramitación, afectante sólo a la responsabilidad que, con el carácter de anticipada, se impone al empresario que, por tanto, es el activamente legitimado para reclamarlo cuando lo pague al trabajador, quien tendrá esa legitimación si el anterior no abona por insolvencia —art. 116 LPL—, consecuentemente, se trata de un supuesto de responsabilidad empresarial sin deuda, ya que ésta es del Estado, por ello, se excluye de la protección del Fondo de Garantía Salarial, como claramente se infiere del art. 33.1 y 2 del mentado ET y, con plena coherencia, apostilla el último párrafo del art. 18 del RD 505/85, con referencia —dada su época— al citado art. 56.5". Por su parte, la STSJ País Vasco, de 27 de octubre de 1998 (Rec. n.º AS 1998\4731) incide en esta cuestión y apunta que "la reclamación de salarios de tramitación frente al Estado, contemplada en el art. 116 de la LPL, no guarda relación alguna con la prevista en el art. 33 del ET, correspondiéndoles una tramitación separada (art. 117 LPL). Mientras que la segunda trata de evitar la desprotección de los trabajadores despedidos derivada de la declaración de insolvencia, suspensión de pagos, quiebra o concurso de acreedores de los empresarios, la primera trata de compensar a los empresarios, o a los trabajadores si aquéllos fueron declarados insolventes, de los perjuicios causados por el anormal funcionamiento de la Administración de Justicia".

cuya empresa se encuentra en situación de insolvencia o concurso no es titular de dos acciones para reclamar el exceso de salarios de tramitación al Fondo o al Estado, a su voluntad. Antes al contrario, pues tendrá que reclamar al Estado los salarios de tramitación que excedan de noventa días hábiles desde la fecha del despido a la de la sentencia que declare su improcedencia, que es el único responsable, con fundamento en la responsabilidad directa de éste por el deficiente funcionamiento de la administración de justicia, que no resolvió el pleito por despido en el citado plazo[191].

Ahora bien, no sólo por esta causa puede verse reducida la cuantía de salarios de tramitación por la que debe responde el Fondo. Así, conviene recordar que, en atención a lo previsto en el art. 56.2 ET, del monto económico total podrá detraerse lo percibido en otro empleo si el trabajador ha compatibilizado esa actividad durante el tiempo en el que se devengan salarios de tramitación. E, igualmente, el organismo público tampoco responderá por el período en el que el contrato se hallaba suspendido por las causas que habilitan para ello[192].

B) Abono por el Estado del exceso de salarios de tramitación

Como se ha comentado en el apartado anterior, no es responsabilidad del FOGASA el exceso de salarios de tramitación por dilación en la administración de justicia. En estos supuestos, deberá ser el Estado el que se haga cargo de tal exceso cuando la notificación[193]

---

191 STS de 20 de diciembre de 2019 (Rec. n.º 4386/2018).

192 Sobre ambas cuestiones, véase apartados III.3.B y III.3.C.a. Por lo demás, tres apuntes. Sobre el reconocimiento de la anticipación del derecho de opción por el FOGASA, véase apartado III.1.C. Sobre la utilización del redactado del art. 33 ET para determinar la naturaleza salarial o extrasalarial de los salarios de trámite, véase apartado II.2.B. En fin, sobre el carácter no indebido de la prestación por desempleo cuando concurre con salarios de tramitación no abonados por la empresa ni por el Fondo y sobre el reintegro de la prestación, véase apartado III.3.C.b.

193 SSTS de 22 de octubre de 2009 (Rec. n.º 2871/2008) y de 28 de noviembre de 2007 (Rec. n.º 1703/2006). Si procede auto de aclaración, los salarios de tramitación de los que se hace cargo el Estado llegan hasta la notifica-

de la sentencia del juzgado o tribunal que por primera vez declare la improcedencia del despido haya acontecido transcurridos más de noventa días hábiles desde que se presentó la demanda[194]. También serán por cuenta del Estado las cuotas de la Seguridad Social —de todas ellas—[195] correspondientes a dichos salarios (art. 56.5 ET y art. 116.1 LJS). La finalidad de esta reclamación es "exonerar a las empresas de aquella parte de los salarios de tramitación que excedan de lo que el legislador consideró espacio de tiempo razonable para dejar definitivamente resuelta la acción de despido, sin distinguir en absoluto entre si esta decisión definitiva (*rectius* firme) es la recaída en la instancia o lo es en ulteriores grados jurisdiccionales, como consecuencia de la posibilidad que a las partes se reconoce de interponer los recursos legales"[196].

A estos efectos, importante es proceder correctamente al cómputo de los noventa días. En línea de principio, cabe tener en cuenta que los noventa días son hábiles, por lo que deben descontarse los días inhábiles, siendo el mes de agosto hábil. Además, del período también hay que substraer, según el art. 119.1 LJS, el tiempo invertido en la subsanación de la demanda por no haber acreditado la celebración de la conciliación, de la mediación o de la reclamación

---

ción del mencionado auto. Así, STS de 11 de diciembre de 2014 (Rec. n.º 1366/2014).

194 La transferencia de responsabilidad al Estado también actúa cuando la primera sentencia es anulada y la segunda declara la improcedencia del despido, siendo ésta desde la que se debe partir (STSJ Andalucía, Sevilla, de 21 de septiembre de 2001, Rec. n.º 2475/2001). Con todo, la norma se ha interpretado restrictivamente cuando el despido es declarado nulo en la instancia e improcedente en fase de recurso. En estos casos, no se ha permitido el trasvase de responsabilidad al Estado. Así, SSTS de 7 de julio de 1997 (Rec. n.º 3621/1996) y de 19 de junio de 1988 (Rec. n.º 4119/1997), entre otras.

195 SSTSJ Extremadura, de 13 de junio de 2006 (Rec. n.º 267/2006) y Comunidad Valenciana, de 7 de julio de 2005 (Rec. n.º 4207/2004). Por su parte, la STS de 19 de enero de 2011 (Rec. n.º 1137/2010) ha dictaminado que, aunque no se generen salarios de tramitación cuando coincide una situación de incapacidad temporal, sí cabe reclamar al Estado el abono de las cuotas por ese período.

196 STS de 29 de septiembre de 2017 (Rec. n.º 2567/2015).

administrativa previa, o por defectos, omisiones o imprecisiones en aquélla; el período en que estuviesen suspendidos los autos, a petición de parte, por suspensión del acto del juicio (art. 83 LJS)[197]; y el tiempo que dure la suspensión para acreditar la presentación de la querella —pero no su tramitación[198]— en los casos en que cualquiera de las partes alegase la falsedad de un documento que pueda ser de notoria influencia en el pleito.

La indicada es una lista cerrada que no admite la inclusión de más supuestos fuera de los previstos. De lo que se trata es de exonerar al empresario del pago de los salarios que vayan más allá del plazo de noventa días, aunque "poniendo unos límites para evitar incluir en el

---

197 En este caso, se tiene en cuenta la estricta suspensión del acto del juicio y no la fecha en la que se acuerda ésta. Así, STSJ Islas Baleares, de 18 de marzo de 2016 (Rec. n.º 5/2016). El período de tiempo concreto de suspensión será de diez días por mor del art. 83 LJS. Sobre ello, STSJ Cataluña, de 31 de mayo de 2019 (Rec. n.º 6879/2018).

198 STS de 18 de noviembre de 2005 (Rec. n.º 4760/2004). Como expone esta sentencia, que no se excluya el período de sustanciación del proceso penal obedece a los siguientes motivos: "tanto la interpretación gramatical del precepto como la sistemática conducen a la no exclusión del período durante el que se tramitó el proceso penal. Gramaticalmente, porque la única precisión que contiene en el precepto legal está referida al tiempo que dure la suspensión para acreditar la presentación de la querella, sin mención al tiempo posterior a la presentación e invertido en la tramitación del proceso penal. Sistemáticamente el mandato del artículo 119 contiene una excepción al principio general de abono de los salarios de tramitación por el Estado cuando la sentencia se dicte después de los 60 días hábiles, que se establece en el artículo 57 del Estatuto de los Trabajadores y, como tal excepción ha de ser objeto de una interpretación estricta. Pero es que, además, como acertadamente pone de relieve la sentencia de contraste, la interpretación histórica conduce al mismo resultado. La redacción del artículo 119 de la Ley de Procedimiento Laboral en sus actuales términos fue introducida por primera vez en la Ley de Procedimiento Laboral de 1990. La precedente, la de 1980, establecía la exclusión de «el tiempo que dure la suspensión a que se refiere el párrafo segundo del artículo 77 de la Ley de Procedimiento Laboral». Bajo el imperio de esa norma se excluía todo el período y, la nuevamente promulgada se limitó, exclusivamente, al correspondiente al tiempo transcurrido entre el acuerdo de suspensión de las actuaciones en la causa por despido y la presentación de la querella en causa criminal".

resarcimiento aquellas dilaciones que tengan como causa la conducta en cierto modo irregular de las partes, pues de otro modo resultaría el Estado indebidamente perjudicado por hechos no directamente (o no exclusivamente) imputables al funcionamiento de los órganos judiciales"[199]. Por ello, cabe reclamar los salarios de tramitación por el período de tiempo en el que se han suspendido las actuaciones por el planteamiento de una cuestión de inconstitucionalidad[200], por el tiempo en que el procedimiento estuvo suspendido para que se

---

199 STS de 29 de septiembre de 2017 (Rec. n.º 2567/2015).

200 STS de 24 de marzo de 2022 (Rec. n.º 3666/2018). La sentencia dispone que "el legislador podría haber establecido más excepciones al principio general, pero únicamente ha decidido prescribir las tres citadas. En este contexto, las excepciones deben interpretarse en sus propios términos, sin que, como tales excepciones al principio general, admitan su extensión y aplicación analógica a supuestos distintos que la norma, pudiendo haberlo hecho, no ha querido incluir. (...). Ciertamente, el artículo 35.3 LOTC dispone que «el planteamiento de la cuestión de constitucionalidad originará la suspensión provisional de las actuaciones en el proceso judicial hasta que el Tribunal Constitucional se pronuncie sobre su admisión. Producida ésta el proceso judicial permanecerá suspendido hasta que el Tribunal Constitucional resuelva definitivamente sobre la cuestión». Pero una cosa es que el proceso judicial quede suspendido por el planteamiento de la cuestión de inconstitucionalidad y otra, distinta, que ese periodo de suspensión deba ser un tiempo excluido del cómputo del artículo 119.1 LRJS. Lo primero está expresamente dispuesto por el artículo 35.2 LOTC y, sin embargo, el artículo 119.1 LPRJ, pudiendo haberlo hecho, no ha incluido ese periodo de suspensión en los tiempos excepcionales excluidos del cómputo del plazo que exceda de los noventa días de los artículos 116.1 y 119.1 LRJS. La sentencia del TSJ recurrida en casación para la unificación de doctrina entiende que el planteamiento de una cuestión de inconstitucionalidad es asimilable al supuesto previsto en el artículo 119.1 b) LRJS. Pero el artículo 119.1 b) LRJS contempla un supuesto de suspensión del acto del juicio en los términos del artículo 83 LRJS a petición de parte, lo que no ocurre con el planteamiento de una cuestión de inconstitucionalidad, que es una decisión del órgano judicial que la propone, si bien ha de oír a las partes y al Ministerio Fiscal antes de la adopción definitiva de la decisión (artículo 35.1 LOTC). Adicionalmente, en el supuesto del artículo 119.1.b) LRJS la demora es atribuible a la parte y no al órgano judicial. Hemos de reiterar, en todo caso, que la suspensión del acto de juicio a petición de parte es una de las exclusiones del cómputo del tiempo que exceda de 90 días expresamente prevista por el artículo 119.1 LRJS, sin que suceda lo mismo con la

ampliara la demanda frente a los administradores concursales[201], por el tiempo transcurrido entre el acuerdo de la práctica de diligencias para mejor proveer hasta que se dicta sentencia[202], por el período en el que se sustancie la incompetencia de la jurisdicción[203], por indebida acumulación de acciones con formulación de nueva demanda al ser un defecto que debió ser advertido por el órgano judicial no siendo imputable de forma exclusiva al trabajador[204] o por cualquier otro período que no esté incluido en el redactado del precepto legal.

---

suspensión del proceso judicial por el planteamiento de una cuestión de inconstitucionalidad".

201 Al no estar expresamente previsto este caso en la excepción contemplada en el art. 119.1 LJS ni ser asimilable a una subsanación. Así, STS de 21 de marzo de 2023 (Rec. n.º 731/2020).

202 STSJ Andalucía, Málaga, de 11 de noviembre de 1996 (AS 1996\3880).

203 STS de 20 de noviembre de 2018 (Rec. n.º 3968/2016). Señala esta sentencia, que "aquí también deberemos analizar la incidencia que pudiera tener la previsión del art. 119.1 LRJS ante la ausencia de previsión normativa en la que se establezca lo que ha de ocurrir con el tiempo invertido procesalmente en corregir el error de presentar una demanda ante un Juzgado territorialmente incompetente, para decir que esa previsión de descuento de los salarios de tramitación a cargo del Estado prevista en aquél precepto tiene su aplicación estricta en el ámbito de la responsabilidad del Estado y en modo alguno cabe aplicar por analogía las excepciones o supuestos de descuento de los salarios de tramitación en determinados periodos que allí se establecen, máxime cuando el problema procesal de esa presentación de la demanda ante un Juzgado incompetente no está previsto en el precepto, y que, además, en todo caso, sería siempre el juez el que, excepcionalmente, podrá privar al trabajador de su percepción, si apreciase que en su actuación procesal ha incurrido en manifiesto abuso de derecho, previsión ésta que sí podría resultar aquí aplicable en el caso de que tal manifiesto abuso del derecho se hubiese alegado y acreditado, lo que evidentemente no ha ocurrido".

204 STS de 27 de octubre de 2014 (Rec. n.º 1887/2013) que argumenta que "no cabe olvidar que al órgano judicial le incumbe detectar cualquier defecto de la demanda, de modo que ésta no debiera haber sido admitida a trámite cuando no se haya subsanado algún defecto que debiera serlo (art. 81 LRJS), por lo que la dilación producida en tales supuestos no se puede imputar en forma única al demandante, debiendo serlo también al órgano judicial que no promovió la subsanación correspondiente".

Teniendo todo esto en consideración, cuando la sentencia gane firmeza, el empresario, que habrá abonado la totalidad de los salarios de tramitación, podrá reclamar, a través de la modalidad procesal específicamente diseñada para ello, los salarios de tramitación que arranquen del día 91 en adelante, previo agotamiento de la vía administrativa correspondiente (art. 117 LJS)[205]. En este caso, el Estado no tiene que restituir al empresario el pago indebido de los salarios de tramitación que han sido coincidentes con otro empleo[206], aun-

---

205 La STS de 26 de febrero de 2008 (Rec. n.º 1188/2007) resuelve la cuestión de qué empresario puede resarcirse con cargo del Estado cuando el despido se declara improcedente en la instancia, pero sus consecuencias se imponen en ella a un empresario diferente de aquél a quien se le van a atribuir tales consecuencias en suplicación (o en casación). De este modo, llega a la conclusión de que el Estado está obligado a resarcir a este último empresario los salarios que excedan de noventa días hábiles, contados a partir de la presentación de la demanda y hasta la notificación de la sentencia firme de la que se trate.

206 STS de 8 de noviembre de 2006 (Rec. n.º 3500/2005). Por su parte, la STS de 20 de julio de 2017 (Rec. n.º 3571/2015) dictamina que "la responsabilidad del Estado por salarios de tramitación debe quedar limitada al período en el que el trabajador despedido no hubiere encontrado otro empleo, aunque la empresa los hubiere abonado en su totalidad por no haber acreditado en el juicio por despido o en ejecución de sentencia dicho empleo". Y las SSTS de 1 de marzo de 2004 (Rec. n.º 4846/2002) y de 5 de mayo de 2004 (Rec. n.º 1957/2003) recuerdan que "al empresario le corresponde la carga de probar la realidad del trabajo para una segunda empresa, así como lo percibido por ello por el trabajador despedido; por ello, el incumplimiento de esa obligación empresarial dentro del proceso de despido o, en su caso, en el trámite de ejecución del mismo, no puede afectar negativamente a un tercero, el Estado, que no participó, ni tuvo porqué hacerlo, en el pleito de despido. Y puesto que el Estado solo puede intervenir en este segundo proceso, es aquí donde puede y debe hacer valer las limitaciones legales de su responsabilidad en aquellos casos en los que, como aquí sucedió, el empresario no logró acreditar en el primero (el del despido) el hecho que podría haber limitado su propia responsabilidad en el abono de los salarios de trámite. Y si en el caso del Fondo de Garantía, dicho organismo, a veces incluso en los sucesivos procesos de ejecución, puede alegar y probar todo aquello que le permita limitar o liberarse de cualquier hipotética responsabilidad, pese a que en alguna ocasión tal vez no lo hubiera hecho en el previo proceso declarativo, con mayor razón podrá el Estado, que, como se dijo, ni siquiera tuvo ocasión de comparecer en el juicio de

que persiste la responsabilidad por la diferencia entre lo que hubiera percibido el trabajador según lo establecido en la sentencia de despido y lo que realmente percibió en otro empleo durante el período temporal a que se contrae la responsabilidad del Estado[207]. Ahora bien, la legitimación activa también podrá recaer en el trabajador cuando se declare la insolvencia empresarial para reclamar los salarios que no se le hayan abonado (art. 116.2 LJS), así como las cuotas correspondientes de la Seguridad Social[208]. En este caso, le corresponderá la prueba de los salarios percibidos en otro empleo, aplicándose, en caso contrario, el descuento de la suma salarial total (y no meramente del SMI) que percibían en la empresa que procedió a su despido[209].

El plazo para ejercitar la acción de reclamación de cantidad prescribe al año en virtud de lo previsto en el art. 59.2 ET[210]. El cómputo, cuando es el empresario quien reclama, se inicia cuando se han producido los daños indemnizables, es decir, cuando el empresario efectúa el pago y sufre la disminución patrimonial ocasionada por el abono de los salarios de tramitación correspondientes al tiempo de la indebida dilación del procedimiento[211]. Por el contrario, cuando es el trabajador el legitimado, el plazo de un año comienza a contar desde la notificación del auto judicial que hubiese declarado la insolvencia empresarial[212] o desde la fecha de notificación del auto declarando la extinción de la relación laboral cuando la declaración del concurso sea anterior a la fecha en la que fue dictada la sentencia de instancia que calificó el despido de improcedente[213]. Por lo que

---

despido, argumentar y probar cualquier circunstancia que, de conformidad con el ordenamiento, le consienta limitar o reducir su responsabilidad legal".

207 STS de 14 de marzo de 2023 (Rec. n.º 141/2020).

208 Sobre la legitimación del trabajador para reclamar, en caso de insolvencia, las cuotas de la Seguridad Social, STS de 10 de septiembre de 2020 (Rec. n.º 2018/2018).

209 STS de 29 septiembre 2010 (Rec. n.º 4207/2009).

210 STS de 19 de mayo de 1993 (Rec. n.º 3041/1992).

211 SSTS de 19 de abril de 2023 (Rec. n.º 938/2020), de 11 de abril de 2023 (Rec. n.º 569/2020) y de 29 de marzo de 1999 (Rec. n.º 2966/1998).

212 STS de 24 de julio de 2007 (Rec. n.º 5184/2005).

213 STS de 11 de abril de 2023 (Rec. n.º 3030/2020).

atañe a la interrupción del plazo, se ha dictaminado que ello "requiere, no solo la constatación de que el titular de la acción mantiene vivo su derecho a reclamar, sino, además, que este *animus* llegue a conocimiento del deudor. Por ello, la petición por parte del acreedor de una documental dirigida a un tercero (un órgano judicial) no puede interrumpir la acción que aquél tiene frente a la Administración del Estado deudora, por mucho que esa documentación sea necesaria, al margen de que tampoco impide a la parte legitimada presentar la solicitud ante el Estado en reclamación de los salarios de tramitación, máxime cuando durante la tramitación del expediente administrativo se pueden subsanar los defectos u omisiones que tenga la solicitud, con la suspensión del plazo para resolver"[214].

Admitida la demanda y oídas las partes (entre las que estará el Abogado del Estado), el juez que conoció del proceso por despido resolverá sobre la procedencia y cuantía de la reclamación (art. 118 LJS) y decidirá si el exceso de los salarios de tramitación corre a cargo del Estado o del empresario. También tendrá que decidir sobre quién recae la obligación de pago de los salarios de tramitación correspondientes a los períodos temporales señalados en el art. 119.1 LJS, pudiendo, excepcionalmente, privar al trabajador de ellos si aprecia que en su actuación procesal ha incurrido en manifiesto abu-

---

214 STS de 12 de marzo de 2020 (Rec. n.º 4499/2017). Por su parte, también sobre la entrega de documentación dispone la STS de 27 de febrero de 2019 (Rec. n.º 1595/2017) que "la interrupción de la prescripción de la acción, conforme al art. 1973 CC se produce por su ejercicio ante los Tribunales, por reclamación extrajudicial del acreedor y por cualquier acto de reconocimiento de la deuda por el actor. Ninguno de tales supuestos concurren en la litis. Cierto es que el Juzgado de instancia se demoró en la entrega de la documentación solicitada por la demandante; ahora bien, no es menos cierto que nada impidió a la demandante formular la oportuna reclamación de salarios de tramitación ante el Estado, sin perjuicio de una subsanación posterior, como sucedió cuando decidió presentar la solicitud el 31/07/2013, y por la Administración del Estado se remitió escrito a la actora instando la subsanación de las omisiones contenidas en la solicitud. Hubiera bastado con la presentación dentro del plazo del año en cuestión, por lo que ha de estimarse negligente la actuación de la demandante, que ha de conducir a estimar que la acción estaba prescrita ya antes de formular la solicitud de salarios de tramitación".

so de derecho (art. 119.2 LJS)[215]. En cualquier caso, el Estado tendrá que abonar los intereses de demora si no paga los salarios de tramitación. La fecha inicial del devengo de intereses conforme al art. 24 de la Ley 47/2003, de 26 de noviembre, General Presupuestaria es la de la notificación de la sentencia de instancia que reconoce la deuda en favor del administrado[216].

Ahora bien, más allá de estas cuestiones procesales, resulta interesante plantearse cuándo no cabe la reclamación al Estado de los salarios de tramitación. Así, no es posible plantear la reclamación cuando en conciliación administrativa o judicial se reconoce la improcedencia del despido pues el título del que arranca la transferencia de responsabilidad al Estado es una sentencia[217]. Con todo, se ha admitido instar la reclamación cuando la empresa ha reconocido tal improcedencia y consigna la cantidad que estimaba correspondía a la indemnización desde el cese hasta la conciliación, pues de lo contrario "se haría de peor condición al empresario diligente, que trata de evitar un pleito, reconociendo la improcedencia del despido y consignando la indemnización, que al que adopta una actitud pasiva, limitándose a esperar el resultado del pleito"[218]. Tampoco cabe instar la reclamación al Estado cuando la sentencia no procede de un despido individual, sino de otro colectivo[219]. Y, en cualquier caso, cuando el despido se ha calificado como nulo, porque tanto la norma estatutaria como la procesal son bien claras al respecto, sin que, ante

---

215 Al respecto, SSTS de 9 de mayo de 2014 (Rec. n.º 1116/2013) y de 10 de diciembre de 2012 (Rec. n.º 70/2012).

216 STS de 31 de enero de 2020 (Rec. n.º 3166/2017).

217 Así, STSJ Madrid, de 13 de abril de 2016 (Rec. n.º 925/2015).

218 SSTS de 11 de enero de 2018 (Rec. n.º 3144/2015) y de 29 de septiembre de 2017 (Rec. n.º 2567/2015).

219 Apunta la STS de 10 de diciembre de 2020 (Rec. n.º 41/2019) que "de dichas normas [las sustantivas y las procesales] resulta que los salarios de tramitación a cargo del Estado se refieren exclusivamente al procedimiento de despido individual en el que la sentencia declara el despido improcedente transcurrido el tiempo previsto, sin que tenga acceso por analogía ningún otro procedimiento ni impugnación, cual se pretende en el presente caso". También, en el mismo sentido, STS de 27 de febrero de 2024 (Rec. n.º 215/2021).

norma más precisa, pueda acudirse a la analogía[220]. En los supuestos de nulidad, por lo tanto, los salarios de tramitación deben ser abonados en su totalidad por la empresa. Y, aunque puede encontrarse alguna resolución que cuestiona la solución por entender que existe vulneración del principio de igualdad por trato discriminatorio sin fundamentación entre situaciones legales idénticas (despido nulo e improcedente) respecto al abono de los salarios de tramitación a los trabajadores[221], lo cierto es que éste es un tema sobre el que no existe mayor litigiosidad al aplicarse de modo estricto las previsiones normativas. Ello no obstante, en fechas recientes, se ha abierto una grieta en este planteamiento.

En efecto, la STC 22/2024, de 12 de febrero ha dictaminado que constituye una diferencia de trato de carácter discriminatorio negar a una trabajadora que en el momento del despido estaba embarazada la reclamación al Estado de los salarios de tramitación tan sólo porque su despido fue declarado nulo cuando el del resto de sus compañeras despedidas fue declarado improcedente, teniendo acceso, por lo tanto, a la mencionada reclamación. De esta forma, se apunta que, en este supuesto, "el hecho de la vulneración del art. 14 CE no es imputable a la norma legal de cobertura, sino a la interpretación que de ella se realizó tanto por la administración como por los órganos judiciales de manera que, a la vista de las circunstancias anteriormente subrayadas y en aplicación de la doctrina constitucional que ha sido expuesta, debemos concluir que en el caso de autos la recurrente sufrió una discriminación por razón de sexo derivada de

---

220 STS de 12 de abril de 1984 (RJ 1984\2086), entre otras muchas. Por ejemplo, en la STS de 7 de julio de 1997 (Rec. n.º 3621/1996) se señala que "el razonamiento que ha llevado a la anterior conclusión se puede resumir como sigue: a) los preceptos legales de los arts. 56 ET y 116 LPL se refieren sin lugar a dudas al despido improcedente y no al despido nulo; b) resulta inimaginable que el legislador haya incurrido en formulación defectuosa del mandato contenido a estos preceptos, habida cuenta del carácter general que las calificaciones de nulidad o improcedencia del despido tienen en el régimen jurídico de esta institución; y c) la transferencia al Estado de la responsabilidad empresarial de la indemnización de salarios de tramitación tiene carácter excepcional, y debe por tanto ser interpretada de manera estricta".

221 STSJ Madrid, de 19 de mayo de 2001 (Rec. n.º 509/1997).

su embarazo, al ser este último el único motivo por el que su despido fue declarado nulo y, en consecuencia por el que le fueron denegados los derechos económicos derivados de la extinción de su contrato de trabajo (percepción de salarios de tramitación a cargo del Estado) que le habían sido reconocidos por sentencia firme como al resto de sus compañeras de trabajo". Y se remata señalando que "resulta inasumible desde la perspectiva del derecho a la igualdad y no discriminación reconocido en el art. 14 CE que su derecho al cobro de salarios de tramitación (reconocidos por sentencia firme) quedase cercenado como consecuencia de la previa atribución de una garantía legal (calificación de su despido como nulo por hallarse embarazada), que tenía como finalidad la de otorgarle un plus de protección por su condición de trabajadora gestante, imponiendo a la empresa su obligada readmisión en su puesto de trabajo".

En consecuencia, "tal calificación del despido por imperativo legal no solo tuvo meros efectos formales (por ser imposible su reincorporación en el puesto de trabajo al haber cesado la empresa en su actividad), sino que la colocó en peor situación que al resto de las trabajadoras, operando finalmente su situación de embarazo como un elemento pernicioso. En efecto, en lugar de proporcionar a la trabajadora un "plus protector" debido a su estado biológico, la conjunción con el art. 116.2 LJS le provocó el efecto contrario: un evidente e injustificado trato peyorativo con relación al resto de las compañeras despedidas, en la medida que ni pudo ser readmitida (por haberse cerrado el centro de trabajo), ni tuvo la posibilidad de percibir del Estado los salarios de tramitación. De este modo, el mecanismo de tutela reforzada para la trabajadora embarazada legalmente previsto en el art. 53.4.b) LET, con el fin de promover la igualdad de oportunidades en el trabajo y evitar la discriminación por razón de sexo, se volvió en su contra, pues, en lugar de verse beneficiada, se la colocó en peor condición que al resto de sus compañeras de trabajo, al negarle el derecho a obtener del Estado la parte de los salarios que le correspondía legalmente asumir".

Ante estos argumentos, al Tribunal tan sólo le queda reprender a los órganos judiciales por haber efectuado una "interpretación rigorista, literal y formalista de la legalidad ordinaria, [que] ha resultado contraria al derecho a la no discriminación por razón de sexo (art. 14

CE), al no haber optado las resoluciones impugnadas por una interpretación del art. 116.2 LJS en conexión con el art. 53.4.b) LET que resultase respetuosa con el contenido de ese derecho fundamental".

Se entiende el razonamiento del Tribunal y se está de acuerdo con el mismo. Se pone el foco no en una comparación en abstracto entre el despido nulo y el improcedente por lo que atañe a la transferencia de responsabilidad al Estado por los salarios de tramitación, sino, más bien, en un elemento esencial que tan sólo incide sobre las mujeres: el hecho biológico del embarazo. Y, desde esta atalaya, queda construida toda la argumentación sobre la base de una posible discriminación por razón de sexo. Para hacer efectiva la interdicción de esta discriminación, resulta necesario "usar en el juicio de legitimidad constitucional un canon mucho más estricto, así como un mayor rigor respecto a las exigencias materiales de proporcionalidad". No basta, por tanto, con que "las resoluciones judiciales estén motivadas y fundadas en Derecho, sino que es preciso que sean coherentes con el derecho fundamental que está en juego, expresando o trasluciendo una argumentación axiológica que sea respetuosa con su contenido"[222]. Y, en tanto que los órganos judiciales inferiores negaron la posibilidad a la trabajadora de reclamar al Estado los correspondientes salarios de tramitación simplemente sobre la base de atender al tenor literal de las normas estatutarias y procesales en liza sin llevar a cabo una interpretación conforme a la Constitución, no optaron, erróneamente, por otorgar una mayor eficacia al derecho a la no discriminación por razón de sexo, que es lo que hubiera procedido por ser ello acorde con la regulación protectora que se dispensa la mujer embarazada y con el art. 14 CE.

Ahora bien, cuestión distinta es que esta interpretación pueda abrir la puerta a una futura modificación de las normas estatutarias y procesales. No creo que ello sea así. Y no lo creo porque el asunto está planteado desde una muy singular y concreta perspectiva y no se discute controversia alguna sobre la igualdad ante la ley, por lo que la doctrina no parece que pueda tener transcendencia más allá de estos casos. Es más, hay que tener en cuenta que el despido de la trabajadora tenía todos los visos para ser declarado improcedente por no

[222] SSTC 233/2007, de 5 de noviembre y 63/2005, de 17 de marzo.

existir causa legal justificativa para la extinción. No obstante, finalmente no fue así declarado por ministerio de la ley, por la aplicación del art. 55.5.b) ET habida cuenta del hecho biológico del embarazo. Por lo tanto, realmente la doctrina se aplica sobre un despido improcedente *de facto*, cumpliéndose así, aunque sea materialmente, con lo dispuesto en el art. 56.5 ET y en el art. 116.1 LJS.

5. EJECUCIÓN DE LA OBLIGACIÓN DE READMITIR

A) Ejecución provisional

Los preceptos encargados de reglamentar el régimen de la ejecución provisional de las sentencias[223] de despido o de decisiones extintivas —trámite de no obligada tramitación—[224] son los arts. 297 a 302 LJS. Tales normas articulan una serie de consecuencias en orden a la interposición del recurso frente a la sentencia de instancia que "tratan de proteger al trabajador como parte más débil, agravada por la falta de empleo y salario, frente a posibles situaciones abusivas o de mala fe por la parte procesal contraria; finalidad que cabe considerar legítima pues forma parte de la amplia tutela material que el ordenamiento jurídico, tanto sustantivo como procesal, otorga al trabajador"[225]. Ciertamente, no es momento ni lugar para efectuar un análisis en profundidad de todos los aspectos controvertidos que plantea la ejecución provisional, por lo que me ceñiré en este apartado a hacer referencia a las obligaciones que penden sobre el empresario y a los efectos que la sentencia que resuelve el recurso pueda tener sobre lo decidido en la instancia.

De este modo, con independencia de quién hubiera optado por la readmisión[226], el empresario queda obligado *ex* art. 297 LJS y "mien-

---

223 No de autos. Así, STS de 20 de junio de 1988 (RJ 1988\5423).

224 Y es que es preciso que se pida de parte, sea el trabajador para que se le paguen los salarios, sea el empresario para que aquél se reincorpore al trabajo. Así, STS de 4 de mayo de 1990 (RJ 1990\3956).

225 STC 234/1992, de 14 de diciembre.

226 Debe existir, pues, obligación de readmitir, no siendo aplicable estas previsiones cuando la condena es el pago de la indemnización. Así, STSJ Catalu-

tras dure la tramitación del recurso"[227] a abonar al trabajador "la misma retribución que venía percibiendo con anterioridad" a producirse el despido o la decisión extintiva de la relación de trabajo. Por su parte, el trabajador deberá continuar prestando servicios, "a menos que el empresario prefiera hacer el abono aludido sin compensación alguna"[228]. Son dos, pues, las obligaciones que pesan sobre el empresario durante el paréntesis temporal que es la ejecución provisional: la retributiva y la de reincorporación del trabajador, salvo que opte por dar cumplimiento a la primera sin hacer lo propio con la segunda[229].

ña, de 21 de enero de 2003 (Rec. n.º 4001/2002).

227 Esta frase es la que ha permitido sostener que la ejecución provisional puede ser solicitada en cualquier momento durante la tramitación del recurso (LORENZO DE MEMBIELA, J.B.: "Ejecución provisional de la readmisión en el proceso especial de despido (1)", en *Documentación Laboral*, n.º 64, 2001, p. 99), pero, eso sí, siendo diferentes los efectos según sea el trabajador o el empresario quien la solicite. De este modo, si es el primero, la solicitud tendrá efectos retroactivos de tal modo que el percibo de salarios cubrirá también el tiempo anterior a esa solicitud. Por el contrario, si es el empresario quien la insta, los efectos de la ejecución provisional sólo se producirán a partir de la fecha de su solicitud. Así, BLASCO PELLICER, A.: "La ejecución provisional", en AA.VV.: *El proceso laboral. Ley 36/2011, de 10 de octubre, reguladora de la Jurisdicción Social, Tomo II*, Tirant lo Blanch, Valencia, 2013, p. 2562.

228 Se prevé, además, que, en estos supuestos, quedará suspendida la prestación por desempleo (art. 297.4 LJS). Matiza, por su parte, el art. 271.1.e) LGSS que, "una vez que se produzca la resolución definitiva se procederá conforme a lo establecido en el artículo 268.5", norma que, si se recuerda, reglamenta la articulación entre la indemnización o la readmisión, la prestación por desempleo y los salarios de trámite.

229 A éstas se añaden las previstas en el art. 284.c) LJS "cuando el despido o la decisión extintiva hubiera afectado a un representante legal de los trabajadores o a un representante sindical y la sentencia declarara la nulidad o improcedencia del despido, con opción, en este último caso por la readmisión" (art. 300 LJS). Dispone, a estos efectos, el art. 284.c) LJS que entre las medidas a adoptar para el caso de que el empresario no cumpliese con la orden de reposición al trabajador se encuentran "que el delegado de personal, miembro del comité de empresa o delegado sindical continúe desarrollando, en el seno de la empresa, las funciones y actividades propias de su cargo, advirtiendo al empresario que, de impedir u oponer algún obstáculo a dicho ejercicio, se pondrán los hechos en conocimiento de la

Por lo que atañe a la contraprestación económica, varias cuestiones son las que deben tenerse en cuenta. En primer lugar, su naturaleza, que no es la propia de los salarios de tramitación, que, por cierto, no se generan en fase de recurso. Este tipo de monto económico es denominado salario de sustanciación[230] y se entiende que es estricta contraprestación por el trabajo realizado (exista éste o no). En consecuencia, su naturaleza salarial es, por lo tanto, innegable. En cuanto al momento inicial de su devengo, se ha señalado que hay que estar, en los despidos improcedentes, a cuando se efectúe la opción por la readmisión y ello por estrictas razones de coherencia sistemática entre el art. 56.1 ET y el art. 297 LJS. El *dies ad quem*, por su parte, quedará fijado en la fecha de notificación de la sentencia que resuelva el recurso[231].

Por lo que respecta, de igual modo, a la cuantía de estos salarios, la norma es meridiana al prever que se debe abonar "la misma retribución que venía percibiendo [el trabajador] con anterioridad". Ello supone, a la postre, que el monto fijado en la instancia no podrá ser alterado en este momento procesal habida cuenta de la autonomía que posee la ejecución provisional respecto al proceso principal, siendo, como tal, inmune, al resultado definitivo de aquél[232].

---

autoridad laboral a los efectos de sancionar su conducta de acuerdo con lo que dispone el Texto Refundido de la Ley sobre infracciones y sanciones en el orden social, aprobada por el Real Decreto Legislativo 5/2000, de 4 de agosto".

230 STS de 4 de marzo de 2014 (Rec. n.º 3069/2012).

231 BLASCO PELLICER, A.: "La ejecución ..., op.cit., p. 2546.

232 El carácter autónomo de la ejecución provisional se ha explicado en varias sentencias. Así, la STC 234/1992, de 14 de diciembre dictamina que "el derecho que reconoce el artículo 227 a la ejecución provisional de la sentencia favorable tiene su origen en la propia norma legal, lo cual significa que esa ejecución tiene el carácter de procedimiento autónomo, que no puede verse afectado por el resultado que se obtenga en el recurso de casación promovido por la empresa, de forma tal que el derecho a los salarios de subsistencia que confiere tal artículo es inmune a la sentencia de casación que, en su caso, revoque la recurrida". Y continua señalando que "este es el sentido que la jurisprudencia laboral atribuye a la ejecución provisional del art. 227, a la cual considera autónoma del proceso principal y del trámite del recurso interpuesto contra la Sentencia de instancia, por entender que el derecho del trabajador nace *ex lege* de una resolución judicial que decla-

Lo que no obsta, todo hay que decirlo, para que, si la sentencia que resuelve el recurso aumentase la cantidad fijada en la instancia, la diferencia entre una y otra cuantía se abonase al trabajador una vez concluida la fase de recurso[233]. Sin embargo, más allá de este tema, la duda puede plantearse con las revisiones salariales de carácter legal o convencional que se hayan producido tras el despido. Si el trabajador debe percibir "la misma retribución", ello parece vedar la posibilidad de que el salario sea actualizado conforme a aquellas

ra la antijuridicidad —improcedencia o nulidad— de la decisión empresarial de despedir y el que tal calificación se modifique en virtud del recurso interpuesto —bien declarando la procedencia del despido o apreciando la existencia de obstáculos materiales o procesales que hagan ineficaz la acción ejercitada— en nada puede modificar aquella obligación procesal, pues la ulterior revocación de la Sentencia de instancia no afecta a los efectos anteriores y ya producidos del fallo revocado, efectos que son precisamente los propios de la ejecución provisional (Sentencia del TCT de 25 de mayo de 1984), ya que, de no ser así se dejaría sin contenido los arts. 227 y 228 de la L.P.L y quedaría al simple albur de la diligencia de la Magistratura o de la existencia de bienes fácilmente realizables la efectividad de una ejecución ya despachada y acomodada a derecho. En resumen, el art. 227 de la L.P.L. da lugar a una ejecución específica que tiene significado y alcance propios, siendo inmune al fallo de la Sentencia recurrida". Esta autonomía de la ejecución provisional se ha aplicado "en el caso de un proceso de despido en el que luego se declaró la incompetencia de la jurisdicción laboral (STC 234/1992), en un supuesto en que se casó la Sentencia de instancia sobre despido nulo, absolviendo al empresario (STC 104/1994) o cuando el Tribunal Superior declaró la nulidad de la Sentencia dictada en instancia y de lo actuado con anterioridad al acto del juicio (STC 191/2000). Y al denegar el amparo solicitado por la empresa con base en que la nulidad de la Sentencia de despido debía haberse extendido a la ejecución provisional, hemos declarado que tal pretensión desconoce el ya aludido carácter autónomo de dicho procedimiento, que se asienta sobre determinadas notas, como son la naturaleza tuitiva de la previsión legal, la reciprocidad de las prestaciones, el obligado cumplimiento inmediato de éstas, y la limitación temporal de la ejecución. De suerte que es razonable que la nulidad declarada por el Tribunal Superior se extienda al proceso principal pero no al procedimiento de ejecución provisional" (STSJ Madrid, de 6 de noviembre de 2019, Rec. n.º 801/2019).

233 BLASCO PELLICER, A.: "La ejecución …, op.cit., p. 2547.

revisiones[234]. Con todo, a diferencia de lo que se explicó para los salarios de tramitación, parece difícilmente justificable que el trabajador no pueda percibir, en este concreto supuesto, las mismas mejoras salariales que sus compañeros, toda vez que se trata de percibir por el desempeño de idénticas funciones laborales un mismo salario.

Estos salarios, además, se pueden perder a causa del incumplimiento injustificado por el trabajador del requerimiento empresarial de readmisión[235]. El art. 299 LJS señala que tal conducta dará lugar a "la pérdida definitiva de los salarios" durante la tramitación del recurso. Ahora bien, cuestión distinta es que tal incumplimiento acarree, además de la pérdida de los salarios, otro tipo de consecuencias, como la pérdida del derecho a la readmisión por entenderse que la conducta elusiva del trabajador comporta la extinción de la relación laboral por dimisión o abandono, la pérdida de los salarios de tramitación ya devengados o que puedan devengarse con la ejecución definitiva o, al límite, el despido sobre la base de faltas de asistencia al trabajo. El tenor del precepto procesal es lo suficientemente claro como para entender que no caben más repercusiones negativas que la pérdida del salario correspondiente a la sustanciación de la ejecución provisional, por lo que interpretaciones contrarias supondrían, a mi modo de ver, cercenar sin base jurídica alguna derechos laborales del trabajador[236]. Este mismo argumento, por lo demás,

---

234 Un ejemplo en STSJ Extremadura, de 12 de mayo de 2005 (Rec. n.º 91/2005). Entre la doctrina, LORENZO DE MEMBIELA, J.B.: "Ejecución provisional de ..., op.cit., p. 103.

235 Un ejemplo en STSJ La Rioja, de 4 de diciembre de 2020 (Proc. n.º 1/2020).

236 Entre otras, SSTSJ Madrid, de 8 de junio de 2012 (Rec. n.º 2151/2012), Galicia, de 26 de junio de 2008 (Rec. n.º 2122/2008) y Comunidad Valenciana, de 29 de septiembre de 2004 (Rec. n.º 1806/2004). Con todo, la STS de 20 de octubre de 2015 (Rec. n.º 1412/2014) ha sostenido, muy críticamente, que la antigüedad a computar a efectos de determinar la indemnización por despido "no comprende el período transcurrido desde la sentencia de instancia hasta el auto que declara extinguida la relación laboral al no haber mediado prestación de servicios ni salarios por voluntad exclusiva del trabajador". Es decir, se excluye este período del cómputo de la indemnización toda vez que el trabajador no prestó servicios en la ejecución provisional por su voluntad. La sentencia, no obstante, cuenta con

puede barajarse para afirmar que cuando un trabajador no es readmitido provisionalmente ni se le abonan los salarios de tramitación durante la sustanciación del recurso, puede legítimamente pedirlos en la ejecución definitiva de la sentencia[237], pues son salarios que se le deben legalmente si la resolución del recurso es confirmatoria de la sentencia de instancia[238]. Y, en fin, al hilo de una hipotética sentencia confirmatoria, la jurisprudencia también se ha planteado cómo debería proceder el empresario a readmitir al trabajador en fase de ejecución definitiva si éste hubiese rechazado injustificadamente la readmisión ofrecida tras la sentencia de instancia en el trámite de ejecución provisional. Para estos casos, se ha dictaminado que la empresa ha de cumplir, con mayor razón si cabe, la obligación que le imponen las prevenciones contenidas en el art. 278 LJS, debiendo comunicar "por escrito al trabajador, dentro de los diez días siguientes a aquel en que se le notifique la sentencia, la fecha de su reincorporación"[239].

En cuanto a la reanudación de la prestación de servicios, obsérvese su carácter optativo. Es una obligación, como se dijo, potestativa para el empresario, que puede decidir libremente entre reconstruir

---

un voto particular discrepante que basa su argumentación contraria tanto en una interpretación restrictiva del art. 299 LJS como en lo que dispone el art. 281.2.b) LJS, esto es, en el hecho de que el periodo transcurrido desde la sentencia que declara la improcedencia del despido hasta el auto que declara extinguida la relación laboral, exista o no ejecución provisional, computará como tiempo de servicios a efectos del cálculo de la indemnización por despido improcedente.

237 Con el plazo de prescripción general de un año.

238 ATSJ Comunidad Valenciana, de 18 de noviembre de 1997 (Rec. n.º 170/1997). Esta solución no se aplica cuando la sentencia de instancia es revocada por la del órgano superior, pues habría desaparecido el título ejecutivo que sustentaría la pretensión. Así, CRUZ VILLALÓN, J.: "La ejecución provisional en el proceso laboral", en AA.VV.: *Ejecución de sentencia,* Francis Lefebre, Madrid, 2000, p. 79 y GÁRATE CASTRO, J.: *Los salarios de tramitación. Un estudio de …*, op.cit., p. 232. Este último autor también aplica la misma solución para el caso de que la sentencia del órgano superior anule la de instancia y la nueva dictada sea igualmente favorable al trabajador y no recurrida.

239 STS de 23 de julio de 2020 (Rec. n.º 1952/2018).

la relación laboral en su integridad o no hacerlo[240]. Eso sí, si decide reanudar la prestación de servicios, deberá efectuar el oportuno requerimiento al trabajador a través del trámite de ejecución provisional, entendiéndose que su inactividad en este sentido determinará que se haya optado únicamente por el abono del salario sin la oportuna contraprestación laboral. Ahora bien, una vez efectuada la elección, sea cual fuere ésta, no podrá ser alterada durante la sustanciación del recurso, si quiera sea ello sobre la base de la necesaria seguridad jurídica que debe mediar entre las partes[241].

Para el supuesto de un incumplimiento de esta carga (ya sea la no readmisión, la readmisión irregular o la falta de pago de los salarios), el trabajador podrá pedir que se exija al empresario su observancia por mor de lo señalado en el art. 298 LJS, es decir, a través de un trámite incidental en el que se decidirá lo que proceda, incluida la no prestación de servicios y el mantenimiento del abono del salario[242].

---

240 Por ello, la negativa del empresario a dar al trabajador ocupación efectiva, cuando éste insta la ejecución provisional, no constituye causa para que aquél pueda solicitar la extinción del contrato con la pertinente indemnización a tenor del art. 50.1.c) ET.

241 STSJ Asturias, de 10 de diciembre de 2019 (Rec. n.º 1815/2019) y, entre la doctrina, BLASCO PELLICER, A.: "La ejecución ..., op.cit., p. 2552. En sentido contrario, GÁRATE CASTRO, J.: *Los salarios de tramitación. Un estudio de* ..., op.cit., p. 240. Por el mismo motivo, el trabajador tampoco debería tener la oportunidad de alterar su decisión de no reincorporarse a la empresa tras el requerimiento empresarial. No obstante, en sentido contrario, STSJ País Vasco, de 11 de diciembre de 1992 (Rec. n.º 1165/1992).

242 No, por lo tanto, a través del cauce del art. 50 ET. Así, la STS de 19 de mayo de 1998 (Rec. n.º 4176/1997) expuso que "la vía del art. 50 no está abierta al trabajador que ha sido objeto de una readmisión irregular en fase de ejecución provisional, pues el ordenamiento ha previsto un cauce específico para estas situaciones en los arts. 295 y 296 de la LPL, y en concreto dice la citada sentencia, en relación con el régimen de acumulación obligatoria de las «acciones simultáneas de despido y de resolución del contrato por voluntad del trabajador» que el legislador impone en el art. 32 de la LPL. Este precepto trasluce la voluntad de la Ley de evitar todas las posibles interferencias a que puede dar lugar el curso paralelo de estas acciones, y dado que tal curso paralelo sería inevitable en el caso en litigio, puesto que una acción se encontraría en la fase de suplicación mientras que la otra en la fase de instancia, la única manera de atender a la finalidad de

Cuestión distinta es que, una vez efectuada convenientemente la readmisión, el trabajador pueda ser despedido una segunda vez, pero en base, claro está, a otros motivos u a otros incumplimientos laborales[243]. La fase de ejecución provisional no obstaría, por tanto, a que se iniciara otro proceso distinto en el que se sustanciara el despido posterior efectuado, en tanto que la relación laboral, con la readmisión provisional, se habría reconstituido plenamente[244].

Esto dicho, cabe plantearse otra cuestión y es si la negativa empresarial a la readmisión puede condenar al trabajador a la inactividad, a no poder emplearse en otra empresa hasta que concluya el trámite, y, al tiempo, a perder los salarios de sustanciación sobre la base de un hipotético enriquecimiento injusto. A mi modo de ver, ello no debería ser así por cuanto no parece lógico considerar que el mero hecho de que el empresario no de cumplimiento a su obligación —optativa— por la readmisión deba determinar el ostracismo laboral

---

la Ley de que todas las cuestiones sustantivas relacionadas con un mismo litigio de extinción del contrato de trabajo sean debatidas en un solo juicio es tratar las reclamaciones de no readmisión o readmisión irregular como incidentes a resolver por vía de ejecución de la sentencia ya dictada. En fin, la solución de encauzar las reclamaciones de no readmisión o readmisión irregular exclusivamente por la vía del incidente de ejecución provisional de sentencia no produce efectos perjudiciales en la esfera del trabajador puesto que en este trámite procesal, de acuerdo con el art. 296 de la LPL, «el Juez o Sala resolverá lo que proceda»; y la resolución procedente podrá ser, entre otras, la condena al abono de posibles salarios no pagados, o el propio reconocimiento en el tiempo de espera de la sentencia de suplicación del derecho a la percepción de retribución sin contraprestación de trabajo".

243 Para el caso de un despido objetivo acaecido durante la fase de ejecución provisional, se ha dictaminado que "los salarios de sustanciación objeto de la ejecución provisional solo pueden abarcar hasta dicha fecha, sin que puedan extenderse más allá de la misma, sin perjuicio del derecho de los actores a impugnar el nuevo despido y, caso de prosperar su impugnación, a los salarios de tramitación que se devenguen desde la fecha del nuevo despido, salarios que, en su caso, les serán reconocidos dentro del nuevo procedimiento de despido" (STS de 5 de julio de 2016, Rec. n.º 177/2015)

244 Leída *a sensu contrario* STSJ Islas Canarias, Las Palmas, de 14 de octubre de 2019 (Rec. n.º 738/2016). También SSTSJ Madrid, de 8 de junio de 2012 (Rec. n.º 2151/2012) y de 12 de julio de 2010 (Rec. n.º 1700/2010).

del trabajador. Toda vez que el pluriempleo está permitido en nuestro sistema de relaciones laborales, el trabajador, ante la negativa del empresario a que continue prestando servicios, podría lícitamente emplearse en una nueva ocupación y percibir un salario por ella. Es más, no creo que pueda aplicarse en estos casos lo previsto para los salarios de tramitación y la ocupación en un nuevo empleo. Ello llevaría a considerar que si el trabajador, durante el tiempo de la ejecución provisional, ha prestado servicios para otra empresa y ha cobrado la pertinente remuneración, no se habría generado perjuicio alguno que el primer empresario tuviera que compensar. Habría desaparecido el fundamento esencial que justificaría la existencia de la obligación de satisfacer el salario y, al desaparecer la causa que la justifica y genera, esta obligación no puede existir, al menos en la cuantía coincidente. Pero, como se ha adelantado, no considero que esta tesis sea la correcta. Y no lo considero así por varios motivos. El primero, el ya comentado del pluriempleo. El segundo se basa en la naturaleza salarial de la cuantía que se percibe en la ejecución provisional. Este monto no forma parte de los salarios de tramitación, por lo que mal puede aplicársele, incluso por analogía, una regla que está prevista para este tipo de contraprestaciones. Por otra parte, en fin, el mismo tenor literal del art. 299 LJS es lo suficientemente claro como para descartar este tipo de interpretaciones. El único motivo que determina la pérdida del salario durante la ejecución provisional es el incumplimiento injustificado del requerimiento empresarial de readmisión, no otro u otros distintos.

Ahora bien, ¿se podría aplicar idéntica solución en el supuesto de que fuera el trabajador el que se negase a dar cumplimiento a la orden de readmisión por haberse empleado en otra empresa? Sobre ello, se ha sostenido que, al igual que la mera voluntad del empresario no debería determinar la pérdida de los salarios en casos de pluriempleo en el período de la sustanciación del recurso, la mera voluntad del trabajador obstativa a seguir prestando servicios para la principal no debería ser título suficiente para emplearse, justo en ese momento, en una nueva ocupación. En estos supuestos, habiendo optado el empresario por dar cumplimiento, al menos provisional, a la readmisión, debería entenderse que se ha reconstituido plenamente la relación laboral con las obligaciones recíprocas para ambas partes de la relación[245]. Con todo, sin embargo, lo cierto es que el art. 299 LJS tan sólo determina la pérdida de los salarios, no la pérdida de la oportunidad de trabajar en otra empresa. Por ello, a mi modo de ver, en tales circunstancias en las que la ocupación en otra empresa puede considerarse causa justificativa suficiente para no atender al requerimiento del empresario ejecutado[246], es obligado tomar en consideración, para un mejor equilibro de los intereses contrapuestos, que deberán practicarse las deducciones oportunas para evitar la duplicidad de percepciones resultante de imponer el pago de los salarios de sustanciación y permitir al trabajador emplearse en otra ocupación que le proporcionará, igualmente, una retribución por el trabajo desempeñado.

Por lo demás, cabe cuestionarse acerca de las consecuencias que sobre una posible readmisión provisional tendría un supuesto de incapacidad temporal. Parece claro que, si esta situación es anterior a la opción por el empresario de readmitir provisionalmente, ésta no podría producirse hasta que aconteciera el alta del trabajador, pues el contrato estaría en estado latente, en suspenso. La prestación, en estos casos, correspondería seguir abonándola a la entidad gestora de la misma[247]. En el caso contrario de que la incapacidad se produjera durante la ejecución provisional, la solución, a mi modo de ver, sería distinta según el empresario hubiera optado por la readmisión o el abono del salario sin contraprestación. De optar por la readmisión, en tanto que la relación laboral estaría plenamente reconstruida, correspondería al empresario asumir el pago delegado de la prestación y, además, entiendo que estaría facultado para paralizar tanto la prestación de servicios como el abono de los salarios de sustanciación pues la IT, como se ha dicho ya, determina la suspensión de las obligaciones de ambas partes de la relación. No obstante, si únicamente se hubiera optado por dar cumplimiento a la obligación retributiva, entiendo que ésta, de nuevo, debería quedar paralizada

---

245 En esta línea, BLASCO PELLICER, A.: "La ejecución ..., op.cit., pp. 2550 y 2555.

246 Salvo que se hubiese pactado de dedicación exclusiva con la empresa ejecutada.

247 PLAZA, S.: *La ejecución provisional de sentencia en los procesos laborales por despido*, Tirant lo Blanch, Valencia, 2003, p. 336.

por el mismo argumento dado anteriormente y tendría que ser la entidad gestora la que tendría que efectuar el pago de la correspondiente prestación, toda vez que el trabajador no estaría prestando servicios efectivos en la empresa. [248]

La ejecución provisional, en otro orden de ideas, finalizará cuando exista sentencia firme que resuelva el recurso o cuando la sentencia de instancia sea revocada en fase de recurso. Así se deriva de la STS de 23 de septiembre de 1997 (Rec. n.º 29/1997) que sostiene que “la ejecución provisional no resultaba procedente porque la sentencia que se pretendía ejecutar había sido revocada y, aunque el pronunciamiento revocatorio no era firme, sí era definitivo y, como tal, eliminaba, al menos transitoriamente, el que de esta forma quería continuar ejecutándose cuando ya había perdido cualquier tipo de eficacia jurídica. No cabe ejecución provisional de algo que ya ni como provisional existe”. Por su parte, la STS de 5 de julio de 2016 (Rec. n.º 177/2015) recuerda que “la ejecución provisional es una ejecución condicional que, como regla, está sometida a la condición resolutoria de que el tribunal superior no revoque, en todo o en parte, la sentencia que se ejecuta”.

Ahora bien, lo anterior no supone que la sentencia que resuelve el recurso no produzca una serie de efectos. De este modo, si la decisión del órgano judicial elevase la cuantía de la indemnización, “el empresario, dentro de los cinco días siguientes al de su notificación, podrá cambiar el sentido de su opción y, en tal supuesto, la readmisión retrotraerá sus efectos económicos a la fecha en que tuvo lugar la primera elección, deduciéndose de las cantidades que por tal concepto se abonen las que, en su caso, hubiera percibido el trabajador en concepto de prestación por desempleo” (art. 111.1.a LJS). De ello se desprende con meridiana claridad que la opción hecha por la readmisión o la indemnización en la instancia se mantiene inalterable, es irrevocable, salvo que se haya optado por la indemnización y en suplicación se aumentase la cuantía indemnizatoria[249]. De igual forma hay que proceder, como ya se explicó, cuando siendo el despedido el

---

[248] De este parecer también BLASCO PELLICER, A.: “La ejecución ..., op.cit., p. 2551.

[249] STS de 20 de octubre de 2015 (Rec. n.º 1412/2014).

representante, éste hubiese optado por la indemnización y el órgano judicial superior hubiese disminuido la cuantía de la misma. En este supuesto, "el trabajador, dentro de los cinco días siguientes al de su notificación, podrá cambiar el sentido de su opción y, en tal caso, la readmisión retrotraerá a sus efectos económicos a la fecha en que tuvo lugar la primera elección, deduciéndose de las cantidades que por tal concepto se abonen las que, en su caso, hubiera percibido el trabajador en concepto de prestación por desempleo" (art. 112 LJS). No obstante, y en cualquiera de las hipótesis, si la sentencia del órgano superior revocase la de instancia declarando nulo el despido, la opción, cualquiera que fuera ésta, se tendrá por no hecha (arts. 111.2 y 112.2 LJS).

Por su parte, el art. 300 LJS se encarga de regular las consecuencias que la revocación de la sentencia favorable al trabajador ha de tener. Así, se preceptúa que "si la sentencia favorable al trabajador fuere revocada en todo o en parte, éste no vendrá obligado al reintegro de los salarios percibidos durante el período de ejecución provisional y conservará el derecho a que se le abonen los devengados durante la tramitación del recurso y que no hubiere aún percibido en la fecha de la firmeza de la sentencia". La vinculación del empresario recurrente a la ejecución provisional durante el tiempo de tramitación del recurso es, pues, absoluta, en el sentido de que los trabajadores tienen derecho, en todo caso, a los salarios devengados en ese período comprendido entre la sentencia de instancia y la de suplicación (o casación)[250]. Y no solamente cuando la sentencia de instancia sea revocada en todo o en parte, sino también cuando sea anulada o cuando se declare la incompetencia del orden social de la jurisdicción[251].

La revocación, en fin, también despliega sus efectos sobre los salarios de tramitación. De este modo, si se declara en la sentencia de suplicación la improcedencia del despido y la empresa opta por el pago de la indemnización, no procede una condena al abono de los

---

[250] Un ejemplo en STSJ Cantabria, de 17 de diciembre de 2004 (Rec. n.º 996/2004).

[251] STC 266/2000, de 13 de noviembre y STS de 6 de octubre de 1995 (Rec. n.º 1013/1995).

salarios de tramitación desde la fecha del despido hasta que se produjo la efectiva readmisión tras la declaración de nulidad del despido en primera instancia. Y ello porque los salarios de tramitación se anudan al parámetro electivo de la readmisión, que implica la continuidad en el vínculo laboral, y no al que decide la extinción de la relación desde la fecha del cese efectivo en el trabajo con abono de una indemnización[252]. Supuesto distinto sería que la sentencia que resuelve el recurso confirmara la sentencia recurrida, pues, de haber optado por la readmisión, el trabajador seguirá teniendo derecho al abono de los salarios de tramitación devengados desde la fecha de efectos del despido y hasta la notificación de la sentencia de improcedencia y, desde luego, a los devengados en el período de ejecución definitiva de la sentencia. Respecto de los salarios de sustanciación, se ha sostenido que no cabe en modo alguno su devolución, aunque sí su descuento de la liquidación final en fase de ejecución definitiva de la sentencia[253].

B) Ejecución definitiva

Los preceptos que reglamentan el régimen de la ejecución de las sentencias firmes de despido son los arts. 278 a 286 LJS[254]. Tales normas articulan una serie de consecuencias en orden a la no readmisión según sea el despido improcedente o nulo o quién sea el titular del derecho de opción, pero, como en el caso de la ejecución provisional, no serán objeto de estudio detallado en este epígrafe en tanto que no es momento ni lugar para ello. Lo que sí se acometerá es la explicación de todos aquellos aspectos que guarden estrecha relación con las materias estudiadas en esta monografía.

---

252 STS de 17 de octubre de 2023 (Rec. n.º 2423/2022).

253 BLASCO PELLICER, A.: "La ejecución ..., op.cit., p. 2565, GÁRATE CASTRO, J.: *Los salarios de tramitación. Un estudio de ...*, op.cit., p. 223 y LORENZO DE MEMBIELA, J.B.: "Ejecución provisional de ..., op.cit., p. 112.

254 Lo expuesto en ellas se aplica también para la ejecución de la conciliación (extrajudicial o judicial) cuando existe un acuerdo de readmisión y ésta no se ha producido o se ha acometido de forma irregular. Así, STS de 20 de marzo de 1998 (Rec. n.º 196/1997).

De esta forma y en línea de principio, señala el art. 278 LJS que "cuando el empresario haya optado por la readmisión deberá comunicar por escrito al trabajador, dentro de los diez días siguientes a aquel en que se le notifique la sentencia, la fecha de su reincorporación al trabajo, para efectuarla en un plazo no inferior a los tres días siguientes al de la recepción del escrito"[255]. Adicionalmente, apunta también la norma que "serán de cuenta del empresario los salarios devengados desde la fecha de notificación de la sentencia que por primera vez declare la improcedencia hasta aquella en la que tenga lugar la readmisión, salvo que, por causa imputable al trabajador, no se hubiera podido realizar en el plazo señalado". Se trata con ello de forzar en cierta forma la readmisión, toda vez que, mientras que no se acometa, se estarán devengando salarios de tramitación.

Por lo que atañe a los plazos reseñados, tanto el de diez días como el de tres son plazos procesales en los que no se computan los sábados, domingos y festivos[256]. En concreto, en cuanto al plazo de diez días, se ha considerado que es éste un "término fatal", perentorio e improrrogable, de tal modo que, una vez transcurrido, ya no se podrá efectuar por el empresario la comunicación de la readmisión. En este sentido, se ha considerado que el no establecimiento de una duración limitada para el cumplimiento de la obligación de comunicación supondría entender que "se prologaría lo antijurídico, el acto ilícito del despido improcedente en perjuicio de los derechos del trabajador"[257]. Por el mismo motivo, el plazo no podrá ser objeto de interrupción ni estará condicionado por las variables fácticas que

---

255 Por lo tanto, no es obligación del trabajador solicitar en este momento la readmisión. Así, STSJ Madrid, de 6 de junio de 2007 (Rec. n.º 1088/2007). Por lo demás, sobre la anticipación del derecho de opción previsto en el art. 110.1.a) LJS, véase apartado III.1.C.

256 Por todas, STS de 19 de enero de 2016 (Rec. n.º 2062/2014). Sobre la habilidad del mes de agosto se ha pronunciado la doctrina considerando de aplicación la regla contenida al efecto para los despidos. Así, por todos, OLARTE MADERO, F. y ALEGRE NUENO, M.: "La ejecución especial de despido", en AA.VV.: *El proceso laboral. Ley* ..., op.cit., p. 2344. También, en el mismo sentido, la jurisprudencia. Por todas, STS de 26 de octubre de 2004 (Rec. n.º 4529/2003).

257 STS de 23 de noviembre de 1998 (Rec. n.º 634/1998).

pueden acontecer en la empresa[258]. Por lo demás y como se observa, no impone la norma, más allá de la comunicación escrita en un determinado plazo, una forma concreta para que el empresario señale la fecha de la reincorporación, pero, ello no obstante, del tenor literal del precepto se infiere que la finalidad no es otra que la de que el trabajador pueda conocer el propósito de la empresa de readmitirle en su puesto de trabajo en las mismas condiciones que tenía con anterioridad al despido y la fecha que señala para la reincorporación, correspondiendo a aquélla asegurarse de que el interesado ha tenido conocimiento efectivo de dicha fecha[259].

Ahora bien, la readmisión puede no producirse o producirse forma irregular[260]. En ambos casos, al trabajador[261] le compete solicitar la ejecución del fallo a través del incidente de no readmisión (art. 279.1 LJS) dentro de los veinte días siguientes (plazo de prescripción) a “la fecha señalada para proceder a la readmisión cuando ésta no se hubiere efectuado”, a “aquél en el que expire el plazo de los diez días para efectuar la comunicación al trabajador cuando no se hubiera señalado fecha para reanudar la prestación laboral” o a “la fecha en la que la readmisión tuvo lugar cuando ésta se considerase irregular”[262]. No obstante, y en todo caso, la acción también se podrá

---

258 Ibidem.

259 STSJ Extremadura, de 13 de octubre de 2011 (Rec. n.º 389/2011).

260 Véase al respecto apartado III.2. Ello en el bien entendido de que, si el trabajador no se reincorpora, sus ausencias, injustificadas, podrán constituir causa de despido. Así, un par de ejemplos en SSTSJ Murcia, de 15 de octubre de 2007 (Rec. n.º 1013/2007) y Madrid, de 7 de febrero de 2006 (Rec. n.º 6257/2005). Este despido, sin embargo, no podrá proceder si el trabajador ha recurrido el alta médica, entiende que no está en condiciones de trabajar, pero se pone a disposición de la empresa para que se le efectúen todos los reconocimientos que se consideren convenientes. Así, STSJ Madrid, de 22 de abril de 2009 (Rec. n.º 1265/2009).

261 Conviene recordar que, aunque la legitimación activa normalmente recaerá sobre el trabajador, el empresario también puede solicitar la ejecución del fallo a fin de conseguir que no se alarguen los plazos y pueda convertir la obligación de readmisión en una indemnización (STC 61/1992, de 23 de abril).

262 Cuando el trabajador se encuentra en situación de incapacidad temporal, el cómputo de los plazos se inicia a partir del momento en que sea dado

ejercitar dentro de los tres meses siguientes a la firmeza de la sentencia, pero ello con una penalización para el trabajador no diligente: la pérdida de "los salarios correspondientes a los días transcurridos entre el último de cada uno de los plazos [anteriormente señalados] y aquél en el que se solicite la ejecución del fallo" (art. 279.2 LJS)[263]. Con todo, esta pérdida de los salarios sólo acontecerá en caso de no readmisión, no en el supuesto de readmisión irregular, pues aquí el trabajador continúa prestando sus servicios y la falta de remuneración supondría un enriquecimiento injusto del empresario[264].

Instada la ejecución del fallo y oídas convenientemente a las partes (art. 280 LJS), el juez dictará auto, en el plazo de tres días, en el que declarará extinguida la relación laboral a la fecha de dicha resolución[265], acordará el pago de las percepciones económicas previstas en los apartados 1 y 2 del art. 56 ET (indemnización y salarios de tramitación desde la fecha del despido hasta la de la notificación de la sentencia[266]) y condenará al empresario al abono de los salarios dejados de percibir desde la fecha de la notificación de la sentencia que por primera vez declare la improcedencia hasta la de la mencionada resolución. Por lo que atañe, pues, a los salarios de tramitación, éstos se totalizan en la ejecución definitiva, de tal modo que corresponde abonarlos desde la fecha del despido hasta la fecha del auto extintivo

---

médicamente de alta para el trabajo pues antes no le era posible incorporarse a él. Así, STS de 18 de octubre de 2000 (Rec. n.º 272/2000).

263 STS de 16 de noviembre de 2016 (Rec. n.º 1596/2015).

264 Sobre ello, OLARTE MADERO, F. y ALEGRE NUENO, M.: "La ejecución ..., op.cit., p. 2342 y GÁRATE CASTRO, J.: *Los salarios de tramitación. Un estudio de* ..., op.cit., p. 210.

265 Lo que no procede, en caso de dimisión del trabajador, es que el auto declare correcta la readmisión y, a la vez, la extinción de la relación laboral. Así, STC 73/1991, de 8 de abril y, entre la doctrina, GÁRATE CASTRO, J.: *Los salarios de tramitación. Un estudio de* ..., op.cit., p. 212.

266 Sobre la necesidad de que sea el trámite de ejecución de sentencia el adecuado para determinar los salarios de tramitación cuando no se ha fijado su cuantía en la sentencia que por primera vez declara la improcedencia, véase apartado III.3.B.

de la relación[267] y ello aunque se hubiesen producido retrasos o suspensiones en el incidente por causas no imputables al trabajador[268].

Y a todo ello, en fin, se podrá añadir, según lo estime el juzgador "en atención a las circunstancias concurrentes y a los perjuicios ocasionados por la no readmisión o por la readmisión irregular", una "indemnización adicional de hasta quince días de salario por año de servicio y un máximo de doce mensualidades", prorrateándose tanto para esta indemnización como para la principal y los salarios de tramitación inicialmente devengados "los periodos de tiempo inferiores a un año", computándose "como tiempo de servicio el transcurrido hasta la fecha del auto" (art. 281.2 LJS). La imposición de esta peculiar indemnización adicional exige que la misma sea pedida por la parte ejecutante, a quien incumbe acreditar los perjuicios alegados; perjuicios que deberán ser distintos de los estrictamente imputables a la extinción contractual. Su cuantía puede ser objeto de modulación hasta el máximo que prevé la norma en función de los perjuicios causados y, también, de la culpa del deudor[269].

---

267 Sobre el devengo de intereses moratorios procesales, vid. STS de 21 de julio de 2009 (Rec. n.º 1767/2008) y apartado III.3.B. Estos salarios, por lo demás, deben abonarse incluso aunque el trabajador haya accedido a la jubilación pues ello no exime a la empresa de la obligación de readmisión, no siendo incompatibles con la prestación. Sobre ello, STS de 4 de marzo de 2014 (Rec. n.º 3069/2012) y STSJ Cataluña, de 28 de julio de 2022 (Rec. n.º 2302/2022) y apartado IV.1. Recuérdese, por lo demás, que de estos salarios habrá que deducir determinadas cantidades, como las ya abonadas en la ejecución provisional (apartado III.5.A) o las percibidas en otro empleo (apartado III.3.B) y habrá que descontar el período de tiempo en el que contrato hubiese estado suspendido por alguna de las causas que habilitan para ello (apartado III.3.C.a)

268 STSJ Extremadura, de 15 de septiembre de 2005 (Rec. n.º 400/2005).

269 STS de 18 de enero de 2017 (Rec. n.º 108/2016). Matiza esta sentencia que "la indemnización adicional no puede imponerse por la simple omisión o por el irregular cumplimiento del fallo, sino que exige una incidencia dañosa para el trabajador que no puede ser, exclusivamente, la derivada de la extinción de la relación laboral que es la que determina la indemnización principal. De ello se sigue que la responsabilidad económica adicional dependa, entre otros factores, del grado de culpabilidad empresarial en el incumplimiento. La valoración separada de los daños que pude haber sufrido el trabajador ampara la existencia de dos posibles indemnizaciones a

No obstante, conviene advertir que, no habiendo instado la ejecución en el plazo de veinte días y superados los tres meses, el trabajador perderá el derecho a recibir la indemnización sustitutiva de la readmisión, los salarios desde la notificación de la sentencia y el autor resolutorio y la posible indemnización adicional. Lo que no obsta para que pueda solicitar ejecución por los salarios de tramitación devengados hasta la notificación de la sentencia de instancia ya que, en este caso, se podrán reclamar dentro del plazo general de un año para el cumplimiento de la obligación de entregar sumas de dinero (art. 243.2 LJS). [270]

A la condena del auto que resuelve el incidente de no readmisión también se puede llegar cuando resulte imposible la readmisión "por cese o cierre de la empresa obligada o cualquier otra causa de imposibilidad material o legal" (art. 286 LJS). En estos casos, el juez "dictará auto en el que declarará extinguida la relación laboral en la fecha de dicha resolución y acordará se abonen al trabajador las indemnizaciones[271] y los salarios dejados de percibir [señalados anteriormente]"[272]. Se configura en estos supuestos una suerte de responsabilidad objetiva empresarial[273] que lleva a transformar la

---

abonar por el ejecutado: la que compensa la extinción del contrato —legalmente tasada— y la que está llamada a compensar otros daños y perjuicios cuya imposición deberá ser solicitada por la parte que los ha sufrido y que, consecuentemente, deberá acreditar su existencia".

270 Entre otras, SSTS de 15 de septiembre de 2016 (Rec. n.º 3212/2014), de 24 de febrero de 2015 (Rec. 169/2014) y de 10 de junio de 2014 (Rec. n.º 1409/2013) y STSJ Andalucía, Sevilla, de 14 de julio de 2022 (Rec. n.º 3055/2020). Y, entre la doctrina, GÁRATE CASTRO, J.: *Los salarios de tramitación. Un estudio de …*, op.cit., p. 202. Por lo demás, debe tenerse en cuenta que en ejecución de sentencia no puede reclamarse por el empresario el reintegro de salarios de tramitación indebidos (STSJ Cataluña, de 26 de septiembre de 2003, Rec. n.º 3639/2003).

271 Indemnización calculada a la fecha del despido y no a la de la sentencia. Vid., al respecto, STS de 11 de noviembre de 2022 (Rec. n.º 4708/2019).

272 Sobre la relación de este precepto con el art. 110.1.b) LJS, véase apartado III.1.C. Y sobre su aplicación para el caso de las extinciones de contrato de trabajadores extranjeros sin autorización de residencia y trabajo, véase apartado IV.3.

273 GÁRATE CASTRO, J.: *Los salarios de tramitación. Un estudio de …*, op.cit., p. 217.

obligación de readmisión en una obligación dineraria habida cuenta de la imposibilidad de satisfacer la primera por diversas circunstancias. Circunstancias, por cierto, que se redactan de forma amplia, comprensibles de cualquier situación que, *de facto*, determine la imposibilidad de la readmisión[274], y que habrán de ser oportunamente probadas en el trámite incidental por quien las alegue. Quien legisla, por lo tanto, ha querido con este precepto que se conjure el peligro de conducir al trabajador ejecutante a una situación verdaderamente sin salida, puesto que, en el supuesto específico de cierre o cese de la empresa, es previsible que no haya bienes susceptibles de embargo que permitan percibir las cantidades dinerarias correspondientes, amén de que, mientras no se declare formalmente la extinción, el trabajador no podrá acceder a las prestaciones por desempleo[275].

La sentencia, en fin, podrá ejecutarse en sus propios términos cuando el despido haya sido declarado nulo en la instancia y cuando el trabajador despedido sea delegado de personal, miembro del comité de empresa o delegado sindical y, declarada la improcedencia del despido, haya optado por la readmisión (art. 282.1 LJS)[276]. En estos casos, una vez solicitada la readmisión, el juez "dictará auto conteniendo la orden general de ejecución y despachando la misma, y acordará requerir al empresario para que reponga al trabajador en su puesto en el plazo de tres días, sin perjuicio de que adopte, a instancia de parte, las medidas que dispone el artículo 284" (art. 282.2 LJS). Es de resaltar el silencio de la norma en lo que atañe a una posible comunicación escrita del empresario o al plazo para efectuarla, como ocurre con la ejecución definitiva ordinaria, así que es posible

---

274 Véase apartado III.2.

275 FERNÁNDEZ LÓPEZ, Mª. Fª.: "La ejecución forzosa de las sentencias dictadas en los procesos por despido", en *Relaciones Laborales*, T.II, 1991, p. 42.

276 Por razones de coherencia sistemática entre normas, cabe entender que también procederá la ejecución en sus propios términos cuando la opción por la readmisión la haya efectuado el trabajador que no es representante en atención de la facultad que le pueda conferir el convenio colectivo de aplicación o, incluso —se añade— el pacto individual. Sobre ello, GÁRATE CASTRO, J.: *Los salarios de tramitación. Un estudio de …*, op.cit., pp. 214 y 215, si bien este autor niega que la atribución al trabajador del derecho de opción pueda conducir a la ejecución definitiva de la sentencia.

tanto sostener que el mutismo de la norma es deliberado para que la readmisión se produzca en el día de notificación de la sentencia (acorde ello con el régimen especial de despido previsto para los representantes y, de igual modo, con la especial singularidad de los motivos que conducen a la nulidad del despido), como considerar la aplicación analógica del art. 278 LJS. También silencia la norma el plazo en el que debe solicitar el trabajador la readmisión, como así se hace para la ejecución ordinaria con lo prescrito en el art. 279 LJS. Así que, otra vez, se abren dos vías interpretativas. La primera consistente en aplicar por analogía lo previsto en el precepto indicado. La segunda que supondría fijar el plazo de la solicitud en los veinte días de la acción por despido por mor del art. 243.1 LJS, pero considerando dicho plazo de prescripción precisamente por lo que dispone tal precepto. A mi modo de ver, son correctas las opiniones que niegan la aplicación analógica de los artículos destinados a reglamentar la ejecución ordinaria en tanto que están diseñados para articular el modo de proceder del empresario, titular ordinario del derecho de opción[277]. En consecuencia, la readmisión habrá de producirse de forma inmediata, sin solución de continuidad a la sentencia, y la solicitud del trabajador podrá producirse en el plazo de prescripción de veinte días. Con todo, también se ha mantenido una postura ecléctica, según la cual el plazo de tres meses se considera igualmente aplicable como plazo de prescripción general[278].

Ahora bien, si, a pesar de todo, el empresario no readmitiera o lo hiciera de forma irregular, el trabajador podrá solicitar "la ejecución regular del fallo dentro de los veinte días siguientes al tercero que como plazo máximo tiene para la reincorporación". Una vez oídas a las partes en comparecencia de acuerdo a lo que disponen los arts. 280 y 281.1 LJS, el juez dictará auto en el que, si estima la pretensión del trabajador, "ordenará reponer al trabajador a su puesto dentro de los cinco días siguientes a la fecha de dicha resolución, apercibiendo al empresario que, de no proceder a la reposición o de no

---

277 Así, BLASCO PELLICER, A.: "Artículo 282. Ejecución del fallo de la sentencia", en AA.VV.: *Comentarios a la Ley Reguladora de la Jurisdicción Social*, Tirant lo Blanch, Valencia, 2023, p. 1799. En sentido contrario, OLARTE MADERO, F. y ALEGRE NUENO, M.: "La ejecución ..., op.cit., p. 2388.

278 STS de 15 de septiembre de 2016 (Rec. n.º 3212/2014).

hacerlo en debida forma, se adoptarán las medidas que establece el artículo siguiente" (art. 283 LJS). Nada se dice sobre la condena al pago de los salarios dejados de percibir hasta la fecha del auto; no obstante, ello no es óbice para entender que de igual modo procedería si el empresario también hubiera incumplido la obligación de abonarlos[279].

Por lo demás, las medidas que el art. 284 LJS instaura para forzar la readmisión son que el trabajador "continúe percibiendo su salario con la misma periodicidad y cuantía que la declarada en la sentencia, con los incrementos que por vía de convenio colectivo o mediante norma estatal se produzcan hasta la fecha de la readmisión en debida forma"[280], que continúe "en alta y con cotización en la Seguridad Social, lo que pondrá en conocimiento de la entidad gestora o servicio común a los efectos procedentes" y que "el delegado de personal, miembro del comité de empresa o delegado sindical continúe desarrollando, en el seno de la empresa, las funciones y actividades propias de su cargo, advirtiendo al empresario que, de impedir u oponer algún obstáculo a dicho ejercicio, se pondrán los hechos en conocimiento de la autoridad laboral a los efectos de sancionar su conducta de acuerdo con lo que dispone el Texto Refundido de la Ley sobre infracciones y sanciones en el orden social, aprobada por el Real Decreto Legislativo 5/2000, de 4 de agosto". Estas medidas no necesariamente habrán de aplicarse en todos los supuestos de ejecución de la sentencia firme. Antes al contrario, pues el juez, oídas las partes para garantizar el derecho de defensa, deberá entrar a valorar

---

279 BLASCO PELLICER, A.: "Artículo 282. Ejecución del ..., op.cit., p. 1804.

280 A tal fin —señala la norma— "cumplimentará la autorización contenida en el auto despachando ejecución en tantas ocasiones como fuese necesario, por una cantidad equivalente a seis meses de salario, haciéndose efectivas al trabajador con cargo a la misma las retribuciones que fueran venciendo, hasta que, una vez efectuada la readmisión en forma regular, acuerde la devolución al empresario del saldo existente en esa fecha". Por lo que atañe a los incrementos salariales, se ha defendido que éstos puedan derivar tanto de normas legales y convencionales, como del acuerdo de empresa o del propio contrato. Así, LORENZO DE MEMBIELA, J.B.: "El incumplimiento empresarial de la readmisión en la ejecución del despido: las medidas coactivas del art. 282 de la Ley de Procedimiento Laboral", en *Información Laboral,* n.º 4, 2001, p. 10.

las circunstancias concurrentes para llegar (o no) al convencimiento que, de no imponerlas, se pone en peligro la efectividad de la readmisión o se causan al trabajador perjuicios de difícil reparación.

IV. Problemáticas específicas

1. LA READMISIÓN Y LOS SALARIOS DE TRAMITACIÓN EN CASO DE VICISITUDES ACAECIDAS SOBRE LA PERSONA TRABAJADORA Y POR CIRCUNSTANCIAS DEL CONTRATO

Puede suceder que la readmisión no pueda tener lugar por la concurrencia de determinados hechos impeditivos relacionados con la persona trabajadora y no imputables a ella. Tradicionalmente, se han identificado estos hechos con la muerte y la incapacidad permanente sobrevenida y, al respecto, es común admitir, aplicando lo dispuesto en el art. 286 LJS y en el art. 282.1.b LJS en conexión con el art. 1134 CC, que el único término admisible de condena no es ya la opción que con carácter general contempla el art. 56.1 ET, sino que ha de imponerse al empresario la única obligación que resulta factible, la de indemnizar en los términos legales al trabajador despedido[281] o,

---

281 Al respecto, se ha considerado que "cuando desaparece un término de la obligación alternativa establecida en el art. 56 ET por no ser posible la readmisión del trabajador, en tal caso debe aplicarse el art. 1134 del Código Civil, manteniéndose la obligación del empresario de cumplir el otro miembro de la obligación alternativa, es decir, la indemnización y ello porque los perjuicios causados por despido improcedente no son sólo los materiales (pérdida de salario y puesto de trabajo), sino otros de naturaleza inmaterial (pérdida de oportunidad de ejercitar la actividad profesional, de prestigio e imagen en el mercado de trabajo) que deben ser indemnizados". Además, "la construcción de la responsabilidad derivada del despido deberá cohonestar el marco general establecido por el Código Civil en sus artículos 1101 al 1136 con las especialidades derivadas del Estatuto de los Trabajadores a propósito de la extinción del contrato de trabajo a consecuencia del despido. El artículo 1101 del Código Civil establece el principio general de responsabilidad en el ámbito de las obligaciones y siendo la injusta extinción de una relación laboral, lo que priva a una de las partes, el trabajador, del trabajo reconocido como deber-derecho ciudadano al amparo del artículo 35 de la Constitución Española, tal decisión voluntariamente adoptada por el empresario deberá comportar responsabilidad para éste y una peculiaridad del ordenamiento laboral como es la de conferir al

en caso de fallecimiento, a sus herederos[282]. Idéntica solución se ha aplicado a los supuestos en el que contrato se extingue porque la empresa pone en juego causas de tipo económico, organizativo, técnico o productivo[283] o porque, siendo temporal, ha expirado su plazo antes de la sentencia que declara la improcedencia (o nulidad)[284].

Ahora bien, conviene hacer aquí algunas puntualizaciones. Así, en línea de principio, por lo que respecta al supuesto en que el contrato temporal se extingue válidamente con anterioridad a la celebración del juicio y en fecha posterior al despido, se ha entendido que la condena pecuniaria queda circunscrita a la indemnización por despido calculada a la fecha del mismo. Se excluyen, pues, los salarios de tramitación en la medida en que, con las previsiones normativas actuales, tales salarios sólo están previstos, en el supuesto de despido improcedente, para el caso de que se produzca la opción por

---

deudor, empresario, la posibilidad de opción entre las dos obligaciones, no puede, por lógica, cerrar el camino a la solución iuscivilista establecida en aras de la protección del acreedor, pues lo contrario supondría dejar a éste indefenso, en un medio como el laboral orientado a la tuición del trabajador". Por todas, SSTS de 27 de diciembre de 2013 (Rec. n.º 3034/2012), de 28 de enero de 2013 (Rec. n.º 149/2012), de 23 de julio de 2009 (Rec. n.º 1187/2008), de 13 de mayo de 2003 (Rec. n.º 813/2002), de 19 de septiembre de 2000 (Rec. n.º 3904/1999) y de 29 de enero de 1997 (Rec. n.º 3461/1995).

282 STS de 13 de febrero de 2019 (Rec. n.º 705/2017).

283 STS de 24 de junio de 2014 (Rec. n.º 217/2013), seguida por STS de 8 de julio de 2014 (Rec. n.º 2693/2013).

284 Como matiza la STS de 13 de febrero de 2019 (Rec. n.º 705/2017), "aun cuando el art 282.1.b) LJS establece que la sentencia se ejecutará en sus propios términos cuando declare la nulidad del despido, la propia ley procesal prevé la posibilidad de la imposibilidad de esa ejecución *in natura*, cuando en su art. 286 dispone los efectos de la imposibilidad acreditada de readmisión; y lo hace sin distinguir entre los casos en que la readmisión sea la consecuencia de la opción del empresario, del propio trabajador o la única obligación a la que condena la sentencia firme. (...) De ahí que no resulte justificado discernir entre los casos en que la sentencia declara el despido nulo de aquéllos en que se califica de improcedente, porque la controversia no arranca en relación a la citada calificación, sino respecto de la imposibilidad del cumplimiento de la obligación que la calificación de ilicitud ha definido ya de modo inalterable —por nulidad o por improcedencia optando por la readmisión—".

la readmisión, lo que, en casos como el descrito, resulta inviable ya que el contrato se extingue llegado el momento por causa lícita[285]. Conclusión ésta que, por su evidente similitud, también habría que entender aplicable cuando el trabajador, antes de la sentencia, fallece o es declarado en incapacidad permanente total, aunque aquí con una salvedad que después se comentará.

Por lo que atañe, además, a la situación de incapacidad permanente, ha sido tradicional señalar, como se ha comentado, que la declaración de IPT, ya fuera en vía administrativa o judicial[286], posterior al despido (es decir, entre la decisión extintiva y la condena a la opción)[287] hace inviable la posibilidad de readmitir por encontrarse rota la relación laboral *ex* art. 49.1.e) ET al dictarse la sentencia, lo que implica que la única obligación que resulta factible es la de indemnizar en los términos legales por ser la única que es posible llevar a término[288]. Ello, evidentemente, siempre que no opere la causa de suspensión del contrato del art. 48.2 ET por posible revisión por mejoría. En efecto, el art. 7.1 RD 1300/1995, de 21 de julio, por el que se desarrolla, en materia de incapacidades del sistema de la Seguridad Social, la Ley 42/1994, de 30 de diciembre, de medidas, fiscales,

---

285 STS de 10 de enero de 2023 (Rec. n.º 3770/2021).

286 En el supuesto de que la declaración de incapacidad retrotrayera sus efectos a una fecha anterior al despido, se ha concluido que, cuando dos efectos extintivos (despido y declaración de IPT) se solapan en una misma dimensión temporal, la fecha a la que hay que estar es a la de la propia declaración. Así, STS de 4 de mayo de 2005 (Rec. n.º 1899/2004).

287 Situaciones asimilables serían la del trabajador en incapacidad temporal prorrogada y que luego es declarado en situación de incapacidad total (STS de 20 de diciembre de 2022, Rec. n.º 2977/2021) y la del trabajador que fue dado de baja por la empresa cuando agota el período máximo de IT y, con posterioridad, pero antes de la sentencia, es declarado en situación de incapacidad permanente total (STS de 23 de febrero de 2016, Rec. n.º 2271/2014). Examinando un supuesto en el que existiendo un despido improcedente ha de declararse extinguida la relación laboral con derecho a la indemnización, cuando el empresario anticipó previamente su opción por la readmisión y el trabajador es declarado en situación de IPT, STS de 11 de noviembre de 2022 (Rec. n.º 4708/2019).

288 Entre otras muchas, SSTS de 11 de noviembre de 2022 (Rec. n.º 4708/2019), de 13 de marzo de 2018 (Rec. n.º 1543/2016), de 23 de febrero de 2016 (Rec. n.º 2271/2014) y de 28 de enero de 2013 (Rec. n.º 149/2012),

administrativas y de orden social, concreta que la subsistencia de la relación laboral del art. 48.2 ET sólo procederá cuando en la resolución del reconocimiento de invalidez se haga constar un plazo para poder instar la revisión por previsible mejoría del estado invalidante del interesado igual o inferior a dos años. En este supuesto, señala, por su parte, el art. 7.2 del Real Decreto 1300/1995, que se ha de dar traslado al empresario afectado de la resolución del INSS.

Pero, de no hacerse constar en la resolución dicha previsión de mejoría, la IPT operará como causa de extinción contractual. Ahora bien, se abren dos preguntas a continuación. La primera: ¿es para ello preciso que la declaración de IPT sea firme? Y la segunda: ¿es la extinción automática o precisa de alguna comunicación formal por parte del empresario? Ambos interrogantes han sido planteados en sede judicial y han tenido respuesta por parte del Tribunal Supremo. Así, respecto de la primera pregunta, había sido doctrina unánime considerar que la declaración de incapacidad debía ser firme para que la empresa pudiera obtener el necesario sostén sobre el que afianzar su decisión extintiva. Y ello porque la extinción del contrato con base a una declaración no firme de invalidez permanente podría producir efectos irreparables, ya que, si ésta es revocada en vía administrativa o judicial en el sentido de reconocer el grado de incapacidad parcial o que ésta no existe, el trabajador podría quedar sin la pensión y sin derecho a su puesto de trabajo pues el contrato ya habría sido extinguido[289]. No obstante, a esta tesis parece —y obsérvese la utilización del verbo— haber puesto fin el Alto Tribunal en su sentencia de 3 de febrero de 2021 (Rec. n.º 998/2018), pues en ella se apoya en lo preceptuado en el art. 6.4 RD 1300/1995 (que reconoce que las resoluciones administrativas de los Directores provinciales del INSS son "inmediatamente ejecutivas") para dictaminar que, al menos, para combatir la extinción del contrato por causa de inca-

---

289 STS de 11 de mayo de 1994 (Rec. n.º 3082/1993), entre otras. Por su parte, COSTA REYES, A.: "Despido ilícito e imposibilidad de readmisión sobrevenida por la declaración de incapacidad permanente", en *Trabajo y Derecho*, n.º 47, 2018, p. 40, equipara a la firmeza la situación en la que la impugnación afecta aspectos que no modifican la existencia de la incapacidad.

pacidad el trabajador debe haber recurrido la resolución[290]. Ciertamente, el Tribunal no se pronuncia en términos categóricos, pero lo cierto es que deja entrever la tesis de que el trabajador afectado por el despido tiene que, como mínimo, desplegar alguna actuación que evidencie su voluntad de oponerse a la declaración de IPT. Si la lectura de la resolución es correcta, parece un claro retroceso con respecto a la situación anterior, en la que, evidentemente, se ofrecía una mayor seguridad jurídica al trabajador y a la empresa.

También ha sido resuelta por la sentencia arriba citada la segunda pregunta antes planteada, si la extinción contractual es automática o precisa de alguna comunicación formal por parte del empresario. En el supuesto enjuiciado, se trataba de apuntalar una posible improcedencia del despido efectuado sobre la base de que la empresa no había notificado por escrito su decisión extintiva con base en la IPT. Pues bien, aquí el Tribunal es más tajante y sostiene sin medias tintas que la extinción del contrato por incapacidad permanente total es automática, inmediatamente ejecutiva, sin necesidad si quiera de comunicación formal por parte de la empresa, no resultando aplicable ni lo dispuesto en el art. 55 ET ni lo previsto en el art. 49.2 ET sobre la obligación de preavisar. Y, es más, sin que a todo ello obste la posibilidad de compatibilizar el trabajo con la IPT, porque tal hecho, al decir del Tribunal, no obliga a la empresa a ofrecer una novación del contrato que precisa de un acuerdo previo o de una imposición vía convenio colectivo.

Este favor por la extinción automática del contrato con base en la IPT es, sin embargo, fácilmente criticable de sólo tener en cuenta un hecho incontestable: este tipo de incapacidad es compatible con el trabajo, incluso en la misma empresa, pero desarrollando funciones distintas que no coincidan con las que dieron origen a la situación de IPT (art. 198.1 LGSS). Es más, incluso la Incapacidad Permanente

---

290 Expresamente se apunta que "no consta que en el presente caso la resolución del INSS declaratoria de la incapacidad permanente total de la trabajadora fuera recurrida por esta, lo que tampoco alegó la propia trabajadora, quien se limitó a afirmar en su recurso de suplicación que la resolución no era firme en el momento en que la empresa le dio de baja en la Seguridad Social".

Absoluta y la Gran Invalidez no cercenan la capacidad de trabajar del afectado, pues, como señala esta vez el art. 198.2 LGSS, ni una ni otra incapacidad impiden, *per se*, "el ejercicio de actividades, sean o no lucrativas, compatibles con el estado del incapacitado y que no representen un cambio en su capacidad de trabajo a efectos de revisión"[291]. Y si ello es así, mal se cohonesta esto con la afirmación categórica de que queda rota la relación laboral desde el mismo momento en que se declara la incapacidad en cualquiera de sus grados; e, incluso, mal se cohonesta con las disposiciones de la Ley 15/2022, de 12 de julio, integral para la igualdad de trato y la no discriminación que declaran nulo el despido acaecido por, entre otras cuestiones, discapacidad, enfermedad o condición de salud (art. 26, puesto en relación con el art. 2.1 y 2.3 de la misma norma). *Ergo*, si se entiende, por estos argumentos, que la relación no queda rota, no existiría ya impedimento alguno para negar la posibilidad de readmisión del trabajador.

Precisamente estas ideas, la de que la declaración de IPT no debe operar como causa automática de extinción del contrato de trabajo y la de que ello puede suponer una discriminación por enfermedad, han sido defendidas recientemente por la STJUE de 18 de enero de 2024 (asunto Ca Na Negreta); una resolución que, de manera indudable, tiene una gran trascendencia práctica por suponer un vuelco a las tesis tradicionales que manejaba el Tribunal Supremo. De esta forma, el Tribunal contesta a las dos cuestiones prejudiciales que se le habían planteado y que, básicamente, suponían entrar a considerar si se oponía al art. 5 Directiva 2000/78/CE del Consejo, de 27 de noviembre de 2000, relativa al establecimiento de un marco general para la igualdad de trato en el empleo y la ocupación la aplicación de una norma nacional que contemple como causa automática de extinción del contrato de trabajo la discapacidad del trabajador (al ser declarado en situación de incapacidad permanente y total para

---

291 Ya apuntado ello en sentencias como la STS de 30 de enero de 2008 (Rec. n.º 480/2007). Con todo, es de advertir que esta doctrina ha sido convenientemente matizada por la STS de 11 de abril de 2024 (Rec. n.º 197/2023) que declara la compatibilidad de la IPA o Gran Invalidez con el trabajo, aunque únicamente para aquellas actividades que se puedan catalogar como de esporádicas o marginales que no den lugar a su inclusión en la Seguridad Social.

su profesión habitual, sin previsión de mejoría), sin previo condicionamiento al cumplimiento por parte de la empresa del mandato de adoptar ajustes razonables al que obliga el referido precepto europeo o sin justificar la carga excesiva de tal obligación.

Pues bien, la respuesta se muestra indubitada. Efectivamente, la norma nacional se opone a la europea y constituye, además, una discriminación directa por razón de discapacidad. Para llegar a esta conclusión, se parte de la base de que la situación del trabajador está comprendida en el concepto de "discapacidad" en el sentido de la Directiva 2000/78 ya que "parece que la limitación de la capacidad del demandante en el litigio principal, que resulta de dolencias físicas permanentes, puede impedir la participación plena y efectiva de este en la vida profesional". A ello se añade, además, que la extinción contractual por este motivo está comprendida entre las condiciones de despido del art. 3.1.c) Directiva 2000/78 porque "constituye una extinción del contrato de trabajo no deseada por el trabajador". Sentado ello, se procede, a continuación, a recordar que "el concepto de discriminación por motivos de discapacidad se refiere a cualquier distinción, exclusión o restricción por motivos de discapacidad que tenga el propósito o el efecto de obstaculizar o dejar sin efecto el reconocimiento, goce o ejercicio, en igualdad de condiciones, de todos los derechos humanos y libertades fundamentales en los ámbitos político, económico, social, cultural, civil o de otro tipo" y que "incluye todas las formas de discriminación, entre ellas, la denegación de ajustes razonables". En lo que concierne a dichos ajustes, se puntualiza que "del tenor del artículo 5 de la Directiva 2000/78, en relación con los considerandos 20 y 21 de ésta, se desprende que el empresario está obligado a adoptar las medidas adecuadas, es decir, medidas eficaces y prácticas, teniendo en cuenta cada situación individual, para permitir a cualquier persona con discapacidad acceder al empleo, tomar parte en el mismo o progresar profesionalmente, o para que se le ofrezca formación, sin que suponga una carga excesiva para el empresario". Y ello porque "cuando un trabajador deviene definitivamente no apto para ocupar su puesto debido a una discapacidad sobrevenida, un cambio de puesto puede ser una medida adecuada como ajuste razonable a efectos del artículo 5 de la Directiva 2000/78, ya que permite a ese trabajador conservar su empleo, garantizando su participación plena y efectiva en la vida profesional con arreglo al principio de igualdad con los demás trabajadores". Con todo, se matiza también que "el artículo 5 de la Directiva 2000/78 no puede obligar al empresario a adoptar medidas que supongan una carga excesiva para él. A este respecto, del considerando 21 de esta Directiva se desprende que, para determinar si las medidas en cuestión dan lugar a una carga desproporcionada, deben tenerse en cuenta, particularmente, los costes financieros que estas impliquen, el tamaño, los recursos financieros y el volumen de negocios total de la organización o empresa y la disponibilidad de fondos públicos o de otro tipo de ayuda. Además, debe precisarse que, en cualquier caso, solo existe la posibilidad de destinar a una persona con discapacidad a otro puesto de trabajo si hay por lo menos un puesto vacante que el trabajador en cuestión pueda ocupar". Todo ello hace que el Tribunal concluya que "el concepto de ajustes razonables implica que un trabajador que, debido a su discapacidad, ha sido declarado no apto para las funciones esenciales del puesto que ocupa sea reubicado en otro puesto para el que disponga de las competencias, las capacidades y la disponibilidad exigidas, siempre que esa medida no suponga una carga excesiva para su empresario".

Pues bien, tras este recordatorio, se procede al análisis de la norma española para comprobar si se adecúa o no a los estándares de la norma europea. Y, al respecto, se advierte que "de la normativa nacional controvertida en el litigio principal resulta que ésta permite el despido de un trabajador cuando se le haya declarado formalmente no apto para ocupar su puesto debido a una discapacidad sobrevenida, sin obligar a su empleador a adoptar previamente las medidas adecuadas, en el sentido del artículo 5 de la Directiva 2000/78, o a mantener las medidas adecuadas que ya haya adoptado". Además, "tampoco parece obligar al empresario a demostrar que tal cambio de puesto podría imponerle una carga excesiva (...) antes de proceder al despido del trabajador". Y se añade que "el hecho de que, en virtud de la normativa nacional controvertida en el litigio principal, se reconozca la incapacidad permanente total a petición del trabajador y de que esta le dé derecho a una prestación de seguridad social, a saber, una pensión mensual, conservando al mismo tiempo la posibilidad de dedicarse al ejercicio de otras funciones, carece de relevancia a este respecto. En efecto, tal normativa nacional, en virtud de la cual un trabajador con discapacidad está obligado a soportar el riesgo de perder su empleo para poder disfrutar de una prestación de seguridad social, menoscaba el efecto útil del artículo 5 de la Directiva 2000/78, interpretado a la luz del artículo 27, apartado 1, de la Convención de la ONU, según el cual se debe salvaguardar y promover el ejercicio del derecho al trabajo, incluso para las personas que adquieran una discapacidad durante el empleo, y el mantenimiento en el empleo. Al asimilar una incapacidad permanente total, que solo afecta a las funciones habituales, al fallecimiento de un trabajador o a una incapacidad permanente absoluta que designa una incapacidad para todo trabajo, dicha normativa nacional es contraria al objetivo de integración profesional de las personas con discapacidad a que se refiere el artículo 26 de la Carta". Finalmente —y por si no fuera poco— se recuerda al Gobierno español que, aunque "sea competente para organizar su sistema de seguridad social y determinar los requisitos para la concesión de las prestaciones en materia de seguridad social", debe respetar en todo caso en Derecho de la Unión. Se concluye, en fin, en base a todo lo expuesto afirmando de forma categórica que "una normativa nacional en materia de seguridad social no puede ir en contra, en particular, del artículo 5 de la Directiva 2000/78, interpretado a la luz de los artículos 21 y 26 de la Carta, convirtiendo la discapacidad del trabajador en una causa de despido, sin que el empresario esté obligado, con carácter previo, a prever o mantener ajustes razonables para permitir a dicho trabajador conservar su empleo, ni a demostrar, en su caso, que tales ajustes constituirían una carga excesiva".

A la luz, pues, de esta sentencia resulta claro que ya no puede seguir sosteniéndose que la declaración de IPT sea una causa de extinción automática del contrato[292]. Puede seguir siendo motivo de

---

292 Con anterioridad a la publicación de la ya citada STS de 11 de abril de 2024 (Rec. n.º 197/2023), podría llegar a entenderse que, aunque referida la sentencia europea a la IPT, la tesis expuesta pudiera ser aplicable igualmente a la IPA y a la Gran Invalidez, precisamente porque, como se dijo, la declaración de estas dos incapacidades no cercena, en principio, al trabajador la posibilidad de continuar prestando servicios en la empresa. Tras aquella sentencia, parece que el razonamiento ya debe ser distinto y éste pasaría por constreñir los efectos de la sentencia del TJUE únicamente al ámbito de la IPT.

extinción, evidentemente, pero ello siempre y cuando, primero, se acometa por la empresa una evaluación de si caben ajustes razonables o no entendidos en el sentido del art. 6.1.a) Ley 15/2022[293], y, segundo, se compruebe que éstos no son posibles o suponen una carga excesiva, teniendo en cuenta, para ello, como apuntó la STJUE de 10 de febrero de 2022 (asunto C-485/20), "los costes financieros que estas impliquen, el tamaño, los recursos financieros y el volumen de negocios total de la organización o empresa y a disponibilidad de fondos públicos o de otro tipo de ayuda"[294]. Pero, siendo posi-

---

293 Este precepto dispone que "se entiende por ajustes razonables las modificaciones y adaptaciones necesarias y adecuadas del ambiente físico, social y actitudinal que no impongan una carga desproporcionada o indebida, cuando se requieran en un caso particular de manera eficaz y práctica, para facilitar la accesibilidad y la participación y garantizar a las personas con discapacidad el goce o ejercicio, en igualdad de condiciones con las demás, de todos los derechos".

294 Debe mencionarse que existe, en estos momentos, una propuesta de anteproyecto de ley para modificar el texto del art. 49 ET, introduciendo dos innovaciones que van en la línea de lo apuntado. De un lado, se eliminaría la referencia a la extinción "por gran invalidez o incapacidad permanente total o absoluta del trabajador, sin perjuicio de lo dispuesto en el artículo 48.2", dejando solamente la extinción por "muerte de la persona trabajadora". De otro, se incorporaría una nueva letra n) al art. 49.1 ET que condicionaría la posibilidad de extinguir el contrato por "declaración de gran invalidez o incapacidad permanente absoluta o total, de la persona trabajadora" a que "la persona trabajadora solicite que se realicen los ajustes razonables en su puesto de trabajo que le permitan continuar desempeñándolo" o, cuando esto no sea posible —por constituir una carga excesiva—, a que se produzca "el cambio a otro puesto de trabajo vacante compatible con su nueva situación". Adicionalmente, esta nueva letra n) explicitaría el modo en que se podría determinar, a efectos de la salvedad prevista, si la realización de los ajustes razonables constituye una carga excesiva para la empresa. Así, se tendría en cuenta si "puede ser paliada en grado suficiente mediante medidas, ayudas o subvenciones públicas para personas con discapacidad, así como los costes financieros y de otro tipo que los ajustes impliquen, en relación con el tamaño y el volumen de negocios de la empresa". Por lo demás, en el anuncio efectuado por el Gobierno tras la reunión de Consejo de Ministros de 21 de mayo de 2024 se adelanta que "la posibilidad de extinguir el contrato, hasta ahora en manos de la empresa, se condiciona a la voluntad de la persona trabajadora que podrá solicitar: una adaptación del puesto de trabajo razonable, necesaria y adecuada o el

bles los ajustes y no llevándolos a cabo por la empresa, tal comportamiento deberá implicar la nulidad del despido efectuado con base en el mencionado precepto de la Ley 15/2022 y, por consiguiente, la readmisión de la persona trabajadora. Readmisión —y ésta es otra derivada de la sentencia— que, obviamente, no podrá acometerse en las mismas circunstancias anteriores habida cuenta de la limitación para trabajar de la que adolece el trabajador; pero que, atendiendo a ese concepto flexible que se maneja de la readmisión regular, debería realizarse incorporando ya los ajustes necesarios para que la capacidad residual de la persona afectada no se viera afectada negativamente, aunque ello siempre teniendo en cuenta los límites que marca el art. 198 LGSS sobre compatibilidades e incompatibilidades de prestaciones.

Finalmente, y para cerrar el tema de los procesos cruzados de despido y de extinción del contrato por incapacidad permanente, cabe plantearse qué ocurre con el devengo de los salarios de tramitación. Adviértase que, anteriormente, se ha comentado que la doctrina de la exclusión de esta cuantía cuando finaliza un contrato temporal con posterioridad al despido, pero con anterioridad a que se condene a la opción podría aplicarse por extensión a los supuestos de fallecimiento e incapacidad permanente porque, en estos casos, debe entenderse rota la relación laboral por el acaecimiento de estos sucesos. Pues bien, ahora esta afirmación debe ser matizada, pues, como se reitera, la nueva doctrina emanada de la sentencia europea implica no entender como automática la extinción contractual por causa de la declaración de IPT. Por lo tanto, si es factible que se planteen supuestos en los que proceda la readmisión del trabajador, habrá que concluir que se deberán salarios de trámite *ex* art. 56.2 ET. Evidentemente, la cuestión que surge a continuación es si la prestación de IPT que estuviera percibiendo el trabajador resultaría incompatible con el abono de estos salarios. Existe al respecto, como ya se tuvo ocasión de comentar, doctrina del Tribunal Supremo que afirma que no procede el abono de estas cuantías durante una situación de suspensión contractual porque "si esta suspensión

---

cambio a otro puesto de trabajo vacante y disponible, acorde con su perfil profesional y compatible con su nueva situación".

exonera de las obligaciones de trabajar y de remunerar el trabajo, es claro que cuando el despido se produce en ese tiempo en que no son debidos los salarios, tampoco cabe imponer a la empresa el abono de los de tramitación en el tramo temporal que coincidan despido con la incapacidad temporal y con las prestaciones debidas por esta contingencia"[295]. Aplicando esta teoría al supuesto que nos ocupa, habría que concluir, certeramente, que si la IPT deviene en una situación suspensiva *ex* art. 48.2 ET y se extingue el contrato mientras está vigente la misma, desaparece para la empresario la obligación de satisfacer los salarios de tramitación durante el período en el que se estén percibiendo prestaciones por incapacidad permanente, pues ya aquéllas estarían paliando el estado de necesidad económica en el que incurriría quien, por estar incapacitado, careciera de una renta de trabajo propiamente dicha. Ahora bien, distinta solución, a mi entender, debe darse al supuesto en que se procede al despido y en el ínterin entre la decisión extintiva y la sentencia de condena se declare la IPT extintiva del vínculo contractual. En tales circunstancias, creo que no procedería defender la incompatibilidad entre la prestación y el percibo de los salarios de trámite. Habida cuenta que la sentencia europea determina, uno, que la extinción por la causa del art. 49.1.e) ET ya no procede de forma automática y, dos, que debe evaluarse previamente la posibilidad de acometer ajustes razonables salvo que se demuestre la onerosidad de éstos, es razonable pensar, en justa correlación lógica, que si al trabajador no se le hubiese despedido y se le hubiese acomodado razonablemente, la prestación de servicios hubiera continuado con normalidad y, por lo tanto, se hubieran devengado salarios de trámite. O, dicho de otra forma, toda vez que la contingencia de la incapacidad permanente no es impeditiva del trabajo ni de la retribución a éste anudada (como lo sería una situación suspensiva), debe declararse la compatibilidad entre una prestación que va a reparar los daños que han limitado de forma permanente la capacidad de trabajo del trabajador y los salarios de tramitación que van a cubrir el daño por la privación injusta del empleo[296].

---

295 STS de 15 de septiembre de 2010 (Rec. n.º 4535/2009).

296 En el mismo sentido se pronuncia COSTA REYES, A.: "Despido ilícito e imposibilidad de readmisión…, op.cit., p. 52.

En otro orden de ideas, debe abordarse ahora el impacto que la jubilación del trabajador pueda tener como causa impeditiva de la readmisión. En este sentido, se ha sostenido en clave judicial que la jubilación forzosa derivada de una cláusula convencional imposibilita la readmisión *ex* art. 286 LJS, pero en absoluto neutraliza el derecho indemnizatorio sustitutorio en favor de la persona despedida y compensable con la cantidad percibida al tiempo del despido[297]. Por cuanto atañe a la jubilación ordinaria, de ella se ha dicho que es causa de extinción del contrato por ministerio de la ley[298], lo que llevaría a aplicar también a este supuesto el juego combinado de los arts. 286 y 281.2 LJS cuando la jubilación acaeciera con posterioridad al despido. Con todo, debe tenerse en cuenta que la regulación legal y reglamentaria de la pensión de jubilación permite al jubilado tanto reiniciar su actividad laboral suspendiéndose el abono de la pensión como compatibilizar trabajo y pensión (arts. 213 y 214 LGSS), lo que confirmaría que no se produce de forma automática la extinción del contrato por el acaecimiento inexorable de la jubilación (ello dependerá de las circunstancias que se planteen). *Ergo*, si, como en el caso de la incapacidad permanente total, no puede decirse que se extinga la relación laboral de modo ejecutivo e inmediato, es razonable entender que quedará intacta para el empresario la posibilidad de optar entre la extinción indemnizada o la readmisión (o, en el caso de despido nulo, de proceder a ésta)[299]. Procederá, además, en estos casos el abono de los salarios de tramitación si se opta por la readmisión, puesto que, "a diferencia del régimen contenido en el art. 268.3 de la Ley General de la Seguridad Social de 2015, sobre la prestación de desempleo percibida por el trabajador durante la tramitación del proceso de despido, en la que la prestación no es obstáculo para el derecho a los salarios de trámite, [si la empresa readmite] no hay regulación específica sobre los efectos que respecto de la pensión de jubilación satisfecha tienen las consecuencias de la improcedencia o nulidad de un despido. La prestación por desempleo es incompatible con los salarios de tramitación y las cantidades percibidas por dicho

---

297 STS de 28 de junio de 2022 (Rec. n.º 2300/2019).

298 STS de 11 de enero de 2022 (Rec. n.º 4906/2018).

299 STS de 4 de marzo de 2014 (Rec. n.º 3069/2012), que enjuiciaba un caso de jubilación anticipada.

concepto se consideran indebidas, aunque por causa no imputable a éste, y surge el deber de su devolución, que se atribuye a la empresa deduciéndolas de los salarios dejados de percibir que hubieran correspondido [art. 268.3.b) LGSS]. En la jubilación no existe una previsión normativa del tipo de la indicada, por lo que no hay comunicación entre la relación jurídica del trabajador con la empresa y la que tiene con la Entidad Gestora de la prestación. La conclusión es que la empresa demandada debe cumplir su obligación de abono de los salarios de tramitación al actor, sin perjuicio de los efectos en la relación de Seguridad Social entre éste y el INSS"[300].

2. LA READMISIÓN DE LOS EMPLEADOS PÚBLICOS: EL ART. 96.2 EBEP

Señala el art. 96.2 EBEP que "procederá la readmisión del personal laboral fijo cuando sea declarado improcedente el despido acordado como consecuencia de la incoación de un expediente disciplinario por la comisión de una falta muy grave". Como se observa, la claridad con la que se expresa el precepto es meridiana. Se trata de una norma imperativa que altera el régimen jurídico común del derecho de opción y de la readmisión. Fundamentalmente, por dos razones. De un lado, porque la readmisión obligatoria no se anuda, como para los trabajadores ordinarios, al despido nulo, sino, más bien al despido declarado improcedente; despido éste, además, que debe ser disciplinario, pues no de otra forma puede entenderse tanto la expresión "despido acordado como consecuencia de la incoación de un expediente disciplinario por la comisión de una falta muy grave" como la inclusión de esta garantía de estabilidad en el empleo dentro del Título VII del EBEP dedicado al régimen disciplinario de funcionarios públicos y personal laboral. [301] Y de otro, porque no

---

300 STS de 4 de marzo de 2014 (Rec. n.º 3069/2012) y STSJ Asturias, de 6 de noviembre de 2018 (Rec. nº 2104/2018).

301 Como bien señala MARTÍNEZ GIRÓN, J.: "La readmisión obligatoria del empleado público improcedentemente despedido", en AA.VV.: *Derecho social y administración pública: libro homenaje al Excmo. Sr. D. Manuel Peláez Nieto*, Junta de Galicia, Escuela Gallega de Administración Pública, Galicia, 2013,

hay obligación alternativa, esto es, el empresario público, la Administración, no puede elegir en estos casos entre la readmisión y la extinción indemnizada, pues únicamente procederá la readmisión. Cuestión distinta, esto dicho, es que el convenio colectivo pueda entrar a modular los términos del precepto en un sentido favorable al trabajador. Es decir, a mi entender, no se está ante una norma de Derecho necesario absoluto, sino, más bien, de Derecho necesario relativo mínimo (como lo es el art. 56.1 ET)[302], de modo tal que, vía negociación colectiva, podría quedar validada tanto la atribución del

---

p. 293, "de haber querido aplicar tal regla a otros despidos (objetivos, contratación irregular, etc) [al legislador] le hubiera bastado con no hablar de disciplinario o citar los restantes despidos". Y, entre la jurisprudencia, STS de 4 de noviembre de 2011 (Rec. n.º 88/2010). La regla, además, se debe aplicar cualquiera que sea la razón de la improcedencia dada la generalidad con la que, en este aspecto, está redactada la norma, por lo que también cabría aplicarla cuando la improcedencia derivara precisamente de la no incoación del correspondiente expediente disciplinario. Así, SSTSJ Madrid, de 20 de enero de 2023 (Rec. n.º 878/2022) y Aragón, de 5 de julio de 2021 (Rec. n.º 413/2021). Manteniendo, por el contrario, la extensión del precepto a cualquier tipo de extinción contractual improcedente, VIVERO SERRANO, J.B.: "La readmisión de los empleados públicos objeto de despido ilícito: el juego del derecho constitucional a la igualdad, del art. 96.2 EBEP y de la autonomía colectiva", en *Relaciones Laborales*, n.º 7, 2013, p. 5 a 7 (v. *on line*). Para ello, emplea varios argumentos interpretativos, como el histórico o del origen del precepto (las iniciales propuestas indicaban que la garantía de inamovilidad debía abarcar todo tipo de extinciones contractuales ilícitas), el sistemático al poder hacerse la comparativa con el art. 56.4 ET que es un precepto que se aplica a cualquier medida extintiva de origen empresarial asimilada al despido disciplinario improcedente y carente de cauce jurídico propio y el lógico porque la interpretación literal conduciría a "burlar fácilmente la estabilidad real implantada por el art. 96.2 EBEP, haciendo pasar por despidos objetivos individuales los que en origen pudieran tener una genuina, aunque no procedente, base disciplinaria". A mi modo de ver, sin embargo, es ésta una interpretación voluntarista que no se compadece con el tenor literal de la norma y con la claridad interpretativa con la que se expresa el legislador. Otra cosa es que éste, en un momento determinado, quisiera corregir el redactado legal para anudar la garantía de estabilidad a otros supuestos de extinción contractual.

302 En el mismo sentido, MARTÍNEZ GIRÓN, J.: "La readmisión obligatoria del ..., op.cit., p. 295 y VIVERO SERRANO, J.B.: "La readmisión de los empleados públicos objeto de..., op.cit., p. 13. Sobre el derecho de opción

derecho de opción al trabajador afectado para que fuera él quien decidiera entre readmisión o indemnización según le conviniera[303], como la ampliación del radio de acción objetivo de la norma extendiéndolo (o no) a otros supuestos más allá de a los despidos de corte disciplinario[304].

En cualquier caso, en el texto del precepto, el derecho de opción queda sustituido por una obligación de contenido simple, consistente en la readmisión *in natura*. No obstante, este blindaje sólo procederá cuando el empleado público improcedentemente despedido sea "personal laboral fijo". La garantía, en consecuencia, no abraza —salvo, de nuevo, que otra cosa pueda indicar el convenio— a otros tipos de empleados públicos laborales, como pudieran ser los temporales o los indefinidos no fijos, sobre los cuales la Administración conservaría su potestad de elegir entre la extinción indemnizada y la readmisión[305]. Y fue precisamente este aspecto de la norma, su

convencional en estos casos, vid., por ejemplo, STS de 22 de noviembre de 2017 (Rec. n.º 750/2016)

303 La STS de 26 de diciembre de 2000 (Rec. n.º 61/2000) indica que la readmisión decidida por el trabajador, empleado público o no, a partir de lo previsto en convenio colectivo debe equipararse a la readmisión instada por el representante de los trabajadores o por el trabajador despedido siendo tal despido declarado como nulo.

304 Por ejemplo, a cualquier extinción sin causa. Lo que es claro es que, insertada tal cláusula en el convenio, habrá que estar a sus términos para determinar qué derecho ostenta el trabajador y con qué amplitud. Así, STS de 22 de noviembre de 2017 (Rec. n.º 750/2016).

305 Por lo que atañe a los indefinidos no fijos, la STS de 3 de junio de 2004 (Rec. n.º 1466/2003) estimó que la opción por la readmisión del trabajador indefinido no fijo no contradice ninguna de las previsiones sobre contratación por parte de las Administraciones Públicas. Así, se apunta que "se trata entonces de ver si la opción por la readmisión del trabajador indefinido no fijo contradice alguna de las previsiones sobre contratación por parte de las Administraciones Públicas y, mientras está claro que su readmisión como fijo de plantilla sería inaceptable por contradictorio con las exigencias legales y constitucionales antes indicadas, la readmisión como indefinido no fijo en estos casos no repugna a aquellos principios porque en cualquier caso el trabajador no ocupará nunca una plaza de las recogidas en la correspondiente relación de puestos de trabajo y la Administración que optara por la readmisión podría prescindir en el futuro de ese mismo

ámbito subjetivo de aplicación, lo que fue objeto, en su momento, de cuestión de constitucionalidad ante el Tribunal Constitucional y de cuestión prejudicial ante el TJUE. Y es que lo que se planteaba era la posible diferencia de trato injustificada entre el personal laboral fijo y el personal laboral temporal e indefinido no fijo al respecto de la aplicación de la norma del art. 96.2 EBEP. Sin embargo, el Tribunal Constitucional dictaminó, en su auto 178/2011, de 13 de diciembre, que "la existencia de un régimen dual en los ceses de los trabajadores laborales públicos [queda justificada] por la necesidad de no alterar el régimen constitucional y legal de acceso al empleo público, pero, al mismo tiempo, responder a las expectativas de inamovilidad

---

trabajador por cualquier otra causa legal como antes se dijo". Por lo demás, en un momento determinado se llegó a dudar acerca de la readmisión obligada de los funcionarios interinos que habían sido cesados de su puesto de trabajo tras sucesivos nombramientos. Al efecto, las SSTSJ País Vasco, Sala de lo Contencioso-Administrativo, de 12 de diciembre de 2016 (Rec. n.º 625/2013 y 735/2013), con apoyo en tanto forzado en la STJUE de 14 de septiembre de 2016 (asuntos acumulados C-184/15 y C-197/15), había dictaminado que, en casos como éstos, procedía la readmisión obligada del funcionario para su conversión posterior en indefinido no fijo. Así, se señalaba que debía aplicarse al caso "la misma jurisprudencia consolidada en el orden jurisdiccional social respecto de la utilización abusiva de contrataciones temporales de empleados públicos, esto es, anular la extinción y considerar la relación como indefinida no fija, por lo tanto, prolongada en el tiempo hasta la cobertura reglamentaria de la plaza". No obstante, estas sentencias fueron anuladas y casadas por la STS, Sala de lo Contencioso-Administrativo, de 26 de septiembre de 2018 (Rec. n.º 1305/2017). Así, la resolución, realizando otra interpretación de la sentencia europea quizá más acorde con lo que quería decirse en ella (en ella no se contempla de forma expresa que la readmisión deba ser la única medida en los casos de extinción previa de la relación para prevenir/sancionar el abuso), dictamina que, en la situación de abuso en la contratación temporal del personal interino, la solución sancionadora no es la conversión de la relación temporal en una relación definitiva, sino "la subsistencia y continuación de tal relación de empleo, con los derechos profesionales y económicos inherentes a ella hasta que la Administración cumpla en debida forma lo que ordena la norma de carácter básico establecida en el art. 10.1 de la Ley 7/2007, de 12 de abril, y hoy en el mismo precepto del Texto Refundido de la Ley del Estatuto Básico del Empleado Público". Esta sentencia ha sido seguida por otras como la STS, Sala de lo Contencioso-Administrativo, de 20 de diciembre de 2021 (Rec. n.º 2489/2019).

de aquellos que superan las pruebas de acceso". Y, por su parte, en la misma línea argumentativa, el TJUE, preguntado sobre la posible contradicción de la norma estatutaria con el art. 4 del Acuerdo Marco sobre el trabajo de duración determinada que determina la prohibición de trato menos favorable en materia de condiciones de trabajo a los trabajadores con un contrato de duración determinada, consideró, en su sentencia de 25 de julio de 2018 (asunto Vernaza Ayovi), que el trato diferente obedece a razones justificadas y que, en consecuencia, la norma nacional no se opone a la comunitaria.

En concreto, la sentencia, tras matizar que la readmisión puede entenderse como una "condición de trabajo" en el sentido del art. 4 del Acuerdo, apunta, en línea de principio, que "la garantía de readmisión controvertida está indisociablemente vinculada al sistema de acceso a puestos de personal laboral fijo". Siendo ello así, "el Estatuto Básico del Empleado Público prevé que el sistema de acceso del personal laboral fijo tiene carácter selectivo y, a fin de salvaguardar los principios de igualdad, mérito y capacidad en el acceso al empleo público, deberá incluir una o varias pruebas para determinar la capacidad de los aspirantes y establecer el orden de prelación o resultar de un procedimiento de valoración de méritos". Por ello, "el legislador español ha querido proteger a los trabajadores fijos de la Administración Pública, respetando los principios de igualdad, mérito, capacidad y publicidad", [creando] "una readmisión automática en caso de despido declarado improcedente".

Además, añade que "el mantenimiento en las funciones constituye un imperativo que deriva de la superación de una oposición, la cual justifica conceder más garantías al personal laboral fijo, como el derecho de permanencia en el puesto, que al personal laboral temporal o al indefinido no fijo". En consecuencia, "en el personal fijo, la readmisión obligatoria garantiza la estabilidad en el empleo, teniendo en cuenta los principios consagrados en la Constitución española, mientras que, para el personal no fijo, el mantenimiento en las funciones no constituye un elemento esencial de la relación laboral, de modo que, en este caso, el legislador español no ha considerado conveniente privar a la Administración empleadora de la facultad de elegir entre readmitir al trabajador cuyo despido disciplinario es declarado improcedente y concederle una indemnización".

De todo ello se deriva que "el personal laboral fijo, que no es funcionario, pero que cuando menos ha superado un proceso selectivo con arreglo a los principios de igualdad, mérito y capacidad, pueda beneficiarse de esta garantía de permanencia que constituye una excepción al régimen general del Derecho laboral". Por consiguiente, "consideraciones derivadas de las características del Derecho de la función pública nacional pueden justificar tal diferencia de trato. A este respecto, las consideraciones de imparcialidad, eficacia e independencia de la Administración implican una cierta permanencia y estabilidad en el empleo. Estas consideraciones, que no tienen equivalente en el Derecho laboral común, explican y justifican los límites a la facultad de extinción unilateral de los contratos impuestos a los empleadores públicos y, en consecuencia, la decisión del legislador nacional de no concederles la facultad de elegir entre readmisión e indemnización del perjuicio sufrido a causa de un despido improcedente".

Las exigencias del empleo público español, es decir, el acceso al mismo a través de un sistema (una oposición) basado en los principios de igualdad, mérito y capacidad, devienen, a la postre, en la justificación del diverso régimen entre unos empleados y otros que marca el art. 96.2 EBEP[306]. No obstante, ciertamente motivos existen para criticar el posicionamiento del TJUE, pues lo que hace es apuntalar la diferencia de trato sobre una base jurídica que no se sostiene con fortaleza[307]. Se confunde el acceso a la función pública con los debidos condicionantes con la reparación por una extinción injustificada; reparación, además, que, como acertadamente señalan las conclusiones de la Abogada General, "no afecta negativamente de ningún modo al estatus de los empleados públicos fijos, ni com-

---

306 Aplica esta doctrina las SSTSJ País Vasco, de 19 de mayo de 2022 (Rec. n.º 742/2022) y Cataluña, de 26 de noviembre de 2021 (Rec. n.º 3498/2021).

307 Sobre estas críticas y por todos, SANGUINETI RAYMOND, W.: "La controvertida no readmisión de los trabajadores indefinidos no fijos", en AA.VV.: *Las respuestas del Tribunal de Justicia a las cuestiones prejudiciales sobre política social planteadas por órganos jurisdiccionales españoles: Estudios ofrecidos a María Emilia Casas Baamonde con motivo de su investidura como doctora honoris causa por la Universidad de Santiago de Compostela*, Universidad de Santiago de Compostela, Servicio de Publicaciones, 2020, pp. 387 a 392.

porta para el trabajador temporal ninguna ventaja que contravenga los principios del Derecho de la función pública [y ello porque] el trabajador afectado no obtiene por la vía de la readmisión un empleo fijo en el sector público eludiendo un proceso selectivo, sino que se reincorpora al servicio sólo mientras lo permita la vigencia restante de su contrato de trabajo temporal". Además, si el privilegio que va anudado al art. 96.2 EBEP viene determinado por la superación de una oposición basada en los principios de igualdad, mérito y capacidad, habrá que suponer que también pueda aprovecharse del mismo el personal laboral temporal que haya accedido a la Administración a través de este mecanismo, pues, lo contrario, sería totalmente incoherente con la línea argumentativa seguida por el Tribunal de Justicia[308].

En cualquier caso, sea como fuere, esta sentencia cabe anudarla a otra del TJUE recientemente publicada por sus implicaciones prácticas. Se trata de la STJUE de 22 de febrero de 2024 (asuntos acumulados C-59/22, C-110/22 y C-159/22) que resuelve sobre la naturaleza de los indefinidos no fijos y su cobertura constitucional y europea. Esta resolución tiene por objeto responder a sendas peticiones de decisión prejudicial planteadas por el Tribunal Superior de Justicia de Madrid sobre abusos en la contratación de personal laboral en el sector público. En particular, sobre la propia construcción de la figura del indefinido no fijo y su utilización como un medio para evitar o frenar los abusos derivados de la utilización sucesiva de contratos temporales en la Administración, el Tribunal sostiene lo siguiente: "por un lado, en el supuesto de que el tribunal remitente considerase que el ordenamiento jurídico interno de que se trata no contiene, en el sector público, ninguna medida efectiva para evitar y, en su caso, sancionar la utilización abusiva de sucesivos contratos de duración determinada, incluidos los contratos indefinidos no fijos prorrogados sucesivamente, la conversión de estos contratos en una relación laboral de duración indefinida podría constituir tal medida. Por otro lado, si, en ese supuesto, el tribunal remitente considerase, además, que la jurisprudencia consolidada del Tribunal Supremo, a diferen-

---

308 Algo que ya apuntaba VIVERO SERRANO, J.B.: "La readmisión de los empleados públicos objeto de…, op.cit., p. 9.

cia de la del Tribunal Constitucional, se opone a tal conversión, el tribunal remitente debería entonces modificar dicha jurisprudencia del Tribunal Supremo si esta se basa en una interpretación de las disposiciones de la Constitución incompatible con los objetivos de la Directiva 1999/70 [Directiva 1999/70/CE del Consejo, de 28 de junio de 1999, relativa al Acuerdo marco de la CES, la UNICE y el CEEP sobre el trabajo de duración determinada] y, en particular, de la cláusula 5 del Acuerdo Marco"[309].

De lo anteriormente dicho, se desprenden, en una muy apretada síntesis, varias conclusiones:

Primera. Los indefinidos no fijos son trabajadores temporales de la Administración comprendidos en el ámbito de aplicación de referido Acuerdo Marco[310] y, en principio, no es medida adecuada atajar

---

309 Según esta cláusula 5 ("Medidas destinadas a evitar la utilización abusiva"), "1. A efectos de prevenir los abusos como consecuencia de la utilización sucesiva de contratos o relaciones laborales de duración determinada los Estados miembros, previa consulta con los interlocutores sociales y conforme a la legislación, los acuerdos colectivos y las prácticas nacionales, y/o los interlocutores sociales, cuando no existan medidas legales equivalentes para prevenir los abusos, introducirán de forma que se tengan en cuenta las necesidades de los distintos sectores y/o categorías de trabajadores, una o varias de las siguientes medidas: a) razones objetivas que justifiquen la renovación de tales contratos o relaciones laborales; b) la duración máxima total de los sucesivos contratos de trabajo o relaciones laborales de duración determinada; c) el número de renovaciones de tales contratos o relaciones laborales. 2. Los Estados miembros, previa consulta a los interlocutores sociales, y/o los interlocutores sociales, cuando resulte sea necesario, determinarán en qué condiciones los contratos de trabajo o relaciones laborales de duración determinada: a) se considerarán "sucesivos"; b) se considerarán celebrados por tiempo indefinido".

310 Ello, en primer lugar, porque "del tenor de la cláusula 2, apartado 1, del Acuerdo Marco resulta que el ámbito de aplicación de éste se concibe con amplitud, pues en él se incluyen de manera general los trabajadores con un trabajo de duración determinada cuyo contrato o relación laboral esté definido por la legislación, los convenios colectivos o las prácticas vigentes en cada Estado miembro. Además, la definición del concepto de trabajador con contrato de duración determinada, contenida en la cláusula 3, apartado 1, del Acuerdo Marco, engloba a todos los trabajadores, sin establecer diferencias en función del carácter público o privado del empleador para

el abuso de la temporalidad con más temporalidad. Esta catalogación como trabajadores temporales es absolutamente trascendental, pues es de sobra conocido que la configuración jurídica del indefinido no fijo no ha estado exenta ni de críticas ni de virajes judiciales por

---

el que trabajan y con independencia de la calificación de su contrato en Derecho interno". Y, en segundo lugar, porque "es preciso recordar que, como se desprende claramente del título y del tenor de la cláusula 3, apartado 1, del Acuerdo Marco, esta disposición se limita a definir el concepto de trabajador con contrato de duración determinada y a designar, en ese marco, el elemento característico de un contrato de duración determinada, a saber, la circunstancia de que el término de un contrato de ese tipo viene determinado por condiciones objetivas tales como una fecha concreta, la realización de una obra o servicio determinado o la producción de un hecho o acontecimiento determinado". Además, "en el ámbito del sector público, el concepto de trabajador indefinido no fijo constituye una creación jurisprudencial y que debe distinguirse del concepto de trabajador fijo. A este respecto, el tribunal remitente señala que, mientras que la extinción del contrato de un trabajador fijo está sujeta a las causas de extinción y a las condiciones generales establecidas en el Estatuto de los Trabajadores, la extinción del contrato de un trabajador indefinido no fijo está sujeta, conforme a la jurisprudencia del Tribunal Supremo, a una causa de extinción específica. Así pues, en caso de conversión de la relación laboral de que se trate en un contrato indefinido no fijo, la Administración de que se trate está obligada a seguir el procedimiento para cubrir la plaza ocupada por el trabajador indefinido no fijo, aplicando los principios constitucionales de publicidad, igualdad, mérito y capacidad. Una vez cubierta la plaza, el contrato del trabajador indefinido no fijo queda extinguido, salvo si el propio trabajador ha participado en el procedimiento y obtenido la adjudicación de la referida. Dicho tribunal puntualiza que, según el Tribunal Supremo, un contrato indefinido no fijo, cuya duración está limitada por la producción de un hecho o acontecimiento determinado, a saber, la adjudicación definitiva de la plaza ocupada por el trabajador en cuestión a quien haya superado la oposición que debe convocar la Administración de que se trate para cubrir dicha plaza, debe considerarse como contrato de duración determinada a efectos de la aplicación de la Directiva 1999/70. Por ende, dada la naturaleza del contrato indefinido no fijo, tal como se define, según el tribunal remitente, en el Derecho español, debe considerarse que unos trabajadores como los demandantes en los litigios principales en los asuntos C 59/22 y C 110/22 tienen la condición de trabajador con contrato de duración determinada, en el sentido de la cláusula 3, apartado 1, del Acuerdo Marco, y, por lo tanto, están comprendidos en el ámbito de aplicación de este último".

la determinación de la causa y la forma en que debe producirse la extinción, así como por el régimen indemnizatorio. Sin poder entrar en el detalle, baste con apuntar que la STS de 14 de octubre de 2013 (Rec. n.º 68/2013) dictaminaba que, en caso de cobertura de la plaza, había que entender aplicable "por analogía la indemnización prevista en el art. 49.1.c) ET", a fin de "evitar una situación de trato desigual injustificado" con los interinos por vacante[311]. No obstante, resoluciones como la STS de 24 de junio de 2014 (Rec. n.º 217/2013) reconocían una indemnización superior de veinte días por considerar aplicables a estos supuestos lo previsto en los arts. 51 y 52 ET. Por su parte, la STS de 6 de octubre de 2015 (Rec. n.º 2592/2014) sostenía que "los contratos del personal indefinido no fijo tienen naturaleza temporal y están sujetos a una duración determinada —hasta la cobertura reglamentaria de la vacante— de manera que se conoce la posible causa de terminación del mismo, aunque no el momento en que tal circunstancia ocurrirá". Pero a esta tesis se opuso la STS de 28 de marzo de 2017 (Rec. n.º 1664/2015) que afirmaba que los contratos de los indefinidos no fijos no eran contratos temporales, sino indefinidos y que, por ello, "parece insuficiente la [indemnización] que hasta ahora le hemos venido reconociendo con base en el art. 49.1.c) ET". A su vez, esta resolución fue rebatida por la STS de 30 de marzo de 2017 (Rec. n.º 961/2015) y, más tarde, por las SSTS de 2 de abril de 2018 (Rec. n.º 27/2017) y de 2 de marzo de 2021 (Rec. n.º 617/2019), que apostaban, de nuevo, por sostener el carácter temporal de estos contratos. Con todo, en sentencias posteriores como las SSTS de 20 de septiembre de 2018 (Rec. n.º 2494/2016) o 2 de julio de 2021 (Rec. n.º 73/2020) puede leerse que "decimos al respecto que aquella persigue salvaguardar los principios que deben observarse en el acceso al empleo público (no solo a la función pública) a fin de evitar que el personal laboral temporal contratado irregularmente por una entidad del sector público adquiera la condición de trabajador fijo en el puesto que venía desempeñando. Para impedirlo, su condición pasa a ser la de trabajador contratado por

---

311 También SSTS de 6 de octubre de 2015 (Rec. n.º 2592/2014), de 31 de marzo de 2015 (Rec. n.º 2156/2014) y de 4 de febrero de 2016 (Rec. n.º 2638/2014).

tiempo indefinido con derecho a ocupar la plaza hasta que se cubra por el procedimiento previsto o se amortice".

Segunda. Sólo si el ordenamiento jurídico español no cuenta con las medidas suficientes para frenar el abuso de la temporalidad en el sector público, el legislador español podría decidirse por convertir a estos contratos en indefinidos (que no en indefinidos no fijos). Y se matiza que no son medidas adecuadas "la convocatoria de procesos de consolidación del empleo temporal mediante convocatorias públicas para la cobertura de las plazas ocupadas por trabajadores temporales, entre ellos los trabajadores indefinidos no fijos, cuando dicha convocatoria es independiente de cualquier consideración relativa al carácter abusivo de la utilización de tales contratos de duración determinada", la "exigencia de responsabilidades a las Administraciones Públicas de conformidad con la normativa vigente en cada una de [dichas] Administraciones Públicas, cuando esas disposiciones nacionales no sean efectivas y disuasorias" o el abono de una indemnización tras el fin del contrato que no resulta ser específica para estos concretos supuestos. Precisamente, al respecto de esto último, se advierte que el pago de una indemnización tasada igual a veinte días de salario por año trabajado con el límite de doce mensualidades "no resulta adecuado para sancionar debidamente la utilización abusiva de sucesivos contratos o relaciones laborales de duración determinada y eliminar las consecuencias del incumplimiento del Derecho de la Unión y, por consiguiente, no parece constituir, por sí sola, una medida suficientemente efectiva y disuasoria" cuando "el abono de dicha indemnización por extinción de contrato es independiente de cualquier consideración relativa al carácter legítimo o abusivo de la utilización de dichos contratos".

Tercera. Si la jurisprudencia del Tribunal Supremo se opone a la conversión de estos trabajadores en indefinidos (y, de hecho, lo hace con la creación de la figura del indefinido no fijo), tal jurisprudencia debe modificarse aun cuando se apoye en principios constitucionales. Principios que, desde luego, deben respetarse, pero que no pueden impedir la búsqueda de otras soluciones más efectivas y disuasorias para evitar los abusos en la temporalidad en el sector público.

Habrá que ver cómo evoluciona a partir de ahora la jurisprudencia del Tribunal Supremo, especialmente cuando ha trascendido, tras la sentencia europea, que el Pleno de la Sala Cuarta ha acordado iniciar actuaciones para formular una cuestión prejudicial al Tribunal de Justicia sobre el modo de llevar a cabo la correcta interpretación de aquélla y, particularmente, sobre el modo de compatibilizar la nueva doctrina con las reglas del ordenamiento jurídico que garantizan el derecho de acceso al empleo público conforme a los principios de igualdad, mérito y capacidad[312]. Con todo, lo cierto es que el mandato a quien legisla es claro: deben adoptarse medidas eficaces y lo suficientemente disuasorias para frenar la contratación temporal abusiva en la Administración Pública. La creación de la figura del indefinido no fijo puede ser una de ellas, pero —recuérdese— si no existen en el ordenamiento jurídico interno otras alternativas. Por ello, tal vez con esta sentencia se haya marcado el camino para efectuar reformas normativas de calado que atajen incluso de raíz el problema. Pero, dejando esto a un lado, así como también las sentencias posteriores que se han dictado a nivel nacional aplicando o no la doctrina sentada por la sentencia europea citada[313], cabe retomar el discurso

---

312 Auto de 30 de mayo de 2024 (Rec. n.º 5544/2023). Con todo, el Tribunal puede haber revelado sus cartas, si se permite la expresión, antes del planteamiento de la cuestión prejudicial, con su STS de 29 de abril de 2024 (Rec. n.º 4962/2022). En ella, en el contexto de determinar si una trabajadora laboral que había adquirido la condición de indefinida no fija tenía derecho o no a participar en un concurso para la provisión de puestos de trabajo adscritos al personal laboral que el convenio restringía a los trabajadores fijos, llega a señalar que "de la reciente STJUE de 22 de febrero de 2024 (asuntos acumulados C-59/22, C-110-/22 y C-159-22) no se deriva, en ningún caso, la necesidad de la conversión judicial automática de los trabajadores indefinidos no fijos en fijos, que como ya se ha visto es algo incompatible con el sistema español de autoorganización de su propia administración pública —que se basa en los principios de igualdad, capacidad y mérito en el acceso a la función pública— y que se aplica tanto a los funcionarios públicos como a los contratados laboralmente. (...) Como tampoco se deriva de la indicada sentencia una radical igualdad entre el régimen jurídico de los trabajadores fijos y de los temporales (que asimila, de manera discutible, a los indefinidos no fijos) porque la Directiva 1999/70/CE (cláusula 4ª) permite un trato diferente ente temporales y fijos por razones objetivas".

313 Así, por ejemplo, la STSJ Andalucía, Sevilla, de 14 de marzo de2024 (Rec. n.º 775/2022) dictamina, dicho sea muy brevemente, que no cabe declarar la fijeza del indefinido no fijo porque "implicaría que no sería exigible un

proceso selectivo. Lo que iría en contra de lo afirmado por el propio TJUE en el apartado 130 del asunto Sánchez Ruiz/Fernández Álvarez (STJUE 19 de marzo 2020, C-103/18 y C-429/18)". Apunta también que "el proceso de selección convocado para la cobertura temporal de una plaza, cuando esa contratación temporal ha incurrido en fraude de ley, no debe ser la fijeza, [por lo que es imposible] reconocer la fijeza a través de procesos de selección temporal". Y todo ello para concluir, primero, que "la solución al conflicto entre la estabilidad en el empleo y el acceso al empleo público debe pasar por la condición de indefinido no fijo"; y, segundo, que "a los efectos de declarar la fijeza, el marco constitucional se erige en un límite difícilmente superable". Por su parte, las SSTSJ Madrid, de 10 de abril de 2024 (Rec. n.º 318/2024, 317/2024 y 319/2024), entienden, en la línea de la sentencia antes citada y en una decisión fragmentada pues existen votos particulares en todas ellas, que los principios de igualdad, mérito y capacidad constituyen un límite infranqueable para declarar la fijeza del indefinido no fijo. De esta forma, puede leerse en la primera de ellas que "correspondiendo al juzgador únicamente la función de aplicar el derecho (y no la de crearlo), no existe amparo legal para reconocer al demandante esa condición de fijo de plantilla, pese a que consideramos totalmente inadmisible que después de tantos años de prestación de servicios siga teniendo, en definitiva, un contrato que sería de naturaleza temporal, lo que podría haberse evitado en su caso mediante la actuación de la Inspección de Trabajo a fin de evitar que se produjera esa contratación totalmente irregular, sancionándose oportunamente mediante las medidas adecuadas. Así, en el supuesto de autos nos encontramos ante el insalvable obstáculo de que el acceso a esa situación de fijeza ha de hacerse necesariamente respetando los principios de igualdad, mérito y capacidad recogidos en los artículo 23.2 y 103.3 de nuestra Constitución, por lo que se habría de rechazar esta primera petición del demandante, dado que de lo contrario se podría hacer de mejor derecho a quien obtiene la fijeza por esta vía frente al que accede a tal situación mediante los procesos de selección correspondientes. Sin que obste para nada a lo anterior el que, según indica el recurrente, fuese contratado tras una entrevista y una prueba práctica, y es que no cabe aceptar que un proceso de selección realizado con vistas a suscribir contratos temporales sea suficiente para adquirir la condición de fijeza (STS 3066/2020). Cuestión distinta sería que el trabajador que demanda esa relación laboral fija haya participado en el proceso de selección oportuno y lo haya superado aprobando la convocatoria aunque sin obtener plaza, pues en tal caso ese óbice desaparecería y no existiría impedimento alguno para que, incluso sin haber prestado servicios durante un período de tiempo tan inusitadamente largo (con lo que podría servir el de 5, 6 ó 7 años, según las circunstancias), obtuviera la fijeza pretendida".

argumentativo de este epígrafe y concluir que si el indefinido no fijo cabe entenderlo como un trabajador temporal de la Administración lo cierto es que este sujeto no podrá aprovecharse del blindaje que prevé el art. 96.2 EBEP por coherencia con lo dispuesto en la STJUE 25 de julio de 2018 (asunto Vernaza Ayovi). Cuestión distinta sería que si, finalmente, por vía legislativa o, incluso, judicial, llegase en un momento en que se produjera la conversión del indefinido no fijo en fijo sin más, no habría problema entonces para sostener que la garantía de la readmisión *in natura* sería un derecho que estaría también en el acervo de estos sujetos. Eso sí, quedaría, no obstante, por solventar la diferencia de trato con el personal laboral temporal de la Administración, por lo que tal vez el legislador español podría aprovechar el impulso normativo para atajar una práctica que, como antes se ha comentado, no encuentra justificación razonable y sólida alguna.

3. LA READMISIÓN DE LAS PERSONAS TRABAJADORAS EXTRANJERAS EN SITUACIÓN ADMINISTRATIVA IRREGULAR: CUESTIONES ACERCA DE LA EXTINCIÓN CONTRACTUAL Y DEL ABONO DE LOS SALARIOS DE TRAMITACIÓN

Como es conocido, la autorización de residencia y trabajo es condición *sine qua non* para que el extranjero pueda prestar sus servicios de forma regular en España. Dicho documento tiene una duración inicial de un año y habilita para desarrollar la actividad laboral dentro de un ámbito geográfico y ocupacional determinado. En el plazo de sesenta días antes de la expiración de la vigencia de la autorización o en el de los noventa días posteriores a esa fecha[314], el extranjero viene obligado, como persona interesada, a solicitar la renovación de aquélla. Mientras se tramite el procedimiento, queda prorrogada la vigencia de la autorización inicial y el extranjero podrá continuar prestando servicios[315]. Obviamente, si el trabajador ha sido diligente

---

314 Aunque aquí con sanción por infracción leve (art. 52.b LOEX).

315 Art. 71.1 REX.

y ha cumplido con su obligación y se reúnen todos los condicionantes para la renovación, ésta tendrá lugar y el extranjero gozará de un período de cuatro años (salvo que corresponda una autorización de residencia de larga duración) para el ejercicio de cualquier actividad, por cuenta ajena o propia, en cualquier parte del territorio nacional[316].

Desde luego, el descrito es el escenario idílico para el extranjero que pretenda continuar en España trabajando de forma regular. No obstante, el supuesto contrario es el problemático. Piénsese en el extranjero que no solicita en tiempo y forma la renovación, guardando silencio sobre este aspecto ante su empresario, y en el extranjero que ha sido diligente solicitando la renovación, pero ha visto denegada la misma, o que, incluso, la ha visto revocada por las causas que habilitan para ello. ¿Qué debe hacer en estos casos el empresario? Porque lo que es cierto es que, de mantener al trabajador prestando servicios, incurriría en una infracción calificada como muy grave por la propia Ley de Extranjería por tener contratado a un extranjero en situación irregular[317].

Pues bien, para explicar correctamente esta situación, cabe aclarar, en línea de principio, que tradicionalmente se venía entendiendo que la no renovación de la autorización se consideraba un defecto de capacidad para contratar o, en su caso, de incumplimiento de una norma imperativa que determinaba la nulidad de pleno derecho del contrato. Y ello sin perjuicio de la aplicación del art. 9.2 ET para evitar el enriquecimiento injusto del empresario[318]. Esta línea interpretativa, sin embargo, ha sufrido, a lo largo de los años y debido a las sucesivas reformas del redactado del art. 36.3 LOEX (actual art. 36.5), numerosos vaivenes[319], provocando entre la doctrina, de

---

316 Art. 72 REX.

317 Art. 54.1.d) LOEX, puesto en relación con el art. 53.1.b) LOEX.

318 SSTS de 21 de marzo de 1997 (Rec. n.º 2068/1996) y de 31 de diciembre de 1991 (Rec. n.º 688/1990), entre otras muchas.

319 Incluso ha habido sentencias, en la época de las anteriores, que propugnaban la validez del contrato de trabajo del extranjero en tanto no recayese resolución denegatoria del permiso de trabajo (STS de 15 de marzo de 1989, RJ 1989\2414). En otras ya posteriores, se determinó la "no nulidad" del contrato (SSTS de 7 de octubre de 2003, Rec. n.º 2153/2002 y de 29 de

igual modo, un encendido debate sobre la nulidad o nulidad relativa del contrato del trabajador extranjero en situación irregular o su validez[320]. A día hoy, la cuestión no parece que esté cerrada, pero lo cierto es que, dada la actual literalidad del precepto antes mencionado, puesta en relación con los arts. 6.3 y 1275 CC, se cree oportuno defender que el contrato estaría viciado de nulidad habida cuenta de la contravención de una norma imperativa impuesta por razones de orden público, en concreto, el art. 36.1 LOEX, que dispone que "los extranjeros mayores de dieciséis años precisarán, para ejercer cualquier actividad lucrativa, laboral o profesional, de la correspondiente autorización administrativa previa para residir y trabajar"[321]. Lo contrario sería tanto como obviar la propia existencia de la normativa de extranjería, que requiere realizar, por simples razones de policía, de protección del mercado de trabajo español, una diferenciación clara entre el trabajo de los extranjeros en situación regular a los que cabe atribuir un estatus pleno de derechos, y el de los que se encuentran

---

septiembre de 2003, Rec. n.º 3003/2002), doctrina que ha sido seguida por los Tribunales inferiores.

320 En este sentido, puede leerse a CAMÓS VICTORIA, I.: "Los efectos jurídicos de la falta de reconocimiento pleno de la relación laboral suscrita por trabajadores inmigrantes sin autorización para trabajar", en *Relaciones Laborales,* n.º 12, 2004, p. 59, CHARRO BAENA, P.: *Las autorizaciones para trabajo de extranjeros,* Aranzadi, Pamplona, 2000, p. 140, GÓMEZ ABELLEIRA, F.J.: "Notas sobre la nulidad relativa del contrato de trabajo del trabajador extranjero sin permiso de trabajo y sobre su no invalidación respecto a los derechos del trabajador", en AA.VV.: *Derechos y libertades de los extranjeros en España. XII Congreso Nacional de Derecho del Trabajo y de la Seguridad Social,* Tomo II, Gobierno de Cantabria, 2003, p. 791, MONTOYA MELGAR, A.: *El empleo ilegal de inmigrantes,* Civitas, Pamplona, 2007, pp. 96 y 97, SUAREZ GONZÁLEZ, F.: "Capacidad para contratar", en *Revista Española de Derecho del Trabajo,* n.º 100, 2000, p. 329 y TARABINI-CATELLANI AZNAR, M.: *Reforma y contrarreforma de la Ley de extranjería,* Tirant lo Blanch, Valencia, 2002, pp. 258 a 269.

321 En efecto, no se estaría ante un problema de falta de capacidad ya que esta cuestión debe ser determinada por la ley personal del extranjero (art. 9.1 CC), sino, más bien, ante una lesión del orden público que determina la ilicitud e imposibilidad del objeto del contrato. Por todos, RODRÍGUEZ CARDO, I.: "Extranjeros en situación irregular: derechos laborales y de Seguridad Social tras las últimas decisiones del Tribunal Supremo y del Tribunal Constitucional", en *Actualidad Laboral,* n.º 5, 2009, p. 5 (v. *on line*).

en situación irregular, cuya situación jurídica no puede ni debe ser equiparable, en buena lógica jurídica, a la de los primeros. Ello no obstante, lo anterior no impediría que se hubieran generado una serie de derechos a favor del trabajador extranjero que habría que respetar en consonancia con lo que dispone el apartado cinco del art. 36 LOEX ("la carencia de la autorización de residencia y trabajo, sin perjuicio de las responsabilidades del empresario a que dé lugar, incluidas las de Seguridad Social, no invalidará el contrato de trabajo respecto a los derechos del trabajador extranjero")[322].

Cuáles son esos derechos es otra de las cuestiones que, de igual modo, ha provocado otro enardecido debate entre la doctrina. Por lo que ahora importa, es de destacar que, aunque el contrato del extranjero que carece de autorización adolezca de nulidad, ello no puede desviar la atención del hecho de que, por aplicación del mencionado art. 36.5 LOEX, el trabajador tendría derecho a la aplicación de determinadas disposiciones relacionadas con la protección frente al despido habida cuenta de la validez y eficacia de su contrato respecto a las prerrogativas que otorga la ley para todo trabajador[323]. Y, a este respecto, una de ellas vendría a ser la aplicación de las normas sustantivas y procedimentales propias del despido por causas objetivas. La concreta circunstancia de la falta sobrevenida y no culposa de la autorización encajaría, como se ha encargado de precisar la STS de 23 de junio de 2021 (Rec. n.º 3444/2018), en el concepto de ineptitud sobrevenida debido a la carencia de la documentación habilitante para continuar prestando servicios. Al efecto, conviene recordar que el art. 52.a) ET determina que será causa de despido objetivo "la ineptitud conocida o sobrevenida con posterioridad a la colocación efectiva del trabajador en la empresa". Se apunta, además, que "la ineptitud existente con anterioridad al cumplimiento de un período de prueba no podrá alegarse con posterioridad a dicho

---

322 Se está de acuerdo entonces con la nueva postura sostenida por el Tribunal Supremo al respecto y contenida en las SSTS de 17 de septiembre de 2013 (Rec. n.º 2398/2012) y de 21 de junio de 2011 (Rec. n.º 3428/2010).

323 En igual sentido, vid. LOUSADA AROCHENA, J.F. y CABEZA PEREIRO, J.: "Los derechos de los trabajadores extranjeros irregulares", en *Aranzadi Social*, n.º 7 y 8, 2004, pp. 3 y 4 (v. *on line*) y TARABINI-CATELLANI AZNAR, M.: *Reforma y contrarreforma de …*, op.cit., p. 267.

cumplimiento". Y así, de esta forma, partiendo del tenor literal —y genérico— de la norma, la jurisprudencia y la doctrina judicial han ido construyendo el concepto de ineptitud sobrevenida, precisando que nos encontramos ante ella cuando exista una "inhabilidad o carencia de facultades profesionales que tiene su origen en la persona del trabajador, bien por falta de preparación o de actualización de sus conocimientos, bien por deterioro o pérdida de sus recursos de trabajo, percepción, destreza, falta de capacidad de concentración, rapidez, etc". Además, para poder ser alegada como causa de extinción del contrato, debe reunir los siguientes requisitos: ha de ser verdadera y no disimulada; general, es decir, referida al conjunto del trabajo que se le encomienda al trabajador y no relativa a alguno de sus aspectos; de cierto grado; referida al trabajador y no debida a los medios materiales o el medio de trabajo; permanente y no meramente circunstancial; debida a causas exógenas a la propia voluntad del trabajador; y afectante a las tareas propias de la prestación laboral contratada y no a la realización de trabajos distintos[324]. Se trata, pues, de genéricas faltas de aptitud o capacidades físicas, psíquicas o legales para el trabajo[325], que, a decir de la doctrina[326], pueden derivar de una falta de diligencia debida en la prestación de servicios, siempre que sea de forma involuntaria y no exista una causa objetiva que legitime la misma, de la revocación o no renovación de titulaciones o habilitaciones profesionales o también de alteraciones de la salud del trabajador.

Con todo, la aplicación de las reglas del despido objetivo para estos casos plantea un problema de consecuencias prácticas impor-

---

324 Contenida, entre muchas otras, en las SSTS de 2 de mayo de 1990 (RJ 1990\3937) y de 7 de julio de 1986 (RJ 1986\3961) y en las SSTSJ Madrid, de 24 de abril de 2015 (Rec. n.º 1016/2014) y de Galicia, de 17 de diciembre de 2010 (Rec. n.º 3993/2010).

325 BLASCO PELLICER, A.: "La extinción del contrato de trabajo por voluntad del empresario", en AA.VV.: *Derecho del Trabajo,* 4ª ed., Tirant lo Blanch, Valencia, 2014, p. 527 y SEMPERE NAVARRO, A.V.: "Significado y virtualidad de la extinción por ineptitud del trabajador debida a causas físicas", en *Aranzadi Social,* n.º 59, 1996, p. 2 (v. *on line*).

326 ALEGRE NUENO, M.: "El despido por ineptitud", en *Revista de Jurisprudencia El Derecho,* n.º 3, 2010 (v. *on line*).

tantes. Y es el hecho de que el empresario tenga que indemnizar al trabajador con veinte días de salario por año de servicio. Podría argumentarse que, precisamente, este monto económico debe abonarse al trabajador porque en la producción de las causas objetivas está ausente un elemento intencional y culpable del trabajador, lo que se puede decir que ocurre cuando el extranjero, siendo diligente, ha tramitado la solicitud de la renovación de su autorización de residencia y trabajo, pero, por las circunstancias que fueren, la Administración no se la ha concedido. Ahora bien, desde otra perspectiva, podría defenderse que la pérdida de la autorización es una circunstancia totalmente exógena a la empresa que no debería verse en la tesitura de afrontar el pago de un determinado monto económico si el contrato deviene nulo. Dicho de otro modo, si el empresario, por imperativo legal, tiene vedada la contratación de un extranjero sin autorización de residencia y trabajo, si, además, ese contrato deviene nulo por la pérdida de la autorización y si mantener en el puesto de trabajo al extranjero en esas circunstancias le supone una sanción administrativa, no parece lógico sostener que el hecho de dar cumplimiento a un mandato legal con la extinción del contrato deba suponer para la empresa la "penalización" de tener que abonar la indemnización propia del despido objetivo. Por este motivo, este escollo se pretendió salvar con el juego de la llamada condición resolutoria. En concreto, el art. 49.1.b) ET estipula que el contrato puede extinguirse "por las causas consignadas válidamente en el contrato, salvo que ellas constituyan abuso de derecho manifiesto por parte del empresario". Se trataría, entonces, de que las partes, en el momento de suscribir el contrato o en un momento posterior, pactaran que el acaecimiento de un hecho futuro e incierto —en este caso, la pérdida de la autorización de residencia y trabajo— provocará el fin de la relación laboral sin abono de monto económico alguno.

No obstante, la STS de 16 de noviembre de 2016 (Rec. n.º 1341/2015) aclaró de forma tajante que en absoluto cabe, en estos supuestos de pérdida de la autorización, extinguir el contrato por la vía de la condición resolutoria. Y no cabe porque uno de los requisitos para que tal condición sea válida es su carácter no abusivo, pues el principio de la autonomía de la voluntad que el art. 49.1.b) ET consagra cede necesariamente en estos casos, en consonancia con lo dispuesto en el art. 7.2 CC y en el art. 1115 del mismo cuerpo legal, que señala que "cuando el cumplimiento de la condición depende de la exclusiva voluntad del deudor, la obligación condicional será nula"[327]. Se pretende evitar, de este modo y a decir de la doctrina[328], la inclusión en el contrato de condiciones resolutorias que, por la intención de su autor, por su objeto o por las circunstancias en que se realice, sobrepasen manifiestamente los límites normales del ejercicio de un derecho con daño para el trabajador. Algo que ocurriría cuando el empresario utilizase la condición en su exclusiva utilidad y beneficio, cuando la validez de la condición equivalga a dejar al arbitrio del empresario la terminación del contrato[329] o cuando el hecho que sirve de condición resolutoria queda totalmente fuera de la propia voluntad o actividad del trabajador[330]. Y esto último es algo que, ciertamente —como señala la sentencia antes citada— puede darse en el caso que nos ocupa, ya que sobre la no renovación (o revocación) de la autorización de residencia y trabajo decide la propia Administración, no el trabajador extranjero. Desde este punto de vista entonces, este requisito de la condición resolutoria no se cumple y no puede sostenerse, en consecuencia, que el art. 49.1.b) ET sea el cauce apropiado para resolver el contrato. Ahora bien, cierto es, todo sea dicho de paso, que pueden existir supuestos en los que la no renovación de la autorización provenga de la propia desidia del trabajador extranjero, de su propia negligencia. E, incluso, casos en los que la pérdida de la autorización derive de la expulsión del extranjero a causa de la comisión por parte de éste de determinadas infracciones administrativas. Siendo ello así, parece que, en estos concretos supuestos, en los que la conducta del trabajador puede haber influido en la carencia de la autorización, sí entiendo que cabría que operase la condición resolutoria como causa legal de la extinción del contrato.

---

327 STS de 3 de febrero de 2010 (Rec. n.º 1715/2009).

328 BLASCO PELLICER, A.: "La extinción del contrato de trabajo por causas consignadas válidamente en el contrato", en AA.VV.: *Extinción del contrato de trabajo,* Tirant lo Blanch, Valencia, 2011, p. 2 (v. *on line*).

329 STS de 2 de diciembre de 2014 (Rec. n.º 2371/2013).

330 SSTS de 16 de noviembre de 2016 (Rec. n.º 1341/2015) y de 3 de febrero de 2010 (Rec. n.º 1715/2009).

Sea como fuere, zanjada, pues, por el Tribunal Supremo la cuestión de la (no) virtualidad práctica de la condición resolutoria en estos supuestos, debe volverse al favor por la aplicación de las reglas del despido objetivo por ineptitud que se deriva de la STS de 23 de junio de 2021 (Rec. n.º 3444/2018). Y debe volverse a ello porque conviene realizar ciertas puntualizaciones a la misma. Así, en primer lugar y al hilo de lo que anteriormente se mencionaba, es factible plantearse qué ocurre cuando la pérdida de la autorización ha sido debida a la mera desidia del trabajador extranjero que ha dejado transcurrir los plazos para solicitar la oportuna renovación. Efectivamente, cuando éste, voluntariamente, no actúa de modo diligente, mal puede sostenerse que el empresario le deba abonar una indemnización por despido objetivo. Antes al contrario, pues, en estos concretos casos, la solución jurídica más correcta llevaría a entender, a mi juicio, que sea aplicable la figura del despido disciplinario, en concreto, por causa de la transgresión de la buena fe contractual[331]. De igual modo habría que proceder si el extranjero ocultara maliciosamente al empresario que no ha renovado su autorización o que le han denegado la misma y continuara prestando servicios bajo la apariencia de una falsedad. Ahora bien, en estos concretos supuestos, habría que ponderar las circunstancias concurrentes del caso para discernir si pudo existir o no una situación de tolerancia empresarial, esto es, si el empresario pudo tener o no cabal conocimiento de la irregularidad y admitirla durante un determinado lapso temporal, ya que, de ser así, el despido que en hipótesis realizara el empresario en un momento posterior debería ser sancionado con la improcedencia[332].

En esta línea, también cabe preguntarse por la situación en la que el extranjero hubiera visto extinguida su autorización por aplicación de la sanción de expulsión. Señalan los apartados uno y dos del art. 57 LOEX que podrá aplicarse la sanción de expulsión cuando el extranjero haya cometido infracciones graves (de las tipificadas en los apartados a), b), c), d) y f) del art. 53.1 LOEX) o muy graves o cuan-

---

331 Sobre ello puede leerse la STSJ Madrid, de 13 de junio de 2012 (Rec. n.º 1228/2012). Vid. también TARABINI-CATELLANI AZNAR, M.: *Reforma y contrarreforma de …*, op.cit., p. 279.

332 STSJ Castilla y León, Valladolid, de 9 de septiembre de 2013 (Rec. n.º 1441/2013).

do haya sido condenado, dentro o fuera de España, por una conducta dolosa que constituya en nuestro país delito sancionado con pena privativa de libertad superior a un año. En estos concretos casos, la expulsión lleva aparejada la extinción de cualquier autorización para permanecer legalmente en España, así como el archivo de cualquier procedimiento que tuviera por objeto la autorización para residir o trabajar en España del extranjero expulsado (art. 57.4 LOEX). Pues bien, siendo ello así, podría entenderse que el empresario, ante la pérdida culpable de la autorización por parte del trabajador, habría de encauzar la extinción contractual a través de la vía del despido disciplinario, pero ya no, como en los casos anteriores, por la causa del art. 54.2.d) ET, sino, más bien, entiendo, por faltas de asistencia al trabajo repetidas e injustificadas.

En segundo lugar, resulta que puede existir otro modo de proceder a la extinción de la relación laboral sin necesidad de pasar por el abono de la indemnización, que es el principal hándicap que, como se ha dicho, se le encuentra a la tesis de la aplicabilidad del art. 52.a) ET. Y es que, más allá del esfuerzo por encajar la extinción del contrato cuando falta de forma sobrevenida la autorización de residencia y trabajo en una de las causas de resolución previstas en el Estatuto de los Trabajadores, la solución al problema planteado pasaría por entender, a mi modo de ver y como más arriba se ha adelantado, que el contrato deviene nulo de pleno Derecho por la infracción de una norma imperativa. Quiere con ello decirse que la extinción se habría producido *ex lege* y antes de cualquier decisión extintiva del empresario. Y, en orden a esa extinción, no cabe que opere ni el despido por causas objetivas ni condición resolutoria alguna, bastando con que el empresario le comunique al trabajador la extinción de su contrato por la carencia del documento que le permite prestar servicios[333]. Ciertamente, podría argumentarse, frente a este posicionamiento,

---

[333] En el mismo sentido, BELTRÁN DE HEREDIA, I.: "No renovación de permiso de trabajo y extinción del contrato", en el blog *Una mirada crítica a las relaciones laborales*, entrada de 9 de enero de 2017. Y apuntando también en esta dirección, LÓPEZ CUMBRE, L.: "Despido (improcedente) por pérdida del permiso de trabajo. ¿La autorización para trabajar constituye una condición contractual?", en la siguiente dirección electrónica: http://www.gomezacebo-pombo.com/media/k2/attachments/despido-improcedente-

que mal se cohonesta con la existencia del art. 36.5 LOEX, que salva la validez del contrato en el exclusivo aspecto de los derechos del trabajador. Pero la finalidad que informa esta previsión es proteger al trabajador extranjero que ha prestado servicios de forma sostenida sin la correspondiente autorización frente a determinadas conductas anómalas de un empresario que lo ha contratado siendo conocedor de su situación de irregularidad. Se trata, por decirlo de otro modo, de hacer frente a la inocuidad de un posible despido, de salvar los efectos perversos que la posible decisión empresarial de desprenderse del trabajador extranjero pueda acarrear respecto de los derechos ya consolidados de aquél y de evitar, en consecuencia, el enriquecimiento injusto del empleador. Y aquí, en este caso en concreto, no puede decirse que la relación laboral haya quedado extinguida por voluntad del empresario, pues ese hecho ya habría acontecido mucho antes y de forma automática por expreso cumplimiento de un mandato legal. Entendiendo ello así, no puede llegarse más que a la conclusión de que ningún derecho a una extinción indemnizada habría nacido, pues ninguna decisión patronal habría mediado en la terminación del contrato.

Finalmente y como señala la STS de 23 de junio de 2021 (Rec. n.º 3444/2018), la aplicación de las reglas del despido objetivo por ineptitud sobrevenida obliga a entender como improcedentes los despidos que se efectúen sin seguir aquéllas. Y si ello es así, cierto es que la readmisión no podría tener lugar. Sobre ello, los Tribunales también se han pronunciado, admitiendo en algunos casos la posibilidad de que el extranjero sea readmitido[334] y en otros —la mayoría— negando que sobre el empresario pese dicha obligación[335]. Posicionamien-

---

por-perdida-del-permiso-de-trabajo-la-autorizacion-para-trabajar-constituye-una-condicion-contractual.pdf.

334 Entre otras, SSTSJ Madrid, de 10 de mayo de 2005 (Rec. n.º 373/2005) y de 30 de septiembre de 2002 (Rec. n.º 2146/2002) y Cataluña, de 30 de mayo de 2002 (Rec. n.º 969/2002).

335 SSTSJ Andalucía, Málaga, de 25 de marzo de 2010 (Rec. n.º 2481/2009), Castilla y León, Burgos, de 28 de mayo de 2009 (Rec. n.º 247/2009) y Cataluña, de 5 de julio de 2005 (Rec. n.º 1401/2005). Entre la doctrina y a favor de este planteamiento, BALLESTER PASTOR, M.A.: "Las consecuencias del despido de trabajadores sin permiso de trabajo", en *Actualidad Laboral,*

to éste que, en buena lógica jurídica, es el correcto. Y ello porque no es dable entender que el empresario sea condenado a la readmisión de un trabajador que, en estricta aplicación de la normativa de extranjería, no puede prestar servicios por carecer del documento que le habilita para ello. Se le estaría conminando, por decirlo de otro modo, a incumplir las previsiones de la Ley de Extranjería, pudiendo ser sancionado administrativamente por una infracción de carácter muy grave al tener contratado a un extranjero en situación irregular, como antes ya se ha tenido ocasión de apuntar. Por lo tanto y en resumen, lo que procedería es el abono de la indemnización propia del despido improcedente por la aplicación de la regla contenida en el art. 286 LJS, que permite, cuando la readmisión no pueda tener lugar "por cese o cierre de la empresa o por cualquier otra causa de imposibilidad legal o material", que el empresario abone "las indemnizaciones y los salarios dejados de percibir que señala el apartado 2 del artículo 281 LJS"[336].

¿Y qué ocurriría con los salarios de tramitación? Porque recuérdese que el número dos del art. 281 LJS obliga a abonar, junto con la indemnización, tales cuantías. Y si la carencia de la autorización de residencia y trabajo no invalida los derechos del trabajador ex-

---

n.º 27, 2003, pp. 7 y 8 (v. *on line*), CHARRO BAENA, P.: "El trabajo de los extranjeros en ..., op.cit., pp. 91 y 92 y SEMPERE NAVARRO, A.V.: "Trabajo irregular de los extranjeros y validez del contrato de trabajo", en *Actualidad Jurídica Aranzadi*, n.º 545, 2002, p. 2 (v. *on line*).

336 Es precisamente gracias a esa última coletilla que incorpora el art. 286 LJS ("cualquier otra causa de imposibilidad legal o material") por la que no se estima forzada la aplicación del mencionado precepto a la situación peculiar del extranjero que aquí se comenta. Cuestión distinta era lo que ocurría antes de la entrada en vigor de la Ley de la Jurisdicción Social, ya que el art. 284 LPL sólo se refería a los supuestos de cese o de cierre de la empresa para sustituir la readmisión por el abono de la indemnización. Al considerarse que la aplicación de la regla contenida en este artículo no podía extenderse a supuestos distintos de los contemplados en el mismo, se consideró plausible, para salvar la situación del extranjero que no puede ser readmitido, que el empresario abonase una indemnización por la genérica aplicación de las reglas civiles que obligan a indemnizar los daños y perjuicios a quienes son responsables de ello. Vid., entre la doctrina, BALLESTER PASTOR, M.A.: "Las consecuencias del despido de ..., op.cit., p. 7 y 8.

tranjero (art. 36.5 LOEX), bien pudiera pensarse que uno de esos derechos es percibir los salarios de tramitación cuando procedan[337]. Pues bien, ha sido de nuevo la STS de 23 de junio de 2021 (Rec. n.º 3444/2018) la que ha ofrecido la respuesta sobre el particular. De esta forma, se ha señalado que, a partir de la pérdida de la autorización para trabajar, existe una imposibilidad legal de mantenimiento del contrato de trabajo que no deriva de ningún tipo de actividad o actitud por parte de la empresa, lo que impide considerar que se deban salarios de tramitación. Téngase en cuenta que con tal cuantía "se pretende compensar al trabajador uno de los perjuicios que para él se derivan del hecho del despido, cual es el no percibir retribución alguna desde la fecha de despido y durante la instrucción del despido correspondiente"[338] y, si ello es así, mal se acompasa que el empresario deba abonar, junto a la indemnización, estos salarios cuando el hecho que ha provocado el despido ha sido totalmente ajeno a su voluntad.

4. LA READMISIÓN Y ABONO DE LOS SALARIOS DE TRAMITACIÓN EN SUPUESTOS DE CORRESPONSABILIDAD

A) Grupos de empresas

a) Las reglas jurisprudenciales para determinar la existencia de un grupo de empresas

Los grupos de empresas constituyen una forma de concentración, sin personalidad jurídica propia, basada —por decirlo llanamente

---

337 Sostenido este criterio por SSTS de 17 de septiembre de 2013 (Rec. n.º 2398/2012) y de 21 de junio de 2011 (Rec. n.º 3428/2010). Recientemente, ha reconocido el pago de los salarios de trámite la STSJ Cataluña, de 19 de octubre de 2021 (Rec. n.º 3710/2021), si bien para no incurrir en *reformatio in peius* en una cuestión que no era objeto de oposición por la parte demandada.

338 Así, SSTS de 23 de enero de 2001 (Rec. n.º 1706/2000), de 26 de diciembre de 2000 (Rec. n.º 4595/1999), de 2 de octubre de 2000 (Rec. n.º 3210/1999) y de 14 de julio de 1998 (Rec. n.º 3482/1997).

ahora— en la existencia de un elemento cohesionador común, la dirección unitaria estable y permanente en el tiempo[339] y en el mantenimiento de la personalidad jurídica independiente de sus componentes, que, a su vez, se encuentran vinculados a través de nexos de subordinación o de coordinación. Aparecen así los conceptos de grupos verticales y horizontales, constituyendo los primeros una estructura empresarial jerarquizada, sustentada en el art. 42 Código Comercio y basada en la dependencia y en el control que ejerce la empresa matriz de la que emana la dirección unitaria y, los segundos, un conglomerado de empresas en el que existe una situación de igualdad, al participar sus integrantes de modo democrático en el establecimiento de las líneas de actuación a seguir por el grupo en su conjunto y ello aunque deleguen el control de tales líneas de actuación en uno de sus miembros, en un órgano gestor o creado *ad hoc*[340].

Ocurre, sin embargo, que en el Derecho del Trabajo no existe, de forma deliberada[341], una definición como tal de grupo de empresas.

---

339 Aunque no se desconoce la existencia de cierto debate doctrinal sobre si el elemento configurador de los grupos debe ser el de la dirección unitaria o, más bien, el del control y la dependencia (por todos, FERNÁNDEZ MARKAIDA, I.: *Los grupos de sociedades como forma de organización empresarial*, Edersa, Madrid, 2001, pp. 187 a 201). La jurisprudencia social, como más tarde se verá, aboga por la primera nota, a mi modo de ver de forma razonable.

340 Es decir, existe en estos grupos una dirección unitaria concordada de modo voluntario y con vocación de permanencia en el tiempo para que todas las empresas actúen conforme a un mismo patrón, pero no existe control o dominación de una sobre la otra. El concepto en sí aparece en la norma 13 de elaboración de las cuentas anuales del Real Decreto 1514/2007, de 16 de noviembre, por el que se aprueba el Plan General de Contabilidad. Dos ejemplos claros de estos grupos lo constituyen los grupos cooperativos, regulados en el art. 78 de la Ley 27/1999, de 16 de julio, de Cooperativas, y las sociedades participadas por familiares o familiares próximos, sometidas éstas a una misma unidad de decisión pues existe coincidencia en las personas que componen los órganos de administración, pero sin que se evidencia entre ellas una intromisión relevante en el capital social que permita a una ejercer dominación sobre el resto (consulta publicada en el Boletín del Instituto de Contabilidad, n.º 92/2012, consulta 4).

341 La respuesta a la pregunta de por qué no existe una definición de grupos de empresas en el ámbito laboral hay que buscarla —y encontrarla— en el

Lo que sí ha existido es un esfuerzo jurisprudencial desde mediados de los años ochenta para configurar una definición de grupo más allá de las normas mercantiles y de la regulación *ad hoc* que en el campo laboral puede encontrarse[342]. La premeditada intención del legisla-

---

tráfico económico, en la necesidad de no coartar la libertad de las empresas ex art. 38 CE para apostar por fórmulas de organización que les permitan flexibilizar costes, aumentar la productividad y, por ende, la competitividad sin necesidad de perder, por ello, las prerrogativas propias de una personalidad jurídica independiente y diferenciada de las demás. Se pretende, de esta forma, no imponer cortapisas en el mercado, limitaciones basadas en la imposición de una responsabilidad conjunta de todas las sociedades que integran el grupo, que frenarían u obstaculizarían la iniciativa empresarial.

342 Por poner unos ejemplos, la Ley 10/1997, de 24 de abril, sobre derechos de información y consulta en empresas de dimensión comunitaria, define al grupo como "el formado por una empresa que ejerce el control y las empresas controladas" (art. 3.3), estableciendo, además que, a los únicos efectos de esta norma, "se entenderá por empresa que ejerce el control aquella que pueda ejercer una influencia dominante sobre otra, denominada empresa controlada, por razón de la propiedad financiera, previsión de los Estatutos Sociales u otros motivos análogos" (art. 4.1). Complementa esta previsión una presunción *iuris tantum* sobre cuándo la empresa dominante ejerce esa "influencia dominante", a saber, cuando posea "la mayoría del capital suscrito de la empresa" o "la mayoría de los derechos de voto correspondientes a las acciones emitidas por la empresa" o tenga, en fin, "la facultad de nombrar a la mayoría de los miembros del órgano de administración, de dirección o de control de la empresa" (art. 4.2). Sobre esta definición se construye, por su parte, el concepto de filial de una sociedad que aparece en la Ley 31/2006, de 18 de octubre, sobre implicación de los trabajadores en las sociedades anónimas y cooperativas europeas. En esta norma, se establece que la filial debe ser entendida como aquella "empresa sobre la cual la sociedad ejerce una influencia dominante, definida de conformidad con lo dispuesto en el artículo 4 de la Ley 10/1997, de 24 de abril, sobre derechos de información y consulta de los trabajadores en las empresas y grupos de empresas de dimensión comunitaria" (art. 2.d). Otra norma que también toma como base lo dispuesto en la Ley 10/1997 es la Ley 45/1999, de 29 de noviembre, sobre el desplazamiento de trabajadores en el marco de una prestación de servicios transnacional, pues tal movilidad puede producirse, entre otros supuestos, entre empresas del mismo grupo, considerándose como tal el "formado por una empresa que ejerce el control y las empresas controladas en los términos del artículo 4 de la Ley 10/1997, de 24 de abril, sobre derechos de información y consulta de los trabajadores en las empresas y grupos de empresas de dimensión comunita-

dor laboral de no proporcionar una norma aplicable de afectación general en materia de grupos ha sido directamente proporcional a la construcción jurisprudencial de unos criterios, llamados patológicos, que, de apreciarse en el concreto supuesto de hecho, implicarían la asunción de responsabilidad por todas las empresas integrantes, también, por lo que ahora importa, en orden a la readmisión y al abono de los salarios de tramitación.

En efecto, la anomia legislativa que en el ámbito laboral padecen los grupos de empresa ha sido compensada por una abundantísima y muy rica jurisprudencia y doctrina judicial que ha ido delimitando las implicaciones laborales de esta forma de organización empresarial, intentando ofrecer, más que una definición de la misma, un hilo conductor sobre el que hacer descansar las exigencias propias de la corresponsabilidad. Y, a estos efectos, la premisa, aun con algún que otro vaivén, siempre se ha mantenido firme: la prevalencia por la consideración de cada empresa como estructura independiente de las demás y con su propia responsabilidad para con sus empleados[343], salvo que se aprecien, en el concreto supuesto de hecho, una serie de criterios específicos que puedan justificar la extensión de la responsabilidad a todas las empresas del grupo[344] o, incluso, a las personas físicas que actúen conjuntamente con ellas[345].

El planteamiento que se adopta es, pues, el de la negación al grupo de personalidad jurídica propia y diferenciada de sus integrantes,

---

ria" (art. 1.1.b). Más allá de estas referencias, existen otras normas, como el propio Estatuto, la Ley de la Jurisdicción Social, el Estatuto del Trabajo Autónomo o diversas normas reglamentarias, que realizan una somera alusión al grupo, pero sin llegar a definirlo ni aludir si quiera a la nota de control o influencia dominante que aparece en las previsiones normativas anteriores. Con todo, siempre lo toman como una unidad sobre la que aplicar ciertas especificaciones.

343 SSTS de 30 de junio de 1993 (Rec. n.º 720/1992), de 13 de marzo de 1983 (RJ 1986/1315), de 23 de junio de 1983 (RJ 1983/3043) y de 6 de mayo de 1981 (RJ 1981/2103).

344 SSTS de 9 de mayo de 1990 (RJ 1990\3983) y de 30 de junio y de 30 de enero de 1993 (Rec. n.º 720/1992 y RJ 1990\233).

345 SSTS de 6 de marzo de 2002 (Rec. n.º 1666/2001) y de 26 de diciembre de 2001 (Rec. n.º 139/2001).

primándose, de este modo, la apariencia frente a la realidad, lo dogmático (el empresario formal) frente a lo práctico (el empresario real). La aportación y posterior valoración de la prueba será aquí de vital importancia, siendo el juzgador el que en última instancia deberá considerar si toma al grupo como centro de imputación de responsabilidades o, por el contrario, no lo hace. No obstante, es fácil, ciertamente, ver las costuras de este planteamiento, pues todo dependerá de las pruebas que pueda aportar en juicio el trabajador[346], tarea ésta que en verdad puede resultarle tremendamente enojosa por la complejidad de unos asuntos, los societarios, que puede no dominar, ni tiene por qué hacerlo. Las construcciones jurisprudenciales sin base legal alguna, aunque muy loables porque permiten esquivar la inacción del legislador, siempre han padecido, en este sentido, de ciertas limitaciones por no poder establecer, habida cuenta de la abundante casuística, unas líneas de actuación comunes que sólo el legislador puede dibujar.

Pero, vayamos por partes y analicemos los criterios que, judicialmente, determinan la existencia de la corresponsabilidad en el seno de un grupo de empresas. Para ello, se estima conveniente examinar la evolución de la jurisprudencia sobre el particular evidenciando, precisamente, la existencia de esos vaivenes a los que antes se hacía referencia y que, básicamente, giran en torno a la presencia de un elemento patológico sobre el que articular la comunicación de responsabilidades y su alcance. Veamos.

Si bien puede encontrarse algún pronunciamiento judicial que parte de la idea de la relevancia de los vínculos societarios para determinar la existencia del grupo de empresas y aplicar, de este modo, la comunicación de responsabilidades entre sus miembros[347], lo cierto es que la doctrina clásica siempre ha descansado sobre la base de dos ideas fundamentales. De un lado, la irrelevancia de los lazos mercantiles para considerar al grupo de empresas desde una perspectiva

---

346 Por ser quien pretende hacer valer los efectos jurídico-laborales atribuidos a los grupos.

347 SSTS de 8 de junio de 1988 (RJ 1988/5256) y de 8 de octubre de 1987 (RJ 1987/6973).

laboral[348] y, de otro, la búsqueda de elementos adicionales, considerados patológicos[349], en virtud de los cuales extender a sus integrantes una responsabilidad conjunta para hacer frente a las obligaciones dimanantes de la relación laboral[350].

En efecto, ha sido una constante en la jurisprudencia desdeñar la aplicación, en el campo laboral, del concepto de grupo de empresas mercantil que acuña el art. 42 Código de Comercio a efectos de la obligación de consolidación de las cuentas anuales de la agrupación[351]. Básicamente, la idea parte de considerar que existe grupo de empresas cuando, dejando intacta la personalidad jurídica de las diversas sociedades, una de ellas ostenta el control sobre las otras[352]. Control o posición de dominio que se presumirá existente cuando la sociedad dominante respecto de la sociedad dominada se encuentre en alguna de estas situaciones: posea la mayoría de los derechos de voto, ostente la facultad de nombrar o destituir a la mayoría de los miembros del órgano de administración, tenga la posibilidad de disponer, en virtud de acuerdos celebrados con terceros, de la mayoría de los derechos de voto o designe con sus votos a la mayoría de los miembros del órgano de administración, que desempeñen su cargo

---

348 STS de 23 de junio de 1983 (RJ 1983/3043).

349 STS de 29 de junio de 1989 (RJ 1989/4854).

350 Fíjese que no se trata de asignar al grupo en sí la responsabilidad, pues éste es un ente desprovisto de personalidad al no reconocérsela la ley (art. 35.2 CC). De lo que se trata, más bien, es de atribuir esa responsabilidad a cada una de las empresas integrantes del mismo (o, al menos, a las implicadas), que sí gozan de aquella personalidad, y, de este modo —indirecto a todas luces— atribuírsela al grupo.

351 Al que se remite, además, el art. 18 del Real Decreto Legislativo 1/2010, de 2 de julio, por el que se aprueba el texto refundido de la Ley de Sociedades de Capital, el art. 4 de la Ley 6/2023, de 17 de marzo, de los Mercados de Valores y de los Servicios de Inversión y la disposición adicional primera del Real Decreto Legislativo 1/2020, de 5 de mayo, por el que se aprueba el Texto Refundido de la Ley Concursal.

352 A efectos concursales, se ha dictaminado que resulta indiferente que quien ejerza ese control sea una sociedad mercantil, una persona física o una persona jurídica que no sea una sociedad mercantil (una fundación, por ejemplo). Así, STS, Sala de lo Civil, de 15 de marzo de 2017 (Rec. n.º 2321/2014).

en el momento en que deban formularse las cuentas consolidadas y durante los dos ejercicios inmediatamente anteriores.

El eje central, pues, sobre el que pivota la existencia de un grupo a efectos mercantiles es el control que ejerce una sociedad respecto de las otras, lo que remite claramente a la idea de subordinación, de ejercicio de superioridad y al hecho de que existe en el seno de esta estructura compleja una estrategia común de actuación impuesta por la sociedad dominante que las dominadas deben acatar de modo necesario. Ese control, además, debe demostrarse fehacientemente de tal modo que, de no apreciarse, no existirá obligación alguna de consolidación de cuentas. Para ayudar, el propio art. 42 del Código de Comercio establece unas pautas a partir de las cuales apreciar ese control de forma directa o, incluso, potencial. Pautas que han sido complementadas con lo que dispone el Real Decreto 1159/2010, de 17 de septiembre, por el que se aprueban las Normas para la Formulación de Cuentas Anuales Consolidadas (NOFCAC) al añadir que también determina la existencia de control la presencia en el supuesto de hecho de una serie de circunstancias por las cuales la empresa dominante obtiene, de forma mediata o inmediata, los beneficios, resultados o ventajas económicas generadas por la empresa dominada o subordinada.

De nada de esto, sin embargo, se hace eco la jurisprudencia laboral, que ha deslindado, muy concienzudamente y de forma tajante, los conceptos de grupo de empresas mercantil y grupo de empresas laboral o de relevancia laboral, requiriendo este último de un plus, de una serie de factores relacionados con la organización de trabajo cuya presencia determinaría —ahora ya sí— la extensión de la responsabilidad. Tales elementos se han ido perfilando poco a poco y así, de otorgar relevancia a ciertos datos que concurrían muy puntualmente en los diversos supuestos de hecho enjuiciados, como quién se hacía cargo del pago de los salarios[353], si se prestaban servicios de forma indistinta para todas las empresas del grupo[354], si existía una

---

353 STS de 10 de noviembre de 1987 (RJ 1987/7838).
354 STS de 7 de diciembre de 1987 (RJ 1987/8851).

dirección unitaria[355] o un fin común entre todas las empresas[356], se ha llegado a una sistematización o recopilación de las circunstancias que darían paso a la comunicación de responsabilidades para evitar, de este modo, "la posible aparición de empresas que careciesen de las mínimas garantías de responsabilidad dejando a sus trabajadores indefensos"[357].

De esta forma, sentada ya de manera definitiva la idea de que no es suficiente que concurra el mero hecho de que dos o más empresas pertenezcan al mismo grupo mercantil (por compartir accionistas o por tener una empresa un buen número de acciones en otra, por ejemplo)[358], para derivar de ello, sin más, una responsabilidad de todas respecto de obligaciones contraídas por una de ellas con sus propios trabajadores, se señala que esta premisa quiebra, tanto en el sector privado como en el público[359], cuando aparecen en escena ciertas circunstancias adicionales con las que se pretende, de un lado, la búsqueda del empresario real de los trabajadores y, de otro, el rechazo al fraude, a la existencia de un ánimo que pretenda perjudicar la posición de los trabajadores como parte débil de la contratación que son[360] y cuya consecuencia será la solidaridad en orden a su reparación[361].

---

355 STS de 8 de junio de 1988 (RJ 1988/5251).

356 STS de 12 de julio de 1988 (RJ 1988/5802). Reiterado en STSJ Cataluña, de 4 de marzo de 1993 (AS 1993/1501).

357 SSTS de 21 de diciembre de 2000 (Rec. n.º 4383/2000) y de 8 de octubre de 1987 (RJ 1987/6973).

358 STS de 20 de enero de 2003 (Rec. n.º 1524/2002).

359 Sobre la aplicación de los mismos requisitos que se exigen para la declaración de unidad de empresa en los supuestos de sociedades regidas por el Derecho público, SSTSJ Andalucía, Granada, de 19 de diciembre de 2012 (Rec. n.º 2203/2012), Andalucía, Málaga, de 27 de marzo de 1995 (AS 1995/1030), Andalucía, Sevilla, de 16 de febrero de 2012 (Rec. n.º 1338/2011), Castilla y León, Valladolid, de 1 de febrero de 2012 (Rec. n.º 2121/2011), Cataluña, de 29 de abril de 2002 (Rec. n.º 7405/2001), Comunidad Valenciana, de 4 de noviembre de 2013 (Rec. n.º 17/2012), Extremadura, de 21 de marzo de 2013 (Rec. n.º 20/2013) y Madrid, de 9 de abril de 2013 (Rec. n.º 18/2013) y de 24 de abril de 2001 (Rec. n.º 4744/2000).

360 STS de 24 de septiembre de 1990 (RJ 1990/7045).

361 Se hace jugar la regla del art. 6.4 CC y no la contenida en el art. 1137 del mismo texto legal, por la cual hay que entender que la solidaridad no se

Entre tales circunstancias, de carácter no cumulativo, se sitúa en primer lugar y de forma ciertamente preeminente la prestación de servicios al grupo de forma indiferenciada y ya sea de manera sucesiva a través de varios contratos encadenados o simultáneamente[362]. Se trata aquí de que, pactada inicialmente la prestación de servicios para una única empresa, ésta encomienda al trabajador labores en otras empresas del grupo, trabajando así indistintamente o de forma indiferenciada para todas ellas en su conjunto sin posibilidad de discernir y separar los concretos servicios y tiempos de trabajo, incluso en ocasiones con el mismo uniforme y en las mismas dependencias[363], lo que ha conducido a la consideración de que exista una única relación laboral entre el trabajador o los trabajadores afectados y las empresas que componen el grupo, que es el que, a la postre,

---

presume, no es la regla general, sino la excepción. Precisamente, esta forma de fundamentar la corresponsabilidad empresarial en el seno del grupo es el elemento que lo distingue de la UTE, en cuanto que la solidaridad en estos supuestos de pluralidad empresarial deriva, no de la existencia en el concreto supuesto de hecho de una serie de indicios o factores interpretados desde la óptica del fraude o de la sospecha, sino de las especiales características que la Ley 18/1982, de 26 de mayo le atribuye a esta figura y que la dotan de una personalidad jurídica, no *de iure*, pero sí *de facto*. Cosa distinta es que las empresas que formen parte de la UTE sí puedan pertenecer al mismo grupo empresarial y se haga recaer sobre ellas la responsabilidad solidaria a estos efectos. Sobre ello, vid. SSTSJ Andalucía, Málaga, de 30 de septiembre de 2015 (Rec. n.º 1116/2015), de 2 de julio de 2015 (Rec. n.º 838/2015) y de 6 de marzo de 2014 (Rec. n.º 77/2014), Cantabria, de 15 de julio de 2014 (Rec. n.º 352/2014) y de 16 de abril de 2014 (Rec. n.º 873/2013) y Castilla y León, Valladolid, de 22 de mayo de 2013 (Rec. n.º 560/2013).

362 No obstante, es posible encontrar sentencias en las que se entiende que la prestación de servicios ha de ser necesariamente simultánea, excluyéndose, pues, la prestación sucesiva. Así, SSTSJ Castilla y León, de 14 de marzo de 2013 (Rec. n.º 98/2013) y Galicia, de 11 de mayo de 2010 (Rec. n.º 684/2010).

363 SSTSJ Andalucía, Málaga, de 2 de julio de 2009 (Rec. n.º 1063/2009), Cataluña, de 11 de diciembre de 2000 (Rec. n.º 5635/2000) y de 21 de septiembre de 1999 (Rec. n.º 4141/1999), Comunidad Valenciana, de 1 de febrero de 2011 (Rec. n.º 3320/2010), Galicia, de 14 de mayo de 2010 (Rec. n.º 537/2010), Madrid, de 8 de octubre de 2007 (Rec. n.º 2902/2007) y Murcia, de 9 de julio de 2012 (Rec. n.º 10/2012).

se beneficia de los servicios prestados. Ello no obstante, se precisa que no se estará ante esta prestación indiferenciada cuando el trabajador colabore ocasional y puntualmente con las otras empresas. Y ello porque, en estos supuestos, el grupo no habrá construido una infraestructura de personal que conlleve la indistinta prestación de servicios por los trabajadores en las diferentes empresas del grupo a modo de plantilla única[364]. De igual modo, tampoco se ha entendido que concurre este fenómeno cuando las empresas cesan a sus trabajadores al mismo tiempo[365], cuando la prestación de servicios se realiza en forma de colaboraciones no retribuidas[366] y/o con tiempos claramente diferenciados[367], cuando se recoloca al trabajador en otra empresa diferente del mismo sector con su propia estructura empresarial fruto del proceso de reestructuración que atraviesa la que lo contrató de modo originario[368], cuando existe una transmisión de empresa con la integración en plantilla de los trabajadores de la anterior[369] o cuando el "pase" del trabajador a otra empresa deriva de la extinción de la relación laboral con formalización de nuevo contrato totalmente independiente del anterior, de la suspensión del contrato

364 SSTSJ Castilla y León, Valladolid, de 11 de octubre de 2011 (Rec. n.º 1527/2011) y de 12 de noviembre de 1996 (Rec. n.º 2205/1996), Cataluña, de 21 de julio de 2011 (Rec. n.º 2496/2011), de 17 de diciembre de 1997 (AS 1997/5182) y de 21 de septiembre de 1992 (AS 1992/4376), Comunidad Valenciana, de 8 de julio de 1993 (Rec. n.º 1225/1993), Islas Canarias, Las Palmas, de 30 de septiembre de 2005 (Rec. n.º 468/2003), Galicia, de 9 de junio de 2005 (Rec. n.º 2047/2005) y Madrid, de 31 de octubre de 2012 (Rec. n.º 1143/2012), de 23 de mayo de 2005 (Rec. n.º 1766/2005), de 4 de diciembre de 2002 (Rec. n.º 3666/2002) y de 2 de noviembre de 2000 (Rec. n.º 3425/2000).

365 STSJ Cataluña de 18 de marzo de 1999 (Rec. n.º 9132/1998).

366 STSJ Madrid, de 6 de julio de 2004 (Rec. n.º 6505/2003).

367 STSJ Andalucía, Granada, de 24 de marzo de 2010 (Rec. n.º 309/2010).

368 STSJ Comunidad Valenciana, de 4 de abril de 2006 (Rec. n.º 3330/2005).

369 SSTSJ Cataluña, de 8 de febrero de 2013 (Rec. n.º 6551/2012), de 14 de septiembre de 2010 (Rec. n.º 3268/2010) y de 2 de noviembre de 1994 (AS 1994/4340), Comunidad Valenciana, de 18 de febrero de 2009 (Rec. n.º 3962/2008) y Murcia, de 4 de junio de 2007 (Rec. n.º 630/2007).

con suscripción igualmente de un nuevo contrato, así como de la cesión del contrato[370].

En segundo lugar, ha de valorarse también la actuación unitaria del grupo o conjunto de las empresas agrupadas bajo unas mismas coordenadas estratégicas dictadas desde la sociedad que conforma la cabeza del grupo[371]. Se ha dicho que ello pondría de manifiesto la presencia de un único órgano rector, un único empresario a efectos laborales, lo que determinaría también que todas las empresas deban asumir de forma solidaria las obligaciones nacidas del contrato[372]. Este funcionamiento unitario, no sólo, por lo tanto, tendría que traslucirse en el ámbito mercantil, sino también en el laboral de forma tal que se pueda considerar al grupo como empresario receptor de los servicios. Y ello ya sea debido a que los trabajadores queden directamente sujetos a órdenes ajenas a la sociedad a la que están adscritos[373], a que la existencia de un mando único se escenifique en una persona física (administrador único o solidario) que actúe como rectora de la actividad de todas las sociedades[374], especialmente en

370 Posibilidades éstas admitidas por la jurisprudencia que las diferencia, por cierto, de la cesión ilegal del art. 43 ET. Así, SSTSJ Cantabria, de 26 de septiembre de 2012 (Proc. n.º 2/2012), Galicia, de 5 de abril de 2013 (Rec. n.º 3586/2010), Islas Canarias, Las Palmas, de 27 de octubre de 2011 (Rec. n.º 632/2011), Madrid, de 25 de septiembre de 2006 (Rec. n.º 943/2006) y Murcia, de 18 de junio de 2012 (Rec. n.º 296/2012). En el mismo sentido, SAN de 29 de diciembre de 2006 (Proc. n.º 157/2006).

371 Obsérvese, con la exigencia de este requisito, el favor de la jurisprudencia y doctrina judicial tradicional por los grupos de empresa unidos a través de lazos de subordinación, no de coordinación. Sobre ello, CRUZ VILLALÓN, J.: "Notas acerca del régimen contractual laboral en los grupos de empresa", en *Temas Laborales*, n.º 38, 1996, p. 48.

372 STCT de 4 de julio de 1984 (RTCT 1984/6053).

373 SSTSJ Andalucía, Málaga, de 2 de julio de 2009 (Rec. n.º 1063/2009), Castilla y León, Valladolid, de 23 de marzo de 2005 (Rec. n.º 456/2005), Cataluña, de 3 de diciembre de 2009 (Rec. n.º 5349/2009), Galicia, de 10 de marzo de 2009 (Rec. n.º 486/2006) y de 21 de diciembre de 2005 (Rec. n.º 4955/2005) y País Vasco, de 25 de junio de 1993 (Rec. n.º 762/1993).

374 SSTSJ Cantabria, de 6 de mayo de 2005 (Rec. n.º 350/2005), Castilla-La Mancha, de 29 de noviembre de 2012 (Rec. n.º 1482/2012) y de 26 de marzo de 2010 (Rec. n.º 89/2010), Castilla y León, Valladolid, de 22 de mayo de 2013 (Rec. n.º 560/2013), de 20 de marzo de 2013 (Rec. n.º 137/2013)

las empresas familiares[375], a que exista una identidad o coincidencia significativa de directivos o mandos intermedios[376], a que el resto de

---

y de 23 de marzo de 2005 (Rec. n.º 456/2005), Cataluña, de 21 de mayo de 2013 (Proc. n.º 9/2013), de 21 de diciembre de 2010 (Rec. n.º 3457/2010) y de 15 de febrero de 1994 (AS 1994/570), Galicia, de 7 de mayo de 2013 (Rec. n.º 3/2013), de 9 de octubre de 2012 (Rec. n.º 3109/2012), de 6 de junio de 2005 (Rec. n.º 1937/2005) y de 22 de abril de 2005 (Rec. n.º 1377/2005), Islas Canarias, Santa Cruz de Tenerife, de 22 de diciembre de 2011 (Rec. n.º 559/2011), Madrid, de 29 de enero de 1998 (Rec. n.º 4862/1997) y de 19 de diciembre de 1994 (Rec. n.º 5749/1993) y País Vasco, de 4 de diciembre de 2012 (Rec. n.º 2702/2012), de 7 de octubre de 1997 (Rec. n.º 1829/1996) y de 22 de marzo de 1996 (Rec. n.º 3322/1995). En contra, vid. STSJ Cataluña, de 23 de junio de 1995 (AS 1995/2424).

375 En efecto, en las empresas familiares el hecho de que miembros de una misma familia compartan el cargo de administradores o consejeros de las sociedades ha sido un dato que se ha tenido muy en cuenta también para apuntalar la idea de la dirección unitaria. Al respecto, STS de 6 de marzo de 2002 (Rec. n.º 1666/2001) y SSTSJ Andalucía, Granada, de 18 de abril de 2013 (Rec. n.º 1967/2012) y de 19 de diciembre de 2012 (Rec. n.º 2111/2012), Aragón, de 22 de mayo de 2013 (Rec. n.º 196/2013), Cataluña, de 10 de octubre de 2012 (Rec. n.º 4765/2011), de 23 de febrero de 2006 (Rec. n.º 7334/2005) y de 5 de octubre de 1996 (AS 1996/3909), Comunidad Valenciana, de 20 de abril de 2010 (Rec. n.º 2038/2009), Extremadura, de 17 de diciembre de 2012 (Rec. n.º 474/2012) y de 19 de junio de 2008 (Rec. n.º 153/2008), Galicia, de 6 de junio de 2005 (Rec. n.º 1937/2005), Islas Baleares, de 18 de marzo de 2005 (Rec. n.º 47/2005), Islas Canarias, Las Palmas, de 30 de noviembre de 2010 (Rec. n.º 548/2010), Islas Canarias, Santa Cruz de Tenerife, de 16 de mayo de 2007 (Rec. n.º 203/2007) y de 26 de diciembre de 2006 (Rec. n.º 208/2006) y Madrid, de 8 de octubre de 2007 (Rec. n.º 2902/2007) y de 30 de mayo de 2002 (Rec. n.º 1134/2002).

376 SSTSJ Andalucía, Málaga, de 10 de noviembre de 2000 (Rec. n.º 1266/2000), Cantabria, de 29 de diciembre de 2001 (Rec. n.º 1073/2001), Castilla-La Mancha, de 26 de marzo de 2010 (Rec. n.º 89/2010) y de 18 de septiembre de 2002 (Rec. n.º 966/2002), Cataluña, de 29 de enero de 2002 (Rec. n.º 5111/2001), Comunidad Valenciana, de 20 de junio de 2006 (Rec. n.º 1474/2006) y de 6 de abril de 2004 (Rec. nº 141/2004), Galicia, de 30 de mayo de 2005 (Rec. n.º 1448/2005) y de 23 de diciembre de 2003 (Rec. n.º 5699/2003) y Extremadura, de 17 de diciembre de 2012 (Rec. n.º 474/2012). En contra, la STSJ Comunidad Valenciana, de 12 de noviembre de 1996 (Rec. n.º 777/1996) dictaminó que el hecho de que varias empresas tuvieran algún directivo común a todas ellas no había de constituir por

empresas no sean más que espacios de organización jurídica en un único tejido económico donde la sociedad dominante ejerce su control en las áreas tanto de financiación como de política de personal y estrategia operativa, resultando subalterno el interés de las empresas dominadas y perdiendo, por tanto, su capacidad autogestora[377] o a que en las negociaciones del período de consultas en un despido colectivo se negociara conjuntamente por todas las empresas[378] o, en su caso, se llegaran a los mismos acuerdos[379].

Con todo, es de reconocer que este parámetro del funcionamiento unitario concretado en el poder de decisión que una persona física puede ejercer sobre varias entidades empresariales ha quedado devaluado para ser utilizado a efectos de la comunicación de responsabilidades entre las empresas del grupo. Tal mando único sería, a estos efectos, indicador de la existencia de un grupo de empresas en donde la situación de autonomía de las empresas dominadas resultaría ser más aparente que real. Pero ello, al decir del Tribunal Supremo[380], en absoluto podría servir de base para extender la responsabilidad solidaria a todos los integrantes de este conglomerado, ya que,

---

sí sólo ninguna anomalía ni sospecha de actuar unificado de todas ellas. También, al respecto, STSJ Cataluña, de 27 de marzo de 2007 (Rec. n.º 8773/2006).

377 SAN de 26 de julio de 2012 (Proc. n.º 124/2012) y SSTSJ Cataluña, de 30 de julio de 2008 (Rec. n.º 1958/2008) y de 10 de enero de 1994 (AS 1994/142), Castilla y León, Valladolid, de 9 de enero de 2013 (Rec. n.º 2317/2012), Comunidad Valenciana, de 2 de junio de 2005 (Rec. n.º 418/2005) y de 29 de mayo de 2003 (Rec. n.º 693/2003), Galicia, de 3 de junio de 2005 (Rec. n.º 2006/2005), Islas Canarias, Las Palmas, de 29 de septiembre de 2011 (Rec. n.º 664/2011), Madrid, de 9 de febrero de 2010 (Rec. n.º 5959/2009), de 10 de mayo de 2004 (Rec. n.º 6150/2003) y 4 de noviembre de 2003 (Rec. n.º 3087/2003) y País Vasco, de 4 de septiembre de 2012 (Proc. n.º 6/2012), de 28 de marzo de 2006 (Rec. n.º 468/2006) y de 17 de diciembre de 2002 (Rec. n.º 2169/2002).

378 SAN de 26 de julio de 2012 (Proc. n.º 124/2012) y STSJ La Rioja, de 13 de septiembre de 2012 (Rec. n.º 233/2012).

379 STSJ Castilla y León, Valladolid, de 22 de mayo de 2013 (Rec. n.º 560/2013).

380 SSTS de 23 de octubre de 2012 (Rec. n.º 351/2012), de 3 de noviembre de 2005 (Rec. n.º 3400/2004), 26 de diciembre de 2001 (Rec. n.º 139/2001), de 26 de enero de 1998 (Rec. n.º 2365/1997) y de 29 de mayo de 1995 (Rec. n.º 2820/1994).

para ello, se haría necesaria la presencia de otros elementos caracterizadores del grupo de empresas a nivel laboral, como, por ejemplo, el ya indicado de la confusión de plantillas (al que algunas sentencias identifican sorprendentemente con la dirección unitaria)[381] o el de la confusión patrimonial, que es el que sigue.

En efecto, la existencia de una sola caja de la que se extraiga el importe de los salarios, de las cotizaciones de la Seguridad Social y demás obligaciones de contenido económico, o al menos un importante grado de comunicación entre los varios patrimonios sociales es otra de las circunstancias que, de aparecer en el supuesto de hecho, determinaría que el grupo fuera responsable a efectos laborales. De esta forma, estaríamos ante este elemento de forma indubitada cuando se abonen salarios con fondos procedentes de otra empresa del grupo[382], pero también cuando del balance consolidado de cuentas se derive la existencia de una comunicación entre los activos y pasivos de las empresas, así como de los resultados de las cuentas de explotación[383],

---

381 SSTSJ Galicia, de 31 de mayo de 2004 (Rec. n.º 1861/2004) y de 15 y 16 de abril de 2004 (Rec. n.º 931/2004 y Rec. n.º 487/2004).

382 SAN de 26 de julio de 2012 (Proc. n.º 124/2012) y SSTSJ Andalucía, Málaga, de 2 de julio de 2009 (Rec. n.º 1063/2009), Cantabria, de 10 de octubre de 2012 (Rec. n.º 751/2012), Castilla-La Mancha, de 29 de noviembre de 2012 (Rec. n.º 1482/2012), Galicia, de 7 de mayo de 2013 (Rec. n.º 3/2013), Islas Canarias, Las Palmas, de 8 de junio de 2005 (Rec. n.º 250/2005), Islas Canarias, Santa Cruz de Tenerife, de 26 de marzo de 2010 (Rec. n.º 1125/2009) y de 9 de octubre de 2009 (Rec. n.º 384/2009), Madrid, de 25 de mayo de 2012 (Rec. n.º 1581/2012) y de 10 de noviembre de 2008 (Rec. n.º 2598/2008) y País Vasco, de 4 de septiembre de 2012 (Proc. n.º 6/2012).

383 STSJ Andalucía, Málaga, de 11 de junio de 1993 (AS 1993/2748). No afectaría a la apreciación de este requisito el hecho de que una empresa asuma las cargas laborales y las otras ostenten la titularidad de la maquinaria precisa para ejecutar la actividad, pues ello se ha considerado un fraccionamiento artificial que no puede servir de amparo para eludir la responsabilidad solidaria. Vid, al respecto, STSJ País Vasco, de 21 de marzo de 1994 (Rec. n.º 2613/1993). Por el contrario, no se apreciaría esta circunstancia cuando las empresas hubieran pactado la comercialización en sus respectivos países de los productos de una y de otra (STSJ Cataluña, de 2 de noviembre de 1994, AS 1994/4340).

cuando haya avales de una empresa a otra[384] o se condonen deudas importantes entre las sociedades[385], cuando la facturación externa frente a otras empresas sea conjunta[386], cuando se traspasen recursos económicos a otras empresas sin justificación ni contraprestaciones[387] o propiedades de bienes inmuebles compartidos en su uso por las diversas sociedades[388] o cuando se desprenda de los hechos probados la existencia de un reparto de los ingresos y gastos al 50%[389] o la utilización conjunta de las cuentas bancarias[390], aunque no del mismo programa informático para la llevanza de la contabilidad o de la gestión de nóminas y seguros sociales[391], del mismo formato para el cálculo de las dietas o del abono exacto de los mismos salarios[392]. De igual modo, tampoco se advierte este fenómeno cuando se hace una aportación puntual de capital de una empresa a otra[393], cuando sola-

---

384 STS de 9 de julio de 2001 (Rec. n.º 4378/1999) y SSTSJ Castilla y León, Valladolid, de 13 de noviembre de 2000 (Rec. n.º 2216/2000), Comunidad Valenciana, de 1 de diciembre de 2009 (Rec. n.º 680/2009) y de 23 de enero de 2004 (Rec. n.º 2933/2003), Extremadura, de 6 de abril de 2001 (Rec. n.º 164/2001) y País Vasco, de 14 de septiembre de 2000 (Rec. n.º 2657/1999). No obstante, puede encontrarse alguna sentencia que indica que el hecho de que una empresa sea acreedora de la otra no es indicio suficiente para comunicar las responsabilidades pues de este hecho no puede derivarse "la intención de dejar sin capital a la deudora con la finalidad de extinguir contratos de trabajo". Así, SSTSJ Extremadura, de 19 de noviembre de 2007, Rec. n.º 490/2007) e Islas Canarias, Santa Cruz de Tenerife, de 26 de marzo de 2010 (Rec. n.º 1125/2009).

385 STSJ Galicia, de 28 de mayo de 1998 (Rec. n.º 3897/1995).

386 STSJ Galicia, de 16 de abril de 2004 (Rec. n.º 487/2004).

387 SSTSJ Aragón, de 15 de mayo de 2013 (Rec. n.º 191/2013) y País Vasco, de 15 de junio de 2010 (Rec. n.º 734/2010).

388 SSTSJ Andalucía, Málaga, de 10 de noviembre de 2000 (Rec. n.º 1266/2000), Castilla-La Mancha, de 3 de noviembre de 2005 (Rec. n.º 503/2005), Comunidad Valenciana, de 1 de diciembre de 2009 (Rec. n.º 680/2009), Madrid, de 18 de diciembre de 2001 (Rec. n.º 4516/2001) y País Vasco, de 28 de noviembre de 2000 (Rec. n.º 1586/2000).

389 STSJ Islas Canarias, Las Palmas, de 21 de junio de 2002 (Rec. n.º 103/2002).

390 STSJ Galicia, de 28 de julio de 1995 (Rec. n.º 2931/1995).

391 SSTSJ Castilla y León, Burgos, de 31 de julio de 1995 (Rec. n.º 1034/1994) y Cataluña, de 9 de febrero de 2006 (Rec. n.º 7350/2005).

392 STSJ Cataluña de 18 de marzo de 1999 (Rec. n.º 9132/1998).

393 STSJ Cataluña, de 28 de febrero de 2003 (Rec. n.º 4398/2002).

mente se aprecia que los recibos de teléfono se cargan a nombre de otra empresa[394], cuando las empresas presentan cuentas consolidadas[395] o cuando existe un mero uso compartido de oficinas comunes o de otros medios materiales en virtud de relaciones contractuales habituales en el tráfico mercantil, ya sean de tipo financiero o comercial[396]. A pesar de lo indicado, cierto es que pueden encontrarse sentencias[397], que valoran la existencia del grupo con base a este parámetro, pero entendiéndolo como mera dominación mercantil o

---

394 STSJ Madrid, de 7 de junio de 2005 (Rec. n.º 323/2005).

395 SAN de 11 de marzo de 2013 (Proc. n.º 381/2012) y SSTSJ Castilla-La Mancha, de 6 de marzo de 2012 (Rec. n.º 141/2012) y de 4 de noviembre de 2009 (Rec. n.º 888/2009) y País Vasco, de 4 de septiembre de 2012 (Rec. n.º 6/2012). En sentido contrario, STSJ Castilla y León, Valladolid, de 22 de mayo de 2013 (Rec. n.º 560/2013).

396 STSJ País Vasco, de 10 de julio de 1992 (Rec. n.º 517/1992) y voto particular de la STS de 29 de mayo de 1995 (Rec. n.º 2820/1994) referente a la utilización de oficinas comunes. También, sobre esto último, vid. SSTSJ Castilla y León, Burgos, de 31 de julio de 1995 (Rec. n.º 1034/1994), Comunidad Valenciana, de 11 de marzo de 2010 (Rec. n.º 3268/2009), Galicia, de 28 de septiembre de 2009 (Rec. n.º 4014/2006) y Murcia, de 13 de junio de 1997 (AS 1997/2252). No obstante, y en contra, SSTSJ Aragón, de 24 de febrero de 2010 (Rec. n.º 60/2010) y Castilla-La Mancha, de 13 de marzo de 2013 (Rec. n.º 28/2013).

397 SSTSJ Andalucía, Granada, de 1 de octubre de 2002 (Rec. n.º 3307/2001) y de 21 de mayo de 2001 (Rec. n.º 3092/1999), Andalucía, Sevilla, de 22 de noviembre de 2012 (Rec. n.º 121/2012), de 27 de marzo de 2007 (Rec. n.º 201/2006) y de 27 de febrero de 2003 (Rec. n.º 3890/2002), Castilla y León, Valladolid, de 20 de febrero de 2001 (Rec. n.º 2389/2000) y de 13 de noviembre de 2000 (Rec. n.º 2216/2000), Cataluña, de 13 de junio de 2007 (Rec. n.º 1775/2007) y de 20 de diciembre y de 4 de marzo de 1993 (AS 1993/5314 y AS 1993/1501), Comunidad Valenciana, de 20 de abril de 2010 (Rec. n.º 2038/2009), de 1 de diciembre de 2009 (Rec. n.º 680/2009) y de 23 de enero de 2004 (Rec. n.º 2933/2003), Extremadura, de 17 de diciembre de 2012 (Rec. n.º 474/2012) y de 10 de agosto de 2006 (Rec. n.º 344/2006), Galicia, de 14 de noviembre de 2008 (Rec. n.º 4065/2008), de 6 de junio de 2005 (Rec. n.º 1937/2005) y de 26 de enero de 2005 (Rec. n.º 5700/2004) y País Vasco, de 15 de junio de 2010 (Rec. n.º 734/2010), de 28 de marzo de 2006 (Rec. n.º 468/2006), de 14 de octubre de 2003 (Rec. n.º 1764/2003), de 3 de junio de 2003 (Rec. n.º 847/2003), de 6 de mayo de 2003 (Rec. n.º 201/2003), de 16 de diciembre de 2002 (Rec. n.º 2268/2002) y de 6 de marzo de 2001 (Rec. n.º 1905/2000).

accionarial de una empresa sobre otra[398] o como una operación de venta de acciones entre las distintas empresas, algo que, desde luego, amplia los contornos, ya de por sí difusos, del grupo empresarial a efectos laborales, acercándolo irremediablemente a la noción de grupo de empresas que se maneja en el ámbito mercantil.

También se valora la existencia de una apariencia externa unitaria, que justificaría la responsabilidad global del grupo en aras a la seguridad jurídica y al principio de que quien crea una apariencia verosímil se halla obligado frente a los que de buena fe aceptan tal apariencia como una realidad[399]. De esta forma, la actuación en la misma rama del mercado de todas las empresas bajo una sola denominación y apareciendo, por tanto, como una única identidad en sus relaciones con los potenciales clientes ha tenido, junto con la valoración de otros criterios, el peso suficiente para considerar que el grupo tenía relevancia a efectos laborales[400]. Concretamente, ello se manifiesta cuando las empresas comparten un mismo (o complementario)[401] objeto social, domicilio o centro de trabajo[402],

---

398 Control accionarial que alguna sentencia ha confundido con el parámetro de la dirección unitaria del grupo. Así, SSTSJ Andalucía, Sevilla, de 22 de noviembre de 2012 (Rec. n.º 121/2012), Comunidad Valenciana, de 30 de diciembre y de 26 de diciembre (Rec. n.º 3342/2208 y Rec. n.º 3587/2008) y Madrid, de 24 de abril de 2013 (Rec. n.º 1159/2013).

399 STS de 22 de diciembre 1989 (RJ 1989/9073).

400 SSTSJ Cataluña, de 15 de febrero de 1994 (AS 1994/570), Islas Canarias, Santa Cruz de Tenerife, de 9 de octubre de 2008 (Rec. n.º 538/2008) y País Vasco, de 28 de marzo de 2006 (Rec. n.º 468/2006). Y ello aunque los objetos sociales fueran diferentes (STSJ País Vasco, de 16 de marzo de 2010, Rec. n.º 347/2010).

401 SSTSJ Cataluña, de 13 de marzo de 2001 (Rec. n.º 8833/2000), Comunidad Valenciana, de 25 de octubre de 2005 (Rec. n.º 2530/2005) y de 4 de mayo de 2001 (Rec. n.º 3349/2000), Galicia, de 7 de mayo de 2013 (Rec. n.º 3/2013), de 6 de junio de 2005 (Rec. n.º 1937/2005) y de 15 de enero de 2004 (Rec. n.º 6056/2003) y País Vasco, de 26 de octubre de 1999 (Rec. n.º 1777/1999). En sentido contrario, esto es, negando relevancia a la complementariedad en el objeto social, SSTSJ Castilla y León, Valladolid, de 11 de octubre de 2011 (Rec. n.º 1527/2011) y Andalucía, Granada, de 24 de marzo de 2010 (Rec. n.º 309/2010).

402 Incluso cuando éstos son colindantes. Así, STSJ Extremadura, de 17 de diciembre de 2012 (Rec. n.º 474/2012).

cuando hay una identidad o coincidencia significativa de los socios o cuando, incluso, los proveedores de una empresa y de otra son los mismos[403]. De igual forma, se ha tenido en consideración también que las empresas utilizaran el mismo papel para la correspondencia o tuvieran una publicidad común o funcionaran en red[404]. No obstante, se reitera que estos indicios han sido tomados por los Tribunales con la debida cautela, pues, por regla general, no son determinantes, por sí solos, para extender la responsabilidad a todas las

403 SSTSJ Andalucía, Granada, de 21 de marzo de 2012 (Rec. n.º 266/2012), Andalucía, Málaga, de 10 de noviembre de 2000 (Rec. n.º 1266/2000) y de 12 de septiembre de 1997 (AS 1997/3637), Aragón, de 24 de febrero de 2010 (Rec. n.º 60/2010), Cantabria, de 29 de diciembre de 2001 (Rec. n.º 1073/2001) y de 3 de julio de 1998 (Rec. n.º 726/1998), Castilla-La Mancha, de 26 de marzo de 2010 (Rec. n.º 89/2010), de 18 de septiembre de 2002 (Rec. n.º 966/2002) y de 17 de febrero de 1999 (Rec. n.º 1391/1998), Castilla y León, Valladolid, de 23 de marzo de 2005 (Rec. n.º 456/2005), Cataluña, de 21 de octubre de 2004 (Rec. n.º 3283/2004), de 29 de enero de 2002 (Rec. n.º 5111/2001), de 12 de noviembre de 2001 (Rec. n.º 3486/2001) y de 19 de octubre de 1995 (AS 1995/4008), Comunidad Valenciana, de 1 de diciembre de 2009 (Rec. n.º 680/2009), de 25 de octubre de 2005 (Rec. n.º 2530/2005), de 2 de octubre de 1998 (Rec. n.º 764/1996), de 28 de mayo de 1997 (Rec. n.º 2068/1996) y de 24 de octubre de 1995 (Rec. n.º 2679/1994), Galicia, de 7 de mayo de 2013 (Rec. n.º 3/2013), de 23 de diciembre de 2003 (Rec. n.º 5699/2003), de 17 de noviembre de 1997 (Rec. n.º 828/1995) y de 17 de marzo de 1994 (Rec. n.º 644/1994), Islas Canarias, Santa Cruz de Tenerife, de 14 de noviembre de 2011 (Rec. n.º 231/2011), Madrid, de 22 de junio de 2012 (Rec. n.º 2279/2012), de 18 de marzo de 2003 (Rec. n.º 5188/2002), de 7 de noviembre de 2000 (Rec. n.º 1832/2000) y de 12 de enero de 2000 (Rec. n.º 4247/1999) y País Vasco, de 4 de diciembre de 2012 (Rec. n.º 2702/2012).

404 SSTSJ Andalucía, Granada, de 18 de abril de 2013 (Rec. n.º 1967/2012), Andalucía, Málaga, de 2 de julio de 2009 (Rec. n.º 1063/2009), Cataluña, de 3 de diciembre de 2009 (Rec. n.º 5349/2009) y de 13 de julio de 1998 (AS 1998/3475), Galicia, de 6 de octubre de 1995 (Rec. n.º 4122/1995), Madrid, de 22 de junio de 2012 (Rec. n.º 2279/2012) y de 8 de octubre de 2002 (Rec. n.º 2889/2002) y País Vasco, de 13 de enero de 1998 (Rec. n.º 2430/1997). En sentido contrario, SSTSJ Islas Canarias, Las Palmas, de 27 de octubre de 2011 (Rec. n.º 632/2011) y Galicia, de 15 de julio de 2000 (Rec. n.º 2653/2000).

empresas del grupo[405]. Por el contrario, no han resultado ser indicios de actuación común o de apariencia externa de unidad que entre las empresas se llevaran a cabo una serie de negociaciones comerciales que, aunque supusieran inyecciones económicas, préstamos, planes, previsiones o consejos, en absoluto tuvieron su repercusión en el ámbito de las relaciones laborales[406], que existiera coincidencia entre la denominación social de una mercantil y la marca o nombre

---

[405] Así, en el voto particular de la STS de 29 de mayo de 1995 (Rec. n.º 2820/1994) se dejó constancia que no puede existir un funcionamiento integrado de la organización de trabajo por el mero hecho de que exista coincidencia en el objeto social o en el domicilio. También insisten en la materia, negando la existencia en sí del grupo a efectos laborales o rebajando la importancia de tales circunstancias, la STS de 23 de octubre de 2012 (Rec. n.º 351/2012) y las SSTSJ Andalucía, Granada, de 11 de abril de 2012 (Rec. n.º 210/2012), Andalucía, Málaga, de 21 de noviembre de 2003 (Rec. n.º 2224/2003), Andalucía, Sevilla, de 22 de octubre de 2009 (Rec. n.º 839/2009) y de 24 de octubre de 2002 (Rec. n.º 2447/2002), Aragón, de 20 de febrero de 2008 (Rec. n.º 80/2008), Castilla-La Mancha, de 16 de febrero de 2012 (Rec. n.º 20/2012) y de 23 de noviembre de 2005 (Rec. n.º 1453/2005), Castilla y León, Valladolid, de 20 de octubre de 2010 (Rec. n.º 1178/2010), de 7 de septiembre de 1998 (Rec. n.º 1537/1998) y de 11 de febrero de 1997 (Rec. n.º 46/1997), Cataluña, de 31 de julio de 2009 (Rec. n.º 1557/2008), de 9 de febrero de 2004 (Rec. n.º 733/2002), de 25 de febrero de 1999 (Rec. n.º 7345/1998), de 19 de mayo de 1998 (AS 1998/2768) y de 1 de abril de 1997 (AS 1997/1996), Comunidad Valenciana, de 11 de marzo de 2010 (Rec. n.º 1831/2009), de 15 de diciembre de 2009 (Rec. n.º 2900/2009), de 20 de enero de 2009 (Rec. n.º 3794/2008), de 24 de enero de 2006 (Rec. n.º 3933/2005), de 27 de abril de 2004 (Rec. n.º 298/2004) y de 7 de noviembre de 2000 (Rec. n.º 4415/1997), Galicia, de 25 de mayo de 2012 (Rec. n.º 251/2012), Madrid, de 28 de septiembre de 2011 (Rec. n.º 2363/2011), de 27 de septiembre de 2006 (Rec. n.º 1440/2006), de 17 de junio de 2005 (Rec. n.º 4585/2004), de 9 de febrero de 2001 (Rec. n.º 5794/2000) y de 2 de diciembre de 1996 (Rec. n.º 883/1996), Murcia, de 9 de diciembre de 2004 (Rec. n.º 1235/2004) y País Vasco, de 17 de julio de 2012 (Rec. n.º 1751/2012), de 21 de diciembre de 2010 (Rec. n.º 2329/2010) y de 29 de junio de 2006 (Rec. n.º 1188/2006).

[406] SSTSJ Castilla-La Mancha, de 22 de junio de 2006 (Rec. n.º 417/2006), Madrid, de 20 de noviembre de 2006 (Rec. n.º 3396/2006), de 11 de julio de 2000 (Rec. n.º 5738/1999) y de 28 de noviembre de 1996 (Rec. n.º 597/1995) y Murcia, de 16 de julio de 2012 (Rec. n.º 334/2012).

comercial de otra[407], que hicieran uso de una misma asesoría laboral o de una misma empresa de servicios o que operasen con las mismas entidades bancarias[408] o que existieran unas normales relaciones de información y colaboración propias de todo grupo empresarial mercantil constituido por una sociedad matriz y otra filial[409].

Por último, otro indicio que delimitaría la presencia del grupo de empresas laboral es de un carácter más indeterminado que el resto y se centra en indagar sobre la existencia de circunstancias por las que se entienda que existe una utilización abusiva de la personalidad jurídica independiente de cada una de las empresas, pretendiéndose, con la apariencia de una actuación lícita, un resultado prohibido por el ordenamiento[410]. Entre esas circunstancias, se ha ubicado de forma específica tanto la aparición de una posible empresa ficticia que carezca de patrimonio inmovilizado suficiente para hacer frente a sus deudas con las mínimas garantías de responsabilidad y solvencia, afectando de esta forma a los intereses de los trabajadores al anular o reducir sus derechos económicos y sociales[411], como, por otro lado, la descapitalización deliberada de una

---

407 SSTSJ Comunidad Valenciana, de 21 de marzo (Rec. n.º 3015/2005) y de 6 de febrero de 2006 (Rec. n.º 2451/2005, Rec. n.º 2468/2005, Rec. n.º 2462/2005 y Rec. n.º 2449/2005).

408 STSJ País Vasco, de 4 de mayo de 2010 (Rec. n.º 621/2010).

409 SSTSJ Castilla y León, Valladolid, de 22 de abril de 2013 (Rec. n.º 320/2013) y Cataluña, de 13 de enero de 2011 (Rec. n.º 3964/2010).

410 SSTS de 3 de mayo de 1990 (RJ 1990/3946) y de 30 de enero de 1990 (RJ 1990/233). Así, por ejemplo, el recurso a la prestación ininterrumpida de servicios por los trabajadores en el seno del grupo a través de sucesivos contratos temporales para evitar que los mismos se convirtieran en indefinidos o el trabajador gane en antigüedad. Sobre ello, SSTSJ Andalucía, Sevilla, de 22 de marzo de 2012 (Rec. n.º 1661/2011), Cataluña, de 1 de octubre de 2004 (Rec. n.º 1754/2004) y de 24 de abril de 2003 (Rec. n.º 679/2003), Galicia, de 7 de mayo de 2013 (Rec. n.º 3/2013), de 1 de julio de 2010 (Rec. n.º 1171/2010) y de 19 de septiembre de 2003 (Rec. n.º 3748/2003) e Islas Canarias, Las Palmas, de 10 de enero de 1995 (Rec. n.º 644/1994).

411 SSTSJ Andalucía, Málaga, de 2 de diciembre de 1992 (Rec. n.º 721/1992), Andalucía, Sevilla, de 25 de noviembre de 2004 (Rec. n.º 1298/2004), Aragón, de 22 de mayo de 2013 (Rec. n.º 196/2013), Castilla-La Mancha, de 18 de diciembre de 1992 (Rec. n.º 1191/1992), Comunidad Valenciana, de 1 de diciembre de 2009 (Rec. n.º 680/2009), Madrid, de 5 de diciem-

de las empresas con objeto de eludir las responsabilidades económicas para con sus trabajadores[412].

La presencia de todas o de alguna de estas circunstancias en el concreto supuesto de hecho con la suficiente entidad y relevancia ocasionará, pues, el "levantamiento del velo" de la personalidad jurídica de cada una de las sociedades; de lo contrario, habrá que entender que cada empresa integrante de un grupo mercantil debe considerarse como única, como un ente con personalidad jurídica propia, con su propia plantilla, frente a la que responde, con su propio patrimonio y con sus propios medios para llevar a cabo la actividad de que se trate y con sus facultades de organización y dirección intactas. No existirá, de principio, comunicación de responsabilidades alguna. Y esta premisa no se logrará desvirtuar ni con la apreciación de la existencia de vínculos económico-financieros o de una dirección unitaria manifestada en la presencia de administradores o accionistas comunes —que se entienden como elementos consustanciales al grupo—, de la mera adquisición de la totalidad o de buena parte de las acciones de una sociedad respecto de la otra sin que conste que se haya actuado burlando su distinta personalidad, del mantenimiento de relaciones comerciales o mercantiles entre las empresas, de la colaboración ocasional y puntual de un trabajador de una empresa en otra, de la sola coincidencia en las empresas de los mismos socios o

---

bre de 2000 (Rec. n.º 3185/2000) y de 4 de noviembre de 1999 (Rec. n.º 4379/1999) y Murcia, de 25 de octubre de 2004 (Rec. n.º 1054/2004).

412 Leída en sentido contrario, STS de 4 abril de 2002 (Rec. n.º 3045/2001) y, entre la doctrinal judicial, SSTSJ Andalucía, Granada, de 22 de mayo de 2013 (Rec. n.º 680/2013), Andalucía, Sevilla, de 27 de junio de 2000 (Rec. n.º 3165/1999) y de 30 de octubre de 1998 (Rec. n.º 3186/1998), Cantabria, de 31 de marzo de 2000 (Rec. n.º 345/2000), Castilla y León, Valladolid, de 19 de abril de 1994 (Rec. n.º 616/1994), Cataluña, de 21 de mayo de 2013 (Proc. n.º 9/2013), de 31 de enero de 2005 (Rec. n.º 6776/2004) y de 1 de junio de 1994 (AS 1994/2534), Comunidad Valenciana, de 30 de enero de 2004 (Rec. n.º 3875/2003) y de 15 de mayo de 2003 (Rec. n.º 468/2003), Madrid, de 17 de diciembre de 2010 (Rec. n.º 4293/2010), de 4 de abril de 2006 (Rec. n.º 618/2006), de 13 de diciembre de 2000 (Rec. n.º 2730/2000), de 28 de octubre de 1998 (Rec. n.º 4427/1999), de 20 de noviembre de 1998 (Rec. n.º 5803/1998) y de 5 de febrero de 1998 (Rec. n.º 4256/1997) y País Vasco, de 15 de junio de 2010 (Rec. n.º 734/2010).

personal directivo, de la simple identidad en el objeto social o domicilio, del uso común del mismo centro de trabajo o de la existencia de transmisiones patrimoniales sobre bienes concretos claramente identificados por los que se abonaron los precios pertinentes y sin ánimo alguno de descapitalizar a la sociedad vendedora.

Ahora bien, la tesis de la total y absoluta irrelevancia del grupo de empresas mercantil quiebra cuando la independencia jurídica de las empresas no es tal y se aprecia, por ende, una utilización desviada del mecanismo para diversificar riesgos y responsabilidades en el ámbito laboral. Algo que concurre en supuestos tales como que las sociedades se inmiscuyan una en la actividad desarrollada por la otra, cuando se pretendan burlar los límites impuestos por las reglas de la contratación temporal, cuando exista trasiego patrimonial entre las empresas, llegándose, incluso, al extremo de descapitalizar una de las sociedades dominadas para que no pueda hacer frente a las responsabilidades frente a los acreedores, cuando se utilice la mano de obra de los trabajadores de forma indiferenciada para todas las empresas o cuando aquéllos reciban instrucciones de quien no es su empresario formal.

En supuestos como los enunciados a título ejemplificativo, la indagación que realiza el órgano judicial se basa en la búsqueda del empresario real frente al aparente. Una vez encontrado éste, serán las distintas entidades que conforman el grupo las que responderán de modo solidario por las obligaciones laborales (incluidas las de Seguridad Social)[413] frente a los trabajadores; una solidaridad que, como ya se adelantó, se hace derivar, de modo complementario, de dos circunstancias. Por un lado, de la apreciación en el concreto supuesto que se plantea de la existencia de un fraude, de un ardid, de quien ha desconocido los límites de la personalidad diferenciada para lograr un resultado contrario al ordenamiento jurídico, concretado éste en la elusión de las responsabilidades que dimanan de

---

413 La declaración de responsabilidad solidaria de todas las empresas del grupo puede, incluso, realizarla la Tesorería General por impago de cuotas aunque luego reclame el pago a algunas de ellas (STS, Contencioso-Administrativo, de 22 de noviembre 2018, Rec. n.º 2507/2016).

la relación laboral[414]. Por otro, de la vulneración del art. 1.2 ET al entenderse por el juzgador que todas las sociedades comparten en realidad una misma posición jurídica, la de empresario[415]. En estos últimos casos, la idea que constantemente se reitera es que el grupo de empresas laboral, a pesar de no mencionarse en aquel precepto estatutario como posible empresario de los trabajadores, encontraría cobijo en la figura de la comunidad de bienes y ello en tanto que existiría una situación de simultánea cotitularidad patronal respecto de los trabajadores[416].

Ahora bien, lo cierto es que el sistema que se ha perfilado para considerar al grupo a efectos laborales no es perfecto. Como se ha visto, cada uno de los elementos que determinan la corresponsabilidad empresarial presenta contornos peculiares, difusos en ocasiones, difíciles también de apreciar debajo del sustrato fáctico, lo que crea,

---

414 SSTS de 3 y 9 de mayo de 1990 (RJ 1990/3946 y RJ 1990/3983). La idea ha sido seguida posteriormente por multitud de sentencias, siendo, por ejemplo, muy expresivas las SSTSJ Andalucía, Málaga, de 19 de enero de 2001 (Rec. n.º 1836/2000) y Comunidad Valenciana, de 12 de noviembre de 1997 (Rec. n.º 3494/1996).

415 Se trata ésta de una idea que ya había aparecido en sentencias tan antiguas como las del Tribunal Supremo de 3 de marzo (RJ 1987/1321) y 8 de octubre de 1987 (RJ 1987/6973), a saber, la de la primacía de la realidad para resolver quién es el "empresario verdadero" y quién opera como "empresario aparente", más allá de todo formalismo o formalidad jurídica.

416 STS de 25 de septiembre de 1989 (RJ 1989/6488). Posteriormente, esta tesis se reiteró en otras resoluciones como las que siguen: SSTCT de 25 de mayo de 1982 (RTCT 1982/3122) y de 4 de noviembre de 1981 (RTCT 1981/6441), STS de 9 de mayo de 1990 (RJ 1990/3983) y SSTSJ Andalucía, Málaga, de 2 de diciembre de 1994 (Rec. n.º 926/1993) y de 11 de enero de 1994 (AS 1994/298), Cataluña, de 9 de octubre de 2000 (Rec. n.º 6837/2000) y de 15 de junio de 1993 (RJ 1993/2981). Comunidad Valenciana, de 3 de febrero de 2000 (Rec. n.º 1857/1999), La Rioja, de 16 de marzo de 1995 (Rec. n.º 36/1995), Madrid, de 11 de febrero de 2003 (Rec. n.º 157/2003) y de 18 de diciembre de 1995 (Rec. n.º 5704/1994). Se trataría de entender, pues, que con la referencia a la comunidad de bienes que hace el art. 1.2 ET se da entrada a la posibilidad de que cualquier ente sin personalidad jurídica, como lo es el grupo, pueda actuar como empresario. Sobre ello, vid. SANTIAGO REDONDO, K.: "Consideraciones en torno a los grupos de empresas. En especial, las prácticas de circulación de trabajadores", en *Relaciones Laborales,* n.º 2, 1991, p. 462.

a la postre, cierto halo de inseguridad jurídica para los operadores. Y es que todo dependerá, en primer lugar y como se dijo, de la prueba que el trabajador pueda aportar al juicio y, en segundo lugar, de la relevancia que el órgano judicial considere pertinente otorgar a cada uno de los indicios[417]. Los vaivenes judiciales aquí son evidentes tras la revisión de las múltiples y muy variadas resoluciones. Así, y sin ánimo de exhaustividad, es fácil constatar cómo la dirección unitaria concretada en la identidad entre los miembros del órgano de administración pasa de ser un criterio relevante a efectos laborales a otro totalmente irrelevante, cómo, a pesar de ello, algunos Tribunales menores aún lo tienen en cuenta en el listado de elementos que posibilitan la comunicación de responsabilidades, cómo fluctúa en importancia la toma en consideración de notas como la dominación accionarial de una empresa sobre otra (entendida, incluso, como confusión patrimonial) o la coincidencia entre objetos sociales, domicilios, socios o directivos según el Tribunal que decida y en atención a las pruebas practicadas, cómo el criterio mismo de la prestación indiferenciada de servicios puede restringirse hasta el punto de excluir la sucesividad, cómo se realiza o no, según criterio del juzgador, una búsqueda de todos los factores determinantes de la corresponsabilidad o se enjuicia en atención a uno solo de ellos que en el conjunto no parece tener la relevancia que se le quiere dar, cómo los factores determinantes de la responsabilidad se entremezclan en ocasiones entre sí hasta confundirse o ser reiterativos o cómo, en fin, se focaliza la atención —casi de forma entusiasta— en el fraude de ley y en el abuso de Derecho (en lo patológico, en definitiva) cuando, a la vez, se abraza la tesis de la búsqueda del empresario real con base en el art. 1.2 ET[418]. De hecho, al respecto de esto último, es fácil, también, encontrar las grietas de este planteamiento.

En primer lugar, porque una cosa es que el Derecho del Trabajo se frene cuando está en presencia de un grupo de empresas y considere que, a efectos laborales, haya de otorgarle ciertas características

---

417 Ya advertía de ello PÉREZ DE LOS COBOS ORIHUEL, F.: "El desvelo de los grupos de empresas", en *Aranzadi Social*, n.º 5, 1998, p. 10 (v. *on line*).

418 Sobre ello, vid. DESDENTADO DAROCA, E.: *La personificación del empresario laboral. Problemas sustantivos y procesales*, Lex Nova, Valladolid, 2006, pp. 481 a 483.

por las que poder extender la responsabilidad a todas las empresas del grupo y otra bien distinta es considerar que tales empresas se constituyen en grupo con la finalidad de convertirse en una verdadera tapadera jurídica que oculta y vela una realidad de empresa única artificial y artificiosamente diversificada con el ánimo de defraudar o de buscar finalidades no admitidas legalmente. Así, es razonable pensar que el grupo de empresas laboral no ha de ser siempre y en todo caso un grupo "enfermo", por así decirlo, un vehículo de operaciones fraudulentas por las que se instrumentan operaciones de simulación de carácter defraudatorio para con los intereses de terceros; antes al contrario, pues las circunstancias de la adopción de una estrategia común, de la confusión patrimonial o, muy fundamentalmente, de la circulación *intra* grupo de los trabajadores pueden ser vistas, desde esta otra perspectiva, como actuaciones totalmente legítimas en el seno de un grupo empresarial para obtener una mayor funcionalidad o rentabilidad. Actuaciones, sin embargo, que en tanto generadoras de supuestos en que los contratos de trabajo verían diluida a la contraparte de la relación, al empresario, imposible de individualizar, activarían la comunicación de responsabilidades, pero, esta vez, sin tacha alguna de sanción o corrección[419]. La solidaridad derivaría aquí, no de la existencia de un fraude, de un ánimo torticero de retorcer la legalidad, sino de la propia organización del trabajo, constituyéndose todas las empresas en receptoras de la prestación laboral en atención al art. 1.2 ET y, por consiguiente, en empresarias[420].

---

419 Entre la doctrina, también adopta esta postura BAZ RODRÍGUEZ, J.: *Las relaciones de trabajo en la empresa de grupo,* Comares, Granada, 2002, p. 213 y RODRÍGUEZ ESCANCIANO, S.: "La coordinación empresarial como estrategia de descentralización productiva: carencias normativas", en *Revista de Derecho Social,* n.º 15, 2001, p. 121.

420 Este planteamiento lo sostienen ciertas resoluciones judiciales que intentan abrirse hueco entre el maremágnum de sentencias que adoptan una visión más restrictiva de los grupos. Así, muy significativamente, SSTSJ Asturias, de 15 de diciembre de 1995 (AS 1995/4596), Cataluña, de 7 de mayo de 1998 (AS 1998/5599), Comunidad Valenciana, de 11 de octubre de 2000 (Rec. n.º 2553/2000), Galicia, de 3 de junio de 2008 (Rec. n.º 1898/2008), Madrid, de 14 de febrero de 2006 (Rec. n.º 6317/2005), de 17 de mayo de 2005 (Rec. n.º 4936/2004), de 15 de marzo de 2005 (Rec. n.º 5282/2004), de 19 de octubre de 2004 (Rec. n.º 3212/2004), de 10 de junio y de 13 de mayo de 2003 (Rec. n.º 1067/2003 y Rec. n.º 898/2003), de 29 de octubre

En segundo lugar, porque el encaje de los grupos en el concepto de comunidad de bienes que se ofrece por la jurisprudencia como una premisa cierta puede ser puesto en entredicho si se atiende a la definición que de tales entes realiza el art. 392 CC. Así y como se conoce, este precepto dispone que existe comunidad "cuando la propiedad de una cosa o de un derecho pertenece pro indiviso a varias personas". Se trata, pues, de que dos o más personas ponen en común un determinado bien, un determinado patrimonio de naturaleza indivisible, convirtiéndose en copropietarios del mismo a través de una única relación jurídica. Pues bien, si ello es así, fácil es deducir que un grupo de sociedades difiere del concepto de comunidad de bienes, pues, *strictu sensu*, ningún patrimonio común existe en el seno del grupo. El grupo, como la comunidad, carece de personalidad jurídica independiente de la de sus miembros, tal y como ya se dijo; pero más allá de esta similitud no parece que exista fundamento alguno para identificar, si quiera por analogía, ambas realidades. Máxime teniendo en cuenta que la comunidad tiene por objeto mantener y aprovechar conjuntamente la propiedad común, mientras que el grupo está dirigido a obtener un determinado beneficio por su actuación en el tráfico mercantil. En el grupo, por lo tanto, debe hablarse, más que de comuneros, de una pluralidad de sujetos independientes entre sí titulares de sus propios bienes y derechos que actúan en el mercado con ánimo de lucro y que confluyen en la parte empresarial[421].

Habida cuenta de lo anterior, de los vaivenes judiciales que han favorecido la aparición de matices o, en ocasiones, hasta quiebras en

---

de 2002 (Rec. n.º 2879/2002) y de 17 de octubre y de 19 de septiembre de 2000 (Rec. n.º 2456/2000 y Rec. n.º 1884/2000) y País Vasco, de 17 de octubre de 2000 (Rec. n.º 1864/2000).

421 DESDENTADO BONETE, A. y DESDENTADO DAROCA, E.: *Grupos de empresas y despidos económicos*, Lex Nova, Valladolid, 2014, p. 38. También MONEREO PÉREZ, J.L.: "Aspectos laborales de los grupos de empresas", en *Revista Española de Derecho del Trabajo*, n.º 21, 1985, pp. 13 y 14. Por lo demás, la titularidad *pro indiviso* de los bienes aportados también alejaría a los grupos de las denominadas comunidades de bienes mercantiles, que se constituyen, a diferencia de las comunidades de bienes regidas por el Código Civil, con ánimo de lucro para ejercer una actividad empresarial.

el seno de la doctrina tradicional, es común admitir que cierto giro argumental —aunque quizá no de ciento ochenta grados— aconteció con la sentencia del Tribunal Supremo de 27 de mayo de 2013 (asunto Aserpal)[422], pues en ella se vienen a corregir ciertas disfuncionalidades anteriores derivadas de la inexistencia de pronunciamientos judiciales rotundos, contundentes y, además, se sientan las bases para abogar por un mismo concepto de grupo de empresas en el ámbito laboral, en el mercantil y, por extensión, en otras ramas del ordenamiento jurídico.

De esta forma, empezando por la última aseveración, se constata en esta resolución que el grupo de empresas laboral no puede ni debe ser una noción completamente diferente a la propia del ámbito mercantil. Ha de ser, al decir del Tribunal, un concepto unívoco que se sustente sobre dos piedras angulares. De un lado, la independencia jurídica de sus miembros tanto en el ámbito patrimonial como en el organizativo. De otro, la dirección unitaria[423], concepto importado de la ciencia económica que la Sala no se atreve a concretar, pero que bien puede definirse[424] como una única y coherente pauta de actuación común, manifestada en la planificación y supervisión de la actividad y que no ha de comportar necesariamente la transferencia efectiva de todas y cada una de las competencias o áreas funcionales de cada empresa (de ser así, éstas quedarían vaciadas de contenido), aunque sí de las necesarias para convertir al grupo en una unidad

---

422 Rec. n.º 78/2012. Sentencia dictada al albur de la reforma laboral del año 2012 y de la modificación que, por su causa, sufrió el art. 51 ET.

423 De esta forma, entre los dos elementos sobre los que, como piedra angular, puede construirse el concepto de grupo de empresas, la dependencia o control y la dirección unitaria, la jurisprudencia social aboga por éste último en consonancia a como lo hacen las voces más autorizadas de la doctrina mercantilista. Así, EMBID IRUJO, J. M.: *Grupos de sociedades y accionistas minoritarios*, Ministerio de Justicia, Madrid, 1987, pp. 73 y 11, ESCUDERO ESPINOSA, J.F.: "El grupo de empresas por coordinación: marco jurídico", en *Noticias de la Unión Europea*, n.º 11, 1995, p. 77 y SÁNCHEZ CALERO, F.: "De nuevo sobre la regulación de los grupos de sociedades", en *Revista de derecho bancario y bursátil*, n.º 77, 2000, pp. 19 a 21.

424 Sobre ello, vid. DE ARRIBA FERNÁNDEZ, Mª. L.: *Derecho de grupos de sociedades*, Civitas, Madrid, 2004, pp. 208 y 209 y FERNÁNDEZ MARKAIDA, I.: *Los grupos de sociedades como...*, op.cit., p. 189.

económica. Es decir, como mínimo, las competencias referidas a la financiación, algo, desde luego, nada irrisorio, puesto que la política financiera puede afectar a las más variadas materias o áreas de actuación, incluida la de personal. La dirección unitaria, además, debe poseer la nota de vocación de permanencia en el tiempo y su intensidad, variable en función del grado de centralización, ha de ir encaminada, en pro del interés general del grupo, a la consecución —debe remarcarse— de una política empresarial común ya sea en términos de control (en los grupos por subordinación) o ya sea en términos de paridad (en los grupos por coordinación). [425]

Este concepto unívoco de grupo, sin embargo, no sería, por así decirlo, una foto fija; antes al contrario, pues sería permeable a que en las distintas ramas del ordenamiento jurídico los grupos presentaran una serie de peculiaridades que terminarían de configurarlos a efectos de que su existencia en el tráfico mercantil pueda desplegar, si concurren los requisitos para ello, una serie de consecuencias, como acontecería en el campo laboral con la extensión de responsabilidades entre todos los componentes del grupo. De hecho, para intentar clarificar cuáles son esos elementos o factores que determinarían la corresponsabilidad empresarial, esta sentencia corrige, como se ha dicho antes, ciertas disfuncionalidades pretéritas. Y así, en línea de principio, viene a refrendar lo que ya una buena parte de la doctrina judicial anterior daba por sentado, que la dirección unitaria de varias entidades no es suficiente para determinar la aplicación de la regla de la responsabilidad solidaria, pues ello, junto con la existencia de una dirección comercial común, del control a través de órganos comunes, de la presencia de un administrador único o de accionistas comunes, no son más que factores que caracterizan sin más al grupo, a la unidad empresarial. Y de igual forma que estas circunstancias no son determinantes de una condena solidaria, tampoco lo sería la apariencia externa de unidad en tanto en cuanto ésta se considera también un componente consustancial al grupo al representar la

425 Fíjese que el ejercicio de esta dirección unitaria puede implicar también que se tomen decisiones de negocio perjudiciales para una o varias empresas del grupo, pero beneficiosas para el interés conjunto.

manifestación hacia el exterior de la unidad de dirección que le es propia.

La pregunta, entonces, surge inmediatamente: ¿cuáles serían esas peculiaridades o factores adicionales que terminarían por configurar al grupo desde la óptica laboral? Pues básicamente los restantes y ya conocidos, si bien reordenándolos y clarificándolos en cierta medida. De esta forma, para lograr la condena solidaria de todos los componentes del grupo debería plantearse en el supuesto de hecho alguno de los siguientes elementos: el funcionamiento unitario de las organizaciones de trabajo de las empresas del grupo manifestado en la prestación indistinta de trabajo sucesiva o simultánea en favor de varias empresas de la unidad y que puede tener tanto una dimensión individual (referida a la propia prestación única de servicios) como colectiva (referida ésta a la confusión de plantillas, a que todas las empresas —parece— se beneficien de esa prestación única de trabajo), la confusión patrimonial (que no derivaría de la utilización de infraestructuras comunes ni de las participaciones en el capital, sino que se proyectaría sobre la espera patrimonial y se manifestaría en la pertenencia y uso del patrimonio social de forma indistinta)[426], la unidad de caja (que supondría una permeabilidad operativa y contable entre las empresas, un continuo trasvase económico entre una empresa y otra sin llevar, en líneas generales, una adecuada contabilización separada los fondos y sin cargar costes e intereses en función de los saldos acreedores y deudores de cada empresa con arreglo a su valor razonable), la utilización fraudulenta de la personalidad jurídica con la creación de empresas aparentes (identificado este factor con la aplicación de la teoría del levantamiento del velo) y el uso abusivo o anormal de la dirección unitaria, de las decisiones que se tomen, con perjuicio de los derechos de los trabajadores (como lo sería el caso de la descapitalización de una de las sociedades o de

---

[426] Aunque éstas fueran del 100%, aunque los activos sociales se encontrasen desordenados o mezclados físicamente o existieran cuentas consolidadas o créditos participativos, ya que esto último no convertiría en grupo a prestamista y prestatario (STS de 28 de enero de 2014, Rec. n.º 16/2013).

una sociedad filial en la que no exista dirección, estando totalmente asumida por la sociedad dominante)[427].

Ciertamente, la sentencia, que no encuentra su hueco entre la doctrina judicial hasta más tarde[428], despeja algunas dudas, pero también suscita otras. A bote pronto, es constatable cómo de nuevo se fa-

427 SSTS de 21 de mayo de 2015 (Rec. n.º 257/2014 y 231/2014) y de 19 de febrero de 2014 (Rec. n.º 60/2013) y SAN de 15 de octubre de 2014 (Proc. n.º 488/2013).

428 Concretamente, se detecta la cita en la STSJ Comunidad Valenciana, de 11 de septiembre de 2013 (Rec. n.º 1474/2013) y, entre la jurisprudencia, consolidando doctrina, en las SSTS de 28 de enero de 2015 (Rec. n.º 279/2014), de 20 de noviembre de 2014 (Rec. n.º 73/2014), de 19 de febrero de 2014 (Rec. n.º 45/2013), de 28 de enero de 2014 (Rec. n.º 46/2013 y Rec. n.º 16/2013), de 19 de diciembre de 2013 (Rec. n.º 37/2013) y de 24 de septiembre de 2013 (Rec. n.º 2828/2012). Hasta ese momento (e, incluso, más allá), puede encontrarse un amplio número de resoluciones de los Tribunales menores que siguen manteniendo intacta la configuración tradicional de la teoría de los grupos de empresas. Así, por ejemplo y sin ánimo exhaustivo, STS de 23 de febrero de 2015 (Rec. n.º 255/2013), SAN de 12 de junio de 2013 (Proc. n.º 143/2013) y SSTSJ Andalucía, Granada, de 18 de noviembre de 2015 (Rec. n.º 1917/2015), de 20 de noviembre de 2014 (Rec. n.º 1796/2014) y de 26 de junio de 2013 (Rec. n.º 747/2013), Andalucía, Málaga, de 4 de julio de 2013 (Rec. n.º 711/2013), de 13 de junio de 2013 (Rec. n.º 570/2013) y de 6 de junio de 2013 (Rec. n.º 571/2013), Andalucía, Sevilla, de 12 de noviembre de 2015 (Rec. n.º 2579/2014), Asturias, de 30 de septiembre de 2014 (Rec. n.º 1561/2014), de 26 de julio de 2013 (Rec. n.º 1075/2013) y de 7 de junio de 2013 (Rec. n.º 21/2013), Cantabria, de 3 de julio de 2013 (Rec. n.º 378/2013), Castilla-La Mancha, de 10 de julio de 2015 (Rec. n.º 386/2015), de 19 de noviembre de 2013 (Rec. n.º 377/2013) y de 5 de julio de 2013 (Rec. n.º 494/2013), Castilla y León, Valladolid, de 25 de mayo de 2020 (Rec. n.º 359/2020), Cataluña, de 13 de enero de 2016 (Rec. n.º 4344/2015), de 19 de noviembre de 2013 (Rec. n.º 3777/2013), de 30 de septiembre de 2013 (Proc. n.º 4/2013), de 23 de julio de 2013 (Rec. n.º 3189/2013), de 9 de julio de 2013 (Rec. n.º 1436/2013) y de 20 de junio de 2013 (Rec. n.º 1882/2013), Galicia, de 24 de septiembre de 2013 (Rec. n.º 1930/2013), Galicia, de 17 de noviembre de 2015 (Rec. n.º 3703/2014), de 30 de octubre de 2014 (Rec. n.º 2683/2014) y de 4 de diciembre de 2013 (Rec. n.º 3180/2013), Madrid, de 15 de octubre de 2014 (Rec. n.º 228/2014), de 29 de enero de 2014 (Rec. n.º 1652/2013), de 29 de noviembre de 2013 (Rec. n.º 1593/2013) y de 1 de julio de 2013 (Proc. n.º 1202/2013), Navarra, de 21 de enero de 2016 (Rec. n.º 328/2015) y de

vorece la indeterminación en el desglose de los distintos elementos, debiendo estarse a las circunstancias concretas del caso para ir interpretándolos y dotándolos de contenido. Además, creo evidente que hubiera sido más sencillo no interrelacionar los conceptos de funcionamiento unitario, prestación indistinta de trabajo y confusión de plantillas. El Tribunal, si bien se mira, considera que la prestación indistinta de trabajo define *per se* el factor del funcionamiento unitario y que aquélla, a su vez, posee una doble dimensión, siendo en la colectiva donde se residencia la confusión de plantillas. Además, y por si ello no fuera poco, no delimita de una forma nítida y sin ambages qué debe entenderse por dimensión individual y por dimensión colectiva del funcionamiento unitario de las empresas, pues bien podría encajar también la hipótesis de que la dimensión individual quedase referida a la prestación indiferenciada de un único trabajador o de unos muy determinados trabajadores y la dimensión colectiva, a la prestación indiferenciada de toda la plantilla de trabajadores. En consecuencia y a mi modo de ver, hubiera resultado más práctico considerar como único elemento a tener en cuenta la confusión de plantillas, entendida como siempre se ha hecho, esto es, como la prestación indistinta de trabajo por parte de los trabajadores, de uno, de varios o de todos ellos, de forma simultánea o sucesiva para todas las empresas del grupo. Ninguna necesidad había de deslindar los conceptos si, al final, lo que se quiere resaltar es que los trabajadores, a pesar de estar contratados formalmente por una de las empresas, prestan sus servicios para todas ellas.

Tampoco, por otra parte, se entiende el motivo de distinguir entre confusión patrimonial y unidad de caja pues ambos factores, como antes se ha visto, se proyectan sobre un mismo plano, una misma realidad[429]. Y, de igual modo, es difícilmente comprensible la sepa-

---

31 de octubre de 2013 (Proc. n.º 199/2013) y País Vasco, de 18 de junio de 2013 (Rec. n.º 1074/2013).

429 De igual pareces es BAZ RODRÍGUEZ, J.: "La revisión de la construcción jurisprudencial sobre la empresa de grupo como unidad de empresa laboral", en *Trabajo y Derecho*, n.º 5, 2017, p. 9 (v. *on line*). Con todo, hay sentencias que diferencian ambos conceptos especialmente cuando el grupo utiliza la técnica del *cash pooling* (centralización financiera absoluta o mecanismo que permite que las empresas se apoyen financieramente y repartan liqui-

ración entre los supuestos de utilización fraudulenta de la personalidad jurídica y uso abusivo de la dirección unitaria ya que ambos, los dos, podrían encajar fácilmente en el supuesto del fraude o abuso de Derecho. Pero, trascendiendo a todo ello y lo que es más importante, parece que la sentencia no termina de desprenderse del elemento patológico en la definición del grupo de empresas que interesa a efectos laborales, porque, si bien se mira, aparece en ella la misma idea que ya aparecía en sus predecesoras, el favor por lo patológico, por lo enfermo, por lo anómalo[430] que impide la posibilidad de intervenir en el desarrollo de las relaciones laborales en los grupos de carácter fisiológico, los buenos, los normales, lo que no tienen tachan alguna de ocultación o tergiversación[431]. Y ello en detrimento de una perspectiva quizá un tanto más objetiva, más interesada en la aplicación del art. 1.2 ET y en la búsqueda de quién recibe la prestación de servicios (el grupo en general) que de la técnica del fraude por abuso de la persona jurídica. Esta posición disonante, que ya la mantenían, si se recuerda, ciertas resoluciones de los Tribunales me-

---

dez y se solucionen entre ellas tensiones de tesorería que, de otro modo, de recurrir a una fuente de financiación externa, les resultaría más costoso), de tal modo que, cuando ello acontece, podría hablarse de caja única, pero no necesariamente del elemento de la confusión patrimonial, necesario para proceder al levantamiento del velo. Por todas, SSAN de 15 de octubre de 2014 (Proc. n.º 488/2013) y de 20 de enero de 2014 (Proc. n.º 257/2013) y STSJ Cataluña, de 6 de marzo de 2014 (Rec. n.º 6213/2013).

430 Como lo corroboran, por ejemplo, las SSAN de 10 de diciembre de 2013 (Proc. n.º 333/2013), de 29 de julio de 2013 (Proc. 276/2013), de 24 de julio de 2013 (Proc. n.º 144/2012) y de 4 de junio de 2013 (Proc. n.º 1/2013) que hacen suya la doctrina contenida en la STS de 27 de mayo de 2013. Sobre ello, vid. BAZ RODRÍGUEZ, J.: "La revisión de la construcción jurisprudencial sobre ..., op.cit., pp. 3 y 4.

431 GOERLICH PESET, J.Mª.: "Los grupos de sociedades en la jurisprudencia social: puntos críticos", en *Revista de Información Laboral*, n.º 5, 2014, p. 22 (v. *on line*). Este autor señala como ejemplo paradigmático de ello el cálculo de la antigüedad del trabajador, que sí podrá acumularse por las sucesivas prestaciones de servicios cuando se detecte la responsabilidad solidaria en base a los indicios ya conocidos, pero no cuando se trate de un grupo que no interese a efectos laborales. También sobre ello e *in extenso,* MOLINA NAVARRETE, C.: "Grupos de empresas y despidos colectivos: disfunciones prácticas de la distinción entre usos patológicos y fisiológicos", en *Actualidad Laboral*, n.º 7-8, 2014, pp. 810 y 811.

nores, se eleva a instancias judiciales superiores y es defendida, tras la STS de 27 de mayo de 2013, por determinadas voces críticas en el seno del Tribunal Supremo[432], que vienen a poner de manifiesto que lo que interesa es tanto determinar sobre quién redundan los beneficios del trabajo y en favor de quién se presta éste como averiguar quién asume los riesgos de la actividad dirigiéndola plenamente y decidiendo todas las cuestiones trascendentes, algo que es intrínseco al poder de organización y dirección empresarial[433]. Si las respuestas a estas preguntas conducen a la toma en consideración del grupo, entonces habría que considerar que éste es el verdadero empresario de los trabajadores y proceder, en consecuencia, a la comunicación de responsabilidades entre las empresas que lo integran.

Esta corriente crítica parece, *a priori*, encontrar eco en la STS de 20 de octubre de 2015 (asunto Tragsa)[434], pues en ella, por vez primera, la Sala delimita tres conceptos, aunque —todo hay que decirlo— podría haber sido más clara al respecto. Así, de un lado, cita al "grupo de sociedades", entendiéndose por tal parece que el mercantil, y que sería "inocuo" a efectos laborales. De otro lado, estaría la "empresa grupo" o "empresa de grupo", que conduciría a la comunicación de responsabilidades, pero no por la existencia de fraude o abuso en el supuesto de hecho, sino por la presencia de datos objetivos que aconsejarían identificar al grupo como empresario de los trabajadores. Y, finalmente y como especie dentro del género empresa de grupo, se situaría el "grupo patológico", noción que sólo cabría emplearla cuando las circunstancias determinantes de la responsabilidad solidaria se enmarquen en el terreno de la ocultación o fraude. Tríada

---

432 Así, votos particulares de las SSTS de 18 de febrero de 2014 (Rec. n.º 108/2013), de 28 de enero de 2014 (Rec. n.º 16/2013) y de 25 de septiembre de 2013 (Rec. n.º 3/2013) y, muy sorprendentemente, las SSTS de 19 de mayo de 2015 (Rec. n.º 286/2014) y de 26 de marzo de 2014 (Rec. n.º 86/2012). Entre la doctrina judicial, esta postura también sigue encontrando su hueco. Así, SSTSJ Andalucía, Granada, de 12 de abril de 2018 (Rec. n.º 1480/2017) y Cataluña, de 2 de marzo de 2017 (Rec. n.º 4977/2017).

433 Postura ésta de acentuar la importancia de la dirección unitaria que se ha criticado por suponer, *de facto*, la derogación sin límites de las reglas de la responsabilidad limitada de las sociedades. Así, DESDENTADO BONETE, A. y DESDENTADO DAROCA, E.: *Grupos de empresas y …*, op.cit., p. 91.

434 Rec. n.º 172/2014.

de nociones, pues, no coincidentes que conducen, de nuevo, a la separación tajante entre el grupo mercantil y el laboral y constriñendo éste a un ámbito más reduccionista al exigirle, otra vez, una serie de factores que lo catalogarían como tal.

¿Qué factores serían esos? ¿Cuáles serían las circunstancias determinantes sobre las que descansaría la corresponsabilidad y, por ende, la importancia a efectos laborales del grupo? Pues las mismas que ya reproducía la sentencia de 2013 y de las que se predica su carácter de lista no cerrada, pero debiendo entender, tras la diferenciación conceptual que ahora se realiza, que no todas ellas implicarían la utilización por parte del grupo de técnicas maliciosas o abusivas. De esta forma, el funcionamiento unitario del grupo manifestado en la unidad de plantilla queda ahora despojado de forma expresa de cualquier vertiente patológica y pasa a ser considerado como un factor propio del funcionamiento normal del grupo que, de apreciarse en el concreto supuesto de hecho, supondría la aplicación autónoma y sin ambages del art. 1.2 ET considerando como empresario laboral a todas las empresas que reciben la prestación de servicios de los trabajadores. Respecto de las restantes, es evidente que la utilización fraudulenta de la personalidad jurídica y el uso abusivo de la dirección unitaria determinan automática y necesariamente la existencia de un grupo empresarial patológico. Por lo que atañe, en fin, a la confusión de patrimonios y a la unidad de caja, en tanto que la sentencia se cuida de no considerarlas situaciones integrables en el ámbito de actuación del art. 1.2 ET, habrá que entender que no son factores inocuos a usos torticeros de tal modo que su presencia significaría que el grupo habría de ser definido también desde el punto de vista patológico.

Ahora, esto dicho, bien es cierto que habría que realizar una serie de importantes matizaciones. La primera tiene que ver con el elemento de la confusión de patrimonios, pues se entiende, a partir de esta resolución, que no existiría —en la línea ya seguida por la doctrina judicial y jurisprudencia anterior— cuando, en virtud de relaciones contractuales verdaderas y reales incluso a nivel financiero (a un valor razonable de mercado), las empresas del grupo colaboraran entre sí para compartir, explotar o rentabilizar los diferentes recursos o elementos productivos[435]. Esta práctica, pues, queda excluida de cualquier consideración a los efectos que aquí importan, por lo que, entendiéndola como un factor puramente fisiológico del grupo, propio de su funcionamiento normal, no cabría apuntalar sobre ella ningún tipo de responsabilidad solidaria entre los miembros del grupo. Y, a la inversa, existirá una situación de confusión patrimonial cuando la prestación de servicios o las operaciones entre partes vinculadas o intragrupo realizadas por encima o por debajo de los precios normales de mercado impliquen una distorsión económica en favor de una de las empresas y en perjuicio de la otra[436]. Por lo demás y sobre la base de los mismos argumentos manejados anteriormente, queda excluida de cualquier consideración patológica la técnica, comúnmente utilizada por los grupos, del *cash pooling*, ya citada más anteriormente. No obstante, sobre esto último, creo que este modo de interpretar el uso de tal mecanismo financiero no es el correcto. Y no parece serlo porque, si de lo que se trata es de repartir entre las diversas empresas los recursos financieros que provienen de una cuenta maestra centralizada y de compensar apuros financieros con el superávit procedente de otras empresas, ello no parece más que indicar que existe un uso común del patrimonio, en este caso económico, que de principio encajaría en el supuesto que permite levantar el velo de la personalidad jurídica diferenciada[437].

La segunda matización relevante que conviene realizar es que el elemento del funcionamiento unitario entendido como confusión de plantillas queda más acotado, más delimitado, al entenderse que la externalización de funciones que una sociedad haga en favor de otra, en aras a evitar duplicidades en los puestos de trabajo, resulta ser, si se realiza a través de un contrato interempresarial de carácter

---

435 La STS de 13 de mayo de 2019 (Rec. n.º 246/2018) precisa que “no se impide la utilización conjunta de infraestructuras o medios de producción comunes, siempre que esté clara y formalizada esa pertenencia común o la cesión de su uso”.

436 Así, por ejemplo, SAN de 14 de octubre de 2015 (Proc. n.º 30/2014).

437 De la misma opinión es SERRANO OLIVARES, R.: “Grupos de empresas a efectos laborales: a vueltas con la necesidad de superar su entendimiento en clave patológica”, en *Iuslabor*, n.º 2, 2016, p. 21. En sentido contrario, STS de 8 de noviembre de 2016 (Rec. n.º 259/2015).

oneroso, una práctica habitual y común entre los grupos de empresas. Lo que quiere decir, en definitiva, que la utilización de la mano de obra de una empresa en beneficio de otra del mismo grupo no siempre podrá ser considerada por el juzgador como prestación de trabajo indistinta, como un factor sobre el que apuntalar la comunicación de responsabilidades con base en el art. 1.2 ET[438].

Algo similar, en fin, ocurre con el elemento de la dirección unitaria. Para que pueda procederse al levantamiento del velo, tal dirección debe ser ejercitada de un modo abusivo (esto es, que una empresa pierda de modo absoluto su autonomía decisoria y patrimonial respecto de otra) y, además, causar un perjuicio a los trabajadores. Si no puede ser catalogado de tal modo, este factor simplemente no tiene relevancia a los efectos laborales que aquí interesan pues se entenderá que forma parte de las normales relaciones dentro de un grupo. Por lo tanto y en consecuencia, resultará totalmente inocuo a efectos de extensión de responsabilidades que los órganos de dirección de las distintas empresas sean copados por las mismas personas, que exista un administrador único o, incluso, ya a partir de esta resolución, que exista una estructura totalmente centralizada en el seno del grupo que actúe de modo unitario en el cumplimiento de funciones y en la consecución de objetivos[439].

Con este planteamiento, la tarea de comunicar las responsabilidades entre las diferentes empresas del grupo se torna especialmente dificultosa. Si ya lo era de por sí, como se ha tenido oportunidad

---

438 También advertido ello por BAZ RODRÍGUEZ, J. "La revisión de la construcción jurisprudencial sobre ..., op.cit., pp. 11 y 15

439 O, en el ámbito público, que exista, con base legal, funcionamiento coordinado a nivel de gestión y financiero entre las diversas entidades (STS de 31 de octubre de 2017, Rec. n.º 115/2017). Se cierra de esta forma la brecha que se abría con la STS de 21 de mayo de 2015 (Rec. n.º 257/2014) en la que se apreciaba la existencia de un grupo de empresas a efectos laborales sobre la base de poseer el grupo una misma estructura directiva perteneciente a una de las sociedades. Se consideró que ello constituía un supuesto de uso abusivo de la dirección unitaria, puesto que la falta de dirección propia y diferenciada de las demás empresas las convertía en una mera apariencia empresarial sin sustrato, totalmente subordinadas a la empresa matriz de cuya dirección dependían.

de constatar, tras esta resolución queda meridianamente claro que ciertas prácticas o actuaciones en el seno de los grupos han de ser excluidas para su toma en consideración; prácticas que, de tenerlas en cuenta, bien podrían servir de apoyo para construir una noción de un grupo de empresas que atendiera a sus elementos fisiológicos y no tanto patológicos, como, de nuevo, argumenta el voto particular que puede encontrarse en la resolución. Y es que, en efecto, en él, como en los anteriores, se insiste en la idea de dejar de lado de una vez por todas cualquier norma o construcción que al fraude o al abuso hagan referencia y plantear si el grupo en cuanto tal se aprovecha de los recursos materiales, humanos y económicos que lo sostienen, si recibe en común los rendimientos o frutos del trabajo por cuenta ajena y si existe un poder de organización y dirección único, puesto que, si así fuera, el grupo habría de considerarse como empresario de los trabajadores afectados y asumir todas las empresas que lo componen conjuntamente las responsabilidades dimanantes de la relación laboral[440].

En cualquier caso, el posicionamiento que respecto de los grupos acomete la sentencia Tragsa es reiterado en resoluciones posteriores[441], si bien con alguna matización importante por lo que atañe al

440 Sobre ello, vid. BAZ RODRÍGUEZ, J.: "De Aserpal a Tragsa. Una nueva reformulación de la doctrina jurisprudencial de la empresa de grupo. Levantamiento del velo *versus* concepto laboral de empleador (art. 1.2 ET)", en *Trabajo y Derecho*, n.º 18, 2016, pp. 92 y 93 y BLASCO JOVER, C.: *Controversias laborales en torno a los grupos de empresas*, Tirant lo Blanch, Valencia, 2021, pp. 57 a 66.

441 SSTS de 22 de junio de 2020 (Rec. n.º 195/2019), de 19 de febrero de 2020 (Rec. n.º 2852/2017), de 21 de noviembre de 2019 (Rec. n.º 103/2019), de 13 de mayo de 2019 (Rec. n.º 246/2018), de 12 de diciembre de 2018 (Rec. n.º 122/2018), de 11 de julio de 2018 (Rec. n.º 81/2017), de 10 de noviembre de 2017 (Rec. n.º 3049/2015), de 8 de noviembre de 2017 (Rec. n.º 40/2017), de 31 de octubre de 2017 (Rec. n.º 115/2017), de 31 de mayo de 2017 (Rec. n.º 2501/2015), de 30 de mayo de 2017 (Rec. n.º 283/2016), de 15 de febrero de 2017 (Rec. n.º 168/2016), de 29 de septiembre de 2015 (Rec. n.º 1/2015), de 24 de septiembre de 2015 (Rec. n.º 309/2014), de 16 de julio de 2015 (Rec. n.º 312/2014). Entre la doctrina judicial, STSJ Andalucía, Granada, de 11 de julio de 2019 (Rec. n.º 2889/2018), Andalucía, Málaga, de 11 de enero de 2017 (Rec. n.º 1795/2016), Andalucía, Sevilla, de 3 de julio de 2019 (Rec. n.º 1114/2018), de 7 de noviembre de 2018

elemento del funcionamiento unitario. De esta forma, la STS de 27 de junio de 2017 (Rec. n.º 147/2015) puntualiza que la prestación indiferenciada de servicios —recuérdese, la dimensión individual de aquel factor que hace nacer la responsabilidad de todas las empresas con base en el art. 1.2 ET— supone no tanto que la tarea desarrollada por el trabajador tenga incidencia o despliegue sus efectos en el resto de sociedades, sino que se acometa verdaderamente para una u otra empresa con independencia de la entidad a la que formalmente aquél esté adscrito. Diferencia de matiz ésta de por sí ya relevante porque vuelve a reiterar la idea de que el trabajador, aun ligado a una única empresa bajo un solo vínculo contractual, reparte su esfuerzo entre todo el conglomerado societario[442], que se complementa con la afirmación de que tal prestación indiferenciada no tiene por qué

(Rec. n.º 3241/2017), de 2 de mayo de 2018 (Rec. n.º 1597/2017), de 20 de diciembre de 2017 (Rec. n.º 146/2017), de 29 de junio de 2016 (Rec. n.º 2157/2015) y de 23 de febrero de 2016 (Rec. n.º 20/2015), Asturias, de 12 de noviembre de 2019 (Rec. n.º 1619/2019), de 14 de diciembre de 2017 (Rec. n.º 28/2017), de 18 de abril de 2017 (Rec. n.º 668/2017), Castilla y León, Burgos, de 24 de abril de 2020 (Rec. n.º 1/2019), Castilla y León, Valladolid, de 5 de julio de 2019 (Rec. n.º 1094/2019), de 27 de noviembre de 2017 (Rec. n.º 1635/2017), de 25 de abril de 2017 (Rec. n.º 491/2017), Cataluña, de 19 de noviembre de 2019 (Rec. n.º 4299/2019), de 27 de octubre de 2017 (Rec. n.º 3541/2017), de 4 de abril de 2017 (Rec. n.º 4959/2017), de 11 de julio de 2016 (Rec. n.º 3197/2016) y de 15 de diciembre de 2015 (Rec. n.º 4742/2015), Comunidad Valenciana, de 21 de enero de 2020 (Rec. n.º 213/2019) y de 4 de abril de 2017 (Rec. n.º 1559/2016), Galicia, de 21 de febrero de 2020 (Rec. n.º 3333/2019), Madrid, de 31 de enero de 2020 (Rec. n.º 772/2019), de 19 de diciembre de 2017 (Rec. n.º 193/2017), de 13 de febrero de 2017 (Rec. n.º 843/2016), de 25 de enero de 2017 (Rec. n.º 1019/2016), de 31 de octubre de 2016 (Rec. n.º 550/2016) y de 9 de mayo de 2016 (Rec. n.º 163/2016), Murcia, de 21 de febrero de 2018 (Rec. n.º 584/2017) y País Vasco, de 28 de enero de 2020 (Rec. n.º 2328/2019), de 11 de septiembre de 2018 (Rec. n.º 1485/2018), de 6 de marzo de 2018 (Rec. n.º 308/2018) y de 26 de septiembre de 2017 (Rec. n.º 1734/2017). Conviene indicar, no obstante, que pueden encontrarse sentencias posteriores que desechan la noción de empresa de grupo y apuestan simplemente por realizar la distinción tradicional entre grupo de empresas mercantil y grupo de empresas patológico. Así, SSTS de 17 de enero de 2019 (Rec. n.º 156/2018) y de 8 de noviembre de 2017 (Rec. n.º 40/2017).

442 También STS de 22 de junio de 2020 (Rec. n.º 195/2019).

ser generalizada en la empresa o afectar a un número significativo de trabajadores. Bastaría con que uno de ellos desempeñara su labor de tal forma para que, respecto de ese único empleado, pudiera señalarse que las diferentes entidades conforman lo que la sentencia denomina "empresa de grupo", dando así cobijo el concepto no sólo a la forma no patológica del conjunto empresarial, sino también a aquellas situaciones en las que dimensión individual del funcionamiento unitario aparecería en el concreto supuesto de hecho referida a un trabajador o a varios de ellos. La confusión de plantillas, por su parte, como dimensión colectiva de aquel factor, concurriría, *a sensu contrario,* cuando la intercomunicación laboral fuese importante, relevante, esto es, cuando todos los trabajadores o un grupo significativo de ellos prestaran sus servicios de forma indiferenciada para el grupo, como así parece desprenderse de la STS de 20 de junio de 2018 (Rec. n.º 168/2017)[443].

b) La responsabilidad solidaria en orden a la readmisión y los salarios de tramitación

Analizados cuáles son los elementos que se emplean a nivel judicial para determinar cuándo existe un grupo de empresas a efectos laborales (sea éste denominado empresa de grupo o grupo patológico), lo cierto es que su aparición en el supuesto de hecho de que se trate determinará la corresponsabilidad entre los miembros del grupo. Pero, vayamos por partes, y distingamos entre la fase declarativa y la ejecutiva para una mejor exposición de la cuestión.

Por lo que atañe a la fase declarativa, quizá el mayor problema práctico que se suscite en torno a estas estructuras empresariales en el ámbito procesal sea el de su llamamiento e intervención en juicio (en este caso, en el juicio por despido) habida cuenta de que no disfrutan de una personalidad jurídica propia y diferenciada de sus

---

443 Y es que en esa sentencia se niega la existencia de confusión de plantillas por la mínima e insignificante en términos temporales y cuantitativos prestación de servicios simultánea e indiferenciada de tres trabajadores de una plantilla de veinte. Sobre ello incide también la STSJ Galicia, de 21 de febrero de 2020 (Rec. n.º 3333/2019).

integrantes. A estos efectos, es pertinente comenzar señalando que la Exposición de Motivos de la Ley de la Jurisdicción Social hace hincapié en que "ahora [por contraposición a la antigua norma procesal] se atribuye legitimación pasiva a las comunidades de bienes y grupos sin personalidad que actúan como empresarios con el objetivo de garantizar la existencia de un sujeto susceptible de ser demandado por los trabajadores en caso de que sea necesario" y ello "en coherencia con lo previsto en los artículos 6 y 7 de la Ley de Enjuiciamiento Civil". Sucede, sin embargo, que a los únicos "grupos" a los que aluden estos preceptos civiles son los grupos "de usuarios y consumidores", no, por tanto, los grupos de empresas, por lo que ciertamente resulta muy difícil de encajar la pretensión de coherencia del legislador laboral con lo dispuesto en la norma rituitaria civil.

Sí que es cierto, con todo, que podría plantearse que esos "grupos sin personalidad" a los que alude la Exposición de Motivos podrían identificarse con las entidades a las que se refiere el número 2 del art. 6 LEC, es decir, aquellas que, "no habiendo cumplido los requisitos legalmente establecidos para constituirse en personas jurídicas, estén formadas por una pluralidad de elementos personales y patrimoniales puestos al servicio de un fin determinado". No obstante, un grupo de empresas tampoco puede catalogarse exactamente como tal tipo de entidad, a no ser que, realizando un ejercicio de pura abstracción, se llegue al entendimiento de que esa pluralidad de elementos personales y patrimoniales son las empresas que conforman el grupo. La imprecisión llega, además, a tal extremo que en el extenso art. 16.5 LJS, en el que se disponen, como es conocido, las reglas que rigen la comparecencia a juicio, se diferencia entre, de un lado, "las entidades que, no habiendo cumplido los requisitos legalmente establecidos para constituirse en personas jurídicas, estén formadas por una pluralidad de elementos personales y patrimoniales puestos al servicio de un fin determinado" y, de otro, los "grupos", otorgándose la posibilidad de comparecer por los primeros a "quienes de hecho o en virtud de pactos de la entidad, actúen en su nombre frente a terceros o ante los trabajadores" y por los segundos, a "quienes aparezcan, de hecho o de derecho, como organizadores, directores o gestores de los mismos, o en su defecto como socios o partícipes de los mismos".

Por lo tanto, parece que no es seguro, debido a la defectuosa técnica legislativa de la que se hace gala, que el art. 16.5 LJS se refiera a los grupos de empresas y, si ello así se considera, la única conclusión que puede alcanzarse es que esta concreta agrupación empresarial, en cuanto tal, no puede aparecer en juicio porque a ella no haría referencia el mencionado precepto. De este modo, la única opción que quedaría seria entender que quienes tendrían capacidad para intervenir procesalmente serían las concretas personas jurídicas que conforman el grupo de empresas a través de sus representantes legales[444]. Esta, desde luego, es una forma de plantear el problema. Otra sería considerar que esa alusión a los "organizadores, directores o gestores, de hecho o de derecho" pueda referirse a la empresa u órgano que ejerce la dirección unitaria, de tal modo que, desde este punto de vista, al grupo sí que se le estaría otorgando una cierta entidad jurídica en el proceso. No obstante, con la norma en la mano, creo que a todo lo más que podría llegarse es a deslindar dos situaciones. Así, de estarse ante un verdadero grupo mercantil, sin patología previa apreciable, que actúe en el tráfico jurídico con total transparencia, bajo una dirección común (de hecho o de derecho), una misma denominación y una misma actuación económica o financiera en el mercado, quien habría de comparecer en nombre del grupo tendría que ser, efectivamente, quien ejerciera la dirección unitaria, aunque ello no obstaría, por lo que después se dirá, a que compareciera también el representante de la concreta empresa que hubiera cometido el ilícito laboral de que se tratase. Distinta es la hipótesis contraria, cuando se está o, mejor dicho, cuando se cree estar, ante una empresa de grupo o, incluso, ante su versión patológica. A mi modo de ver, tanto si es el propio grupo mercantil el que se ha comportado como tal como si lo ha hecho una conjunción de empresas sin entidad cabecera alguna, entiendo que lo más oportuno, en efecto, es considerar que procede la comparecencia en juicio de todas las empresas de las que se pretenda la responsabilidad solidaria a través de sus representantes legales. Solución, por lo demás,

---

444 Sobre ello y apuntando en esta dirección, DESDENTADO DAROCA, E.: "El empresario complejo en la jurisprudencia reciente. En especial, los grupos de empresas", en *Revista del Ministerio de Trabajo, Migraciones y Seguridad Social*, n.º 143, 2019, p. 123.

a la que también podría llegarse de entender que esa mención a los "partícipes" que realiza el art. 16.5 LJS cabe entenderla referida —aunque ciertamente en un ejercicio de abstracción— a las entidades que conforman la empresa de grupo.

La misma imprecisión que se encuentra en el art. 16.5 LJS aparece en la letra b) del art. 80.1 LJS cuando hace referencia a la identificación en la demanda "de quienes aparezcan como administradores, organizadores, directores, gestores, socios o partícipes" de una "masa patrimonial, patrimonio separado, entidad o grupo carente de personalidad" y ello "sin perjuicio de las responsabilidades legales de la masa patrimonial, entidad o grupo y de sus gestores e integrantes". De nuevo, a la vista del redactado legal, podría entenderse que esa identificación en la demanda estaría referida a la empresa que ejerce la dirección unitaria en un grupo de empresas sin patología apreciable y totalmente transparente. Ahora bien, en tanto que, en un grupo de estas características, únicamente puede condenarse a la empresa efectivamente responsable, la identificación en la demanda de quien ejercite la dirección unitaria lo sería únicamente a efectos de considerarlo como mero interesado en el proceso, con posibilidad, por tanto, de intervenir en el pleito, pero sin poder ser condenado. Por el contrario, de no estar en esta tesitura, la opción más plausible pasa por considerar que debe interponerse la demanda contra todas aquellas entidades de las que se pretenda la condena solidaria, conformando, entonces, un litisconsorcio pasivo necesario[445]. Y ello en

[445] STS de 2 de junio de 2014 (Rec. n.º 546/2013). Existe, no obstante, cierta controversia sobre si el litisconsorcio pasivo debe ser necesario o, más bien, voluntario, habida cuenta de que la responsabilidad que se generaría sería de carácter solidario. Sobre ello, DESDENTADO DAROCA, E.: "El empresario complejo en la jurisprudencia reciente. En especial, ..., op.cit., p. 123 y MOLINA NAVARRETE, C.: *La regulación jurídico-laboral de los grupos de sociedades: problemas y soluciones*, Comares, Granada, 2000, pp. 266 a 268. No obstante, el problema puede salvarse, entiendo, considerando que, en efecto, es necesario conformar un litisconsorcio pasivo necesario sobre la base de que la determinación de la existencia del grupo es una cuestión previa a la solidaridad de sus integrantes, quienes, hasta que no los declaren como empresa de grupo, ninguna responsabilidad solidaria adquieren. Desde este punto de vista, entonces, habrá que concluir que la relación procesal no estará válidamente constituida si no se llama al proceso a todas

el bien entendido de que, en trámite de conciliación administrativa previa, se haya advertido que la demanda se dirigirá contra todas las entidades que se considere que puedan conformar una empresa de grupo.

Comoquiera que sea, en tanto que el entramado empresarial puede adquirir una gran complejidad, el art. 76.1 LJS posibilita al futuro demandante solicitar, a efectos de la mejor preparación de su demanda, "la determinación de quiénes son los socios, partícipes, miembros o gestores de una entidad sin personalidad y las diligencias necesarias encaminadas a la determinación del empresario y los integrantes del grupo o unidad empresarial". Y, en cualquier caso, si esa unidad empresarial se constatara una vez iniciado el proceso, puesto que con anterioridad no existía tal conocimiento de este hecho por mínimo que fuera, nada impediría, como se ha declarado a nivel judicial[446], que se hiciera jugar la regla contenida en el art. 64.2.b) LJS sobre la posibilidad de ampliar la demanda contra personas distintas de las inicialmente demandadas.

Por lo demás, tres últimas cuestiones merecen comentario. De un lado, reseñar la facultad conferida al FOGASA de ejercitar acciones contra "quien considere verdadero empresario o grupo empresarial o cualquier persona interpuesta o contra quienes hubieran podido contribuir a generar prestaciones indebidas de garantía salarial". Ciertamente, la alusión al conglomerado empresarial aquí es más evidente, por lo que, en este precepto, no surgen las dudas anteriores. De hecho, con la referencia al "verdadero empresario" parece efectuarse un guiño a la jurisprudencia existente sobre la empresa de grupo y a que esta entidad, a través de sus integrantes, es la auténtica empleadora de los trabajadores[447].

---

las empresas de las que se pretende la condena solidaria. Ello, a salvo, como indica la resolución mencionada al inicio, que la sentencia sea absolutoria, puesto que aquí ningún perjuicio se habría producido a los ausentes en el proceso.

446 STSJ Cantabria, de 30 de junio de 1998 (Rec. n.º 814/1998).

447 Por lo que atañe al pago de las cantidades económicas que le corresponde abonar al FOGASA cuando la empresa insolvente está dentro de un grupo, es conveniente apuntar que no procede la negativa al pago invocándose la existencia de aquél, de tal modo que se imponga a los trabajadores la carga

Por otra parte, es necesario plantearse igualmente la existencia los efectos positivos de la cosa juzgada cuando se ha constatado la realidad de una empresa de grupo en un proceso y se quiere hacer valer en otro. La excepción, ciertamente, se ha hecho jugar en la jurisprudencia ya desde muy antiguo[448] y se ha defendido que ello sea así aunque se ejercite una acción diversa[449]. Conviene recordar, por lo que ahora importa, que los elementos necesarios para que pueda desplegarse el efecto positivo de la cosa juzgada son la identidad subjetiva entre las partes de los dos procesos y la conexión existente entre los pronunciamientos; pero, ello no obstante, no se exige una completa identidad, ya que de darse esta situación, quedaría excluido el segundo proceso. Lo que interesa es que la primera sentencia condiciona el segundo pronunciamiento, vinculándolo a lo ya fallado[450]. Por lo tanto, si ya en un primer proceso entre las mismas partes implicadas se falló favorablemente a la existencia de una empresa de grupo, podrá haber un segundo pleito con un segundo pronunciamiento que —eso sí— tendrá en cuenta la conexión entre las empresas demandadas. Tema distinto, entiendo, es que se pretenda que la sentencia del primer proceso produzca estos mismos efectos cuando se declaró la inexistencia de un grupo de empresas por insuficiencia de actividad probatoria. Una cosa es que, valorada toda la prueba pertinente aportada por los trabajadores o sus representantes (que, se recuerda, es de indicios), se constate de modo razonado y argumentado, porque aquélla resulta suficiente, que no se aprecia la

---

de demandar a las empresas señaladas administrativamente como integrantes de tal conglomerado para intentar obtener su condena y, en su caso, ulterior declaración de insolvencia con carácter previo al abono de las prestaciones *ex* art. 33 ET. Sobre ello, STS de 24 de diciembre de 1999 (Rec. n.° 875/1999) y SSTSJ Cantabria, de 15 de junio de 2015 (Rec. n.° 224/2015) y Comunidad Valenciana, de 5 de noviembre de 2002 (Rec. n.° 2514/2001).

448 Por todas, SSTS de 23 de octubre de 1995 (Rec. 627/1995) y de 29 de mayo de 1995 (Rec. n.° 2820/1994), seguidas por sentencias como las SSTSJ A Coruña, de 7 de julio de 2017 (Rec. n.° 815 /2017), Castilla-La Mancha, de 2 de abril de 2003 (Rec. n.° 1928/2001) y País Vasco, de 12 de noviembre de 2002 (Rec. n.° 1449/2002).

449 MOLINA NAVARRETE, C.: *La regulación jurídico-laboral de...*, op.cit, p. 286.

450 STS de 8 de julio de 2020 (Rec. n.° 1021/2018).

realidad de una empresa de grupo[451] y otra bien distinta es que el juzgador no haya podido llegar a esta convicción porque la prueba haya resultado deficitaria para esclarecer los hechos. En estas hipótesis, que, buceando entre la jurisprudencia y doctrina judicial, también pueden encontrarse, creo que lo más razonable pasa por considerar que la sentencia que se dicte en este proceso no produzca los efectos positivos propios de la cosa juzgada.

Por último, una última apreciación debe realizarse en materia de recursos. Como se conoce, para recurrir es preciso constituir el depósito correspondiente y, además y en su caso, consignar el importe de la condena. Pues bien, respecto de ambas obligaciones, la duda se cierne sobre si basta con que una de las empresas condenadas de forma solidaria abone estas cantidades para que beneficie o aproveche al resto o si, por el contrario, cada una de las empresas que recurre debe constituir individualmente el depósito y consignar el importe de la condena. En lo que concierne al depósito y dada su finalidad, se ha afirmado en sede judicial que, si las empresas pretenden destruir la solidaridad declarada, han de abonar cada una de ellas la cantidad que proceda según se esté ante un recurso de suplicación o de casación. Tema distinto es que no pretendan combatir el alcance de la responsabilidad, pero sí otra cuestión. En estos casos, y aplicando en contrario la regla anterior, habrá que convenir que bastará con un único depósito que beneficiará a todas[452]. Solución diversa se ha adoptado sobre la obligación de consignar el importe de la condena por salarios de tramitación, en tanto que aquí sí que se ha admitido que la consignación efectuada por una de las condenadas solidariamente aproveche al resto. La finalidad de la consignación es garantizar al trabajador que recibirá una determinada cuantía si vence en fase de recurso y este propósito cautelar se entiende cumplido —a mi modo de ver muy certeramente— cuando se efectúa por una de las empresas condenadas una sola consignación y no tantas como empresas obligadas existan[453]. Por lo demás, la solidaridad también va a

---

451 STS de 23 de enero de 2002 (Rec. n.º 1759/2001) apreciando la excepción de cosa juzgada en este caso.

452 ATC de 16 de julio de 2015 (Rec. n.º 4/2015).

453 STS de 5 de junio de 2000 (Rec. n.º 2469/1999).

implicar que si uno de los empresarios condenados solidariamente plantea recurso de suplicación y el órgano judicial lo estima considerando que no era el empleador en la fecha de despido al no existir grupo a efectos laborales, esta declaración aprovecharía a los demás, de tal manera que, aunque no recurrieran, la declaración anulatoria de la condena se extendería al resto de condenadas[454].

En fase de ejecución también hay alguna consideración que realizar con respecto a los grupos de empresas. Por un lado y a la vista de lo dispuesto en el art. 240.2 LJS, es posible que el fenómeno sucesorio también acontezca en esta fase cuando el cambio sustantivo en que se funde se hubiese producido con posterioridad a la constitución del título ejecutivo que constituya la base del concreto proceso de ejecución[455]. Aplicada esta regla al grupo de empresas y admitiendo que en su seno pueda acontecer la sucesión si se produce entre algunos de sus integrantes una transmisión de un conjunto organizado e identificable de medios humanos o materiales dirigidos a realizar una actividad económica, habrá que concluir que, aunque el grupo pudiera existir con anterioridad, una sucesión de empresas posterior a la constitución del título ejecutivo puede generar otra responsabilidad y considerarse —tras el oportuno trámite incidental de mediar oposición y necesitar prueba— circunstancia sobrevenida que justifique la ampliación subjetiva de la ejecución de acuerdo con el mencionado precepto procesal[456]. Ello supondrá que, en la práctica, se despache ejecución no sólo frente a la empresa que aparezca designada en el título ejecutivo, sino también frente a aquella otra empresa que hubiera sido, por aplicación de lo dispuesto en el art. 44 ET, declarada como sucesora de aquélla.

Tema distinto es que se pretenda en fase ejecutoria alegar la existencia de una empresa de grupo para proceder a la ampliación de responsabilidad. A mi modo de ver, el número dos del art. 240 LJS se muestra claro y contundente al requerir que el hecho que origine la

---

454 STS de 19 de febrero 2020 (Rec. 2852/2017).

455 SSTS de 20 de julio de 2016 (Rec n.º 2432/2014) y de 10 de diciembre de 1997 (Rec. n.º 1182/1997).

456 STSJ Islas Canarias, Santa Cruz de Tenerife, de 22 de marzo de 2018 (Rec. n.º 874/2017).

modificación o el cambio de partes en la ejecución esté fundado en circunstancias distintas y posteriores al previo enjuiciamiento, por lo que, en consecuencia, no cabe argumentar la extensión de responsabilidad en fase ejecutoria a otras entidades, ni siquiera condenadas en fase declarativa, sobre la base de la existencia de una empresa de grupo creada o configurada, según la prueba practicada, en un momento anterior. Esa posible extensión de la ejecución a las empresas como integrantes de un misma empresa de grupo únicamente habría de sustentarse en la promoción del correspondiente proceso declarativo contra todas ellas, de forma que se tendría que haber demandado a todas desde un primer momento y no pretender de forma extemporánea, en trámite de incidente de ejecución, que se declare dicha responsabilidad para hacer frente a las obligaciones contraídas. [457] Desde luego, si esto acontece, es decir, si en el título ejecutivo existen designados deudores solidarios por acontecer una empresa de grupo, podrá pedirse que se despache ejecución frente a uno o algunos de esos deudores o frente a todos ellos en virtud de lo dispuesto en el art. 542.3 LEC. Es, pues, opción del demandante conformar o no un litisconsorcio pasivo en esta fase y traer a la ejecución a todas, a algunas o a una sola de las entidades que conforman la empresa de grupo. No obstante, y como antes se ha dicho, le queda vedado, por prohibirlo expresamente el número uno de aquel precepto civil y sin perjuicio de lo que después se comentara para el caso de la sucesión empresarial, extender la ejecutoria a deudores solida-

---

[457] Al respecto, STS de 25 de enero de 2007 (Rec. n.º 4137/2005) y SSTSJ Islas Canarias, Santa Cruz de Tenerife, de 11 de febrero de 2008 (Rec. n.º 1/2008) y La Rioja, de 4 de mayo de 2017 (Rec. n.º 125/2017). Por su parte, en la STSJ Cataluña, de 27 de septiembre de 2019 (Rec. n.º 2594/2019) se constató que la empresa de grupo nació con posterioridad a la constitución del título ejecutivo contra la empresa ejecutada, por lo que se admitió la extensión de responsabilidad. También, en el mismo sentido, STS de 20 de julio de 2016 (Rec n.º 2432/2014). Con todo, es posible encontrar sentencias en las que la ejecución se amplía a empresas que, en su momento, no fueron condenadas sobre la base de su configuración con la ejecutada como grupo patológico. Así, SSTSJ Castilla-La Mancha, de 15 de mayo de 2014 (Rec. n.º 7/2014) e Islas Canarias, Las Palmas, de 22 de marzo de 2002 (Rec. n.º 709/2001).

rios que no hubiesen sido parte en el proceso, por lo que no podrá pretender ejecutar la sentencia contra los bienes de éstos.

Debe hacerse referencia también a lo que dispone el art. 240.3 LJS. Así, señala este precepto que, "en el caso de títulos ejecutivos frente a entidades sin personalidad jurídica que actúen en el tráfico como sujetos diferenciados, podrá despacharse ejecución frente a los socios, partícipes, miembros o gestores que hayan actuado en el tráfico jurídico o frente a los trabajadores en nombre de la entidad, siempre que se acredite cumplidamente a juicio del juez o tribunal, por medio del incidente de ejecución previsto en el artículo 238, la condición de socio, partícipe, miembro o gestor y la actuación ante terceros o ante los trabajadores en nombre de la entidad". Esta regla exige muchos condicionantes, como es fácil constatar, por lo que, para aplicarla al grupo, tendrá que entenderse que éste actúa en el tráfico jurídico como sujeto diferenciado, que sus "socios, partícipes, miembros o gestores" han actuado en ese mismo escenario o frente a los trabajadores "en nombre de la entidad" y que ello quede acreditado en el incidente indicado. Difícil es, pues, encajar esta previsión cuando existe un contexto grupal y no veo cómo pueda aplicarse esta previsión a los grupos de empresas. Primero, porque en los que no se aprecie el fenómeno de la empresa de grupo, el gestor del mismo, si se identifica con la empresa que ejerce la dirección unitaria, en el proceso actuará como mero interesado, por lo que no podrá ser condenado en fase declarativa y, en consecuencia, no podrá ser sujeto de la ejecución. Y, segundo, porque, en cualquier otro supuesto, habrá que concluir que el despacho de la ejecución se debe realizar frente a las empresas que integran el conglomerado, bien porque, como antes se ha dicho, se las haya condenado de modo solidario por constatarse la realidad de una empresa de grupo o bien porque haya acontecido un supuesto de sucesión empresarial que haya ocasionado la modificación de las partes en la ejecución[458].

Precisamente con respecto a esa condena en solidaridad de las entidades que conforman la empresa de grupo, son varias las cuestiones que, en fase de ejecución, pueden plantearse. Así, por lo pronto,

---

458 En el mismo sentido, DESDENTADO BONETE, A. y DESDENTADO DAROCA, E.: *Grupos de empresas y despidos ...*, op. cit, p. 53.

debe discernirse cómo proceder cuando deba acometerse la readmisión del trabajador despedido. ¿Debe readmitir la empresa que concretamente adoptó la decisión extintiva o la condena en solidaridad se extiende también a esta obligación? Partiendo del hecho de que el trabajador debe ser readmitido en su puesto de trabajo y en las mismas condiciones que regían antes de producirse el despido, la duda surge cuando la empresa que acometió el despido, condenada de forma solidaria junto con las restantes, toma la decisión de no readmitir al trabajador y hace jugar, para ello, la regla contenida en el art. 286 LJS. Pues bien, en estos casos, se ha considerado a nivel judicial —muy certeramente en la línea de lo que ya se comentado anteriormente sobre la readmisión regular e irregular— que el cese o el cierre de la empresa o, incluso, su deteriorada situación económica, no son hechos que puedan ser óbice para que la readmisión efectivamente se produzca en cualquiera de las otras empresas condenadas de modo solidario[459].

Saliendo al paso, pues, de otras opciones interpretativas que abogarían por la opción contraria basándose en la propia naturaleza de la obligación[460], la solidaridad entiendo que ha de desplegar sus efectos en toda su amplitud, no sólo cuando existen obligaciones económicas de las que hacerse cargo (v.gr. los salarios de tramitación). Este posicionamiento, además, conduce a considerar también que, aunque no medie imposibilidad de la empresa formal, la obligación pueda entenderse cumplida tanto cuando el trabajador sea readmitido en aquélla como cuando lo sea en alguna de las restantes, de tal modo que, por este simple hecho, no podría alegarse readmisión irregular[461]. El ofrecimiento habría de reputarse, pues, correcto y

---

459 SSTSJ Asturias, de 2 de abril de 2004 (Rec. n.º 2582/2003), Castilla y León, Valladolid, de 21 de diciembre de 2001 (Rec. n.º 2018/2011) y Galicia, de 2 de febrero de 2004 (Rec. n.º 6074/2003).

460 Sobre el carácter indivisible de la obligación de readmitir, STS 5 diciembre 1986 (RJ 1986\7285).

461 No obstante, la recolocación en otra empresa del grupo habría de realizarse, en la medida de lo posible, valorándose el parámetro espacial del propio grupo (no es lo mismo que el grupo sea nacional que internacional, por ejemplo) y las posibilidades reales de que el trabajador pueda efectivamente reiniciar la actividad en otra unidad productiva.

ajustado al fallo de la sentencia condenatoria a la responsabilidad, erigiéndose en una excepción a la regla general marcada por literalidad de la norma estatutaria[462]. Ahora bien, ello implica admitir también, de un lado, que cuando el trabajador sea el que opte por la readmisión podrá escoger, de entre las condenadas, donde quiere ser readmitido[463] y, de otro, que las consecuencias de una readmisión irregular o de una no readmisión habrían de soportarlas igualmente todas las empresas implicadas.

Además de esta cuestión, también se suscita la duda con respecto a una posible ejecución provisional de la sentencia. Como ya se explicó, conforme al art. 297 LJS, si se ha declarado la improcedencia y se ha optado por la readmisión (o si la sentencia ha declarado la nulidad), el empresario, sea quien fuese quien recurrió, viene obligado, mientras dure la sustanciación del recurso, a satisfacer al trabajador la misma retribución que venía percibiendo y a mantenerlo en la prestación de servicios, a menos que prefiera hacer el abono aludido sin compensación alguna. Amoldar lo que dispone el precepto procesal a la peculiaridad que supone la condena solidaria en una empresa de grupo supone tener en consideración la posibilidad de que la empresa que acometió el despido y que haya optado por la readmisión del trabajador no sea la que recurra, pero sí lo haga otra de las condenadas solidariamente. En estos supuestos, entiendo que lo que procederá es que el trabajador continúe prestando servicios mientras se resuelve el recurso en la empresa que acometió el despido o, en su caso, en la que hubiese sido oportunamente recolocado, correspondiendo el abono del salario a quien efectivamente ha recurrido la sentencia y bastando con que lo haga una de las condenadas recurrentes y no todas ellas. Si fuera el trabajador el que hubiera optado por la readmisión y habida cuenta de la posibilidad que parece pertinente que se le pueda abrir de escoger en qué empresa seguir

---

462 STSJ Islas Canarias, Las Palmas, de 7 de julio de 1998 (Rec. n.º 368/1997). En contra, STSJ Cataluña, de 4 de diciembre de 2009 (Rec. n.º 5174/2009), aunque cierto es que en este supuesto la readmisión también se basó en que se encomendaron al trabajador funciones de inferior categoría.

463 En el mismo sentido, MOLINA NAVARRETE, C.: *La regulación jurídico-laboral de ...*, op.cit., p. 296.

prestando servicios, considero que habrá de continuar en ésta hasta en tanto haya sentencia en fase de recurso.

Por su lado, si la sentencia condena al empresario al pago de una cantidad económica y se recurre, debe funcionar o bien la institución de los anticipos reintegrables (art. 289 LJS) o bien lo dispuesto en el art. 290 LJS sobre la posibilidad de obtener anticipos de la cantidad consignada para poder recurrir por el empresario condenado, en el bien entendido que, en un contexto grupal, deberán solicitarse esos anticipos de la cantidad que una sola de las empresas haya consignado. Con todo, se ha admitido la posibilidad de que, en la hipótesis de que unas empresas recurran y otras no por su condena solidaria como integrantes de una empresa de grupo, el trabajador pueda instar la ejecución definitiva parcial *ex* art. 242 LJS contra las empresas no recurrentes sobre la base de entender que la sentencia habría devenido firme respecto de ellas[464].

B) Cesión ilegal y contratas y subcontratas

a) Unas (muy breves) líneas generales sobre la distinción entre cesión ilegal y contrata

Como se conoce, la descentralización productiva es una técnica permitida por nuestro ordenamiento jurídico laboral, no existiendo ninguna prohibición para que el empresario pueda utilizar la contratación externa para integrar su actividad productiva, aunque con las cautelas legales e interpretativas necesarias para evitar que por esta vía puedan vulnerarse derechos de los trabajadores[465]. La base legal que sustenta este modo de organización productiva se encuentra en el art. 42 ET que regula las contratas y subcontratas de obras y servicios o, más bien, la responsabilidad patrimonial en la que incurren los empresarios vinculados en este negocio. El elemento sobre el que

464 BLASCO PELLICER, A.: "Grupos de sociedades y derecho del trabajo: problemática de la ejecución provisional de sentencias", en *Actualidad Laboral*, n.º 2, 1992, p. 16. También sobre ello ESTEVE SEGARRA, A.: *Grupos de sociedades y contrato de trabajo*, Tirant Lo Blanch, Valencia, 2002, pp. 453 y 454.

465 STS de 20 de octubre de 2014 (Rec. 3291/2013).

gira la misma es la noción de propia actividad, de tal modo que la responsabilidad mencionada se activará cuando la actividad subcontratada corresponda a la propia actividad de la empresa principal. Sin ánimo de realizar un análisis exhaustivo del concepto, baste reseñar que la jurisprudencia se ha decantado por una concepción estricta que limita su alcance a aquellas obras o servicios que sean inherentes al proceso productivo de la empresa comitente, esto es, las actividades del ciclo productivo que, a diferencia de las actividades indispensables no inherentes a dicho ciclo, se incorporan al producto o resultado final de la empresa o entidad comitente, tanto si son realizadas directamente como si son encargadas a una empresa contratista, justificando así la responsabilidad patrimonial de la empresa o entidad comitente respecto de los salarios de los trabajadores empleados en la contrata. Por lo tanto, estaríamos ante una contrata de propia actividad cuando, de no haberse concertado ésta, las obras y servicios debieran realizarse por el propio empresario comitente so pena de perjudicar sensiblemente su actividad empresarial[466].

El problema, no obstante, es que, en ocasiones, no nos encontramos tanto ante una contrata de obras y servicios, sino, más bien, ante una cesión ilegal de trabajadores, reglamentada en el art. 43 ET, que dispone que "la contratación de trabajadores para cederlos temporalmente a otra empresa solo podrá efectuarse a través de empresas de trabajo temporal debidamente autorizadas en los términos que

---

466 SSTS de 26 de abril de 2023 (Rec. n.º 870/2020), de 2 de febrero de 2018 (Rec. n.º 251/2016), de 21 de julio de 2016 (Rec. n.º 2147/2014), de 4 de marzo 2008 (Rec. n.º 1310/2007) y de 29 de octubre de 1998 (Rec. n.º 1213/1998), entre muchas otras. Algunos ejemplos de propia actividad son los siguientes: la contrata entre una empresa que actúa como agencia de transporte y de servicios auxiliares y la empleadora dedicada a transporte de mercancías (STS de 6 de julio de 2022, Rec. n.º 2103/2021), el servicio de conserjería en una comunidad de propietarios (STS de 27 de mayo de 2022, Rec. n.º 3307/2020), la externalización u *outsourcing* de servicios informáticos de una entidad bancaria (STS de 15 de abril de 2010, Rec. n.º 2259/2009), los servicios de comedor y cafetería de una colegio mayor (STS de 24 de noviembre de 1998, Rec. n.º 517/1998) o la comercialización de los servicios a los clientes finales en una empresa de telefonía (STS de 21 de julio de 2016, Rec. n.º 2147/2014).

legalmente se establezcan"[467]. Señala, a estos efectos, la STS de 4 de marzo de 2008 (Rec. n.º 1310/2007) que "mediante la lícita descentralización productiva, la empresa principal puede atribuir a una empresa contratista la realización de una parte de su actividad (siempre que sea suficientemente diferenciada), sin necesidad de que revista cualidad de complementaria o contingente, puesto que también las actividades inherentes al ciclo productivo pueden ser objeto de contrata externa. Pero en la válida externalización de la producción, la empresa principal se limita a recibir el resultado de la ejecución por la contratista, en la que ésta aporta sus medios personales y materiales, con la consiguiente organización y dirección. Pero en la medida en que esta diferenciación sea inexistente, dependiendo de la principal la organización y control de los trabajadores de la contratista, la contrata se habrá desnaturalizado y trastocado en simple provisión de mano de obra e integrará una cesión ilícita de trabajadores".

Precisamente, explica la STS de 19 de junio de 2012 (Rec. n.º 2200/2011) que la finalidad del art. 43 ET es que "la relación laboral real coincida con la formal y que quien es efectivamente empresario asuma las obligaciones que le corresponden, evitando así que se produzcan determinadas consecuencias que suelen asociarse a la interposición, como son la degradación de las condiciones de trabajo cuando la regulación profesional vigente para el empresario formal es menos beneficiosa para el trabajador que la que rige en el ámbito del empresario real, o la disminución de las garantías cuando aparecen empleadores ficticios insolventes. Pero ello no implica que toda cesión sea necesariamente fraudulenta por ocultar a la empresa real y solvente a través de una empresa ficticia o por perseguir un perjuicio para los derechos de los trabajadores". Se añade, además, que "para que exista cesión basta que se produzca un fenómeno interpositorio en virtud del cual aparezca en la posición contractual propia del empresario alguien que no tiene en realidad esa posición, es de-

---

[467] Téngase en cuenta, a tenor de lo dispuesto en este precepto, que la cesión ilegal puede producirse cuando el trasvase de trabajadores se lleve a cabo por empresas de trabajo temporal no autorizadas o cuando la puesta a disposición del trabajador no se haga en los términos legalmente previstos (al efecto, según lo previsto en la Ley 14/1994, de 1 de junio, por la que se regulan las empresas de trabajo temporal).

cir, lo que sucede es que quien se apropia efectivamente de los frutos del trabajo, dirige éste y lo retribuye no es formalmente empresario, porque su lugar está ocupado por un titular ficticio".

Por lo tanto, contrata y cesión ilegal deben identificarse claramente en tanto en cuanto sus efectos jurídicos a nivel de responsabilidad de los empresarios y derechos de los trabajadores son dispares, como después se verá. De esta forma, la STS de 17 de diciembre de 2001 (Rec. n.º 244/2001) señala que los elementos para identificar una verdadera contrata son:

a) Disponer de una organización con existencia autónoma e independiente (debe estar válidamente constituida).

b) Contar la empresa contratista con los medios materiales y personales necesarios para el desarrollo de su actividad (instalaciones, maquinaria y herramientas necesarias, patrimonio) y con una organización estable.

c) Organizar, dirigir y controlar efectivamente la empresa contratista el desarrollo de su propia actividad, ejerciendo el contratista las funciones inherentes a su condición de empresario (ejercer funciones de empresario).

d) Asumir las responsabilidades y los riesgos propios del desarrollo de una gestión empresarial. En este sentido, "mal puede ser empresario de una determinada explotación quien carece de facultades y poderes sobre los medios patrimoniales propios de la misma. También es difícil atribuir tal calidad a quien no asume los riesgos propios del negocio, pues esa asunción de riesgos es nota específica del carácter empresarial. Tampoco se compagina con la condición de empresario el tener fuertemente limitada la capacidad de dirección y selección del personal"[468].

e) Desarrollar una actividad lícita, propia y específica, que sea diferente de la actividad de la empresa principal, aunque complementaria y de colaboración con aquélla.

---

468 SSTS de 17 de diciembre de 2001 (Rec. n.º 244/2001) y de 17 de julio de 1993 (Rec. n.º 1712/1992).

Por su parte, la STS de 4 de marzo de 2008 (Rec. n.º 1310/2007) dispone que, para que exista cesión ilegal "no es necesario que el personal se contrate ya inicialmente con la finalidad de ser cedido; para que haya cesión basta que se produzca un fenómeno interpositorio en virtud del cual aparece en la posición contractual propia del empresario alguien que no tiene en realidad esa posición, es decir, quien se apropia efectivamente de los frutos del trabajo, dirige éste y lo retribuye no es formalmente empresario, porque su lugar está ocupado por un titular ficticio". Y añade que "la esencia de la cesión no se centra en que la empresa cedente sea real o ficticia o que tenga o carezca de organización sino que lo relevante —a efectos de la cesión— consiste en que esa organización no se ha puesto en juego, limitándose su actividad al suministro de la mano de obra a la otra empresa que la utiliza como si fuera propia, de manera que se contempla la cesión ya no como un supuesto de interposición de mano de obra entre empresas ficticias como en un primer momento se entendió sino una situación que puede darse entre empresas reales que, sin embargo, no actúan como tales en el desarrollo de la contrata al no implicar en ella su organización y riesgos empresariales".

También la STS de 14 de marzo de 2006 (Rec. n.º 66/2005) explica que, para proceder a la distinción entre contrata y cesión ilegal "la doctrina judicial ha recurrido a la aplicación ponderada de diversos criterios de valoración que no son excluyentes, sino complementarios, y que tienen un valor indicativo u orientador, pudiendo citarse, entre ellos, la justificación técnica de la contrata, la autonomía de su objeto, la aportación de medios de producción propios, el ejercicio de los poderes empresariales y la realidad empresarial del contratista, que se pone de manifiesto en relación con datos de carácter económico (capital, patrimonio, solvencia, estructura productiva, etc)".

La redacción actual del art. 43 ET ha integrado algunos de estos criterios (salvo el de la autonomía técnica)[469] al señalar, en su nú-

---

469 Aunque algunas sentencias lo contemplan, como la STS de 19 de junio de 2012 (Rec. n.º 2200/2011). Por su parte, la STSJ Galicia, de 14 de marzo de 2023 (Rec. n.º 5871/2022) dispone que "algún pronunciamiento exige la autonomía técnica de la contrata, que se despliega dentro del proceso

mero 2, que "en todo caso, se entiende que se incurre en la cesión ilegal de trabajadores contemplada en este artículo cuando se produzca alguna de las siguientes circunstancias: que el objeto de los contratos de servicios entre las empresas se limite a una mera puesta a disposición de los trabajadores de la empresa cedente a la empresa cesionaria, o que la empresa cedente carezca de una actividad o de una organización propia y estable[470], o no cuente con los medios ne-

---

productivo normal de la principal (Sentencias del Tribunal Supremo de 17 de julio de 1993, 19 de enero de 1994, 7 de marzo de 1998 y 3 de octubre de 2005). Es decir, se trata de determinar si la contratista ejerce una autentica actividad específica en el seno de la de la principal, en forma autónoma, corriendo como auténtica empleadora con el riesgo y ventura de su función mercantil y no limitándose a aportar mera mano de obra. Así, por ejemplo, se viene afirmando la existencia de una cesión ilegal cuando los trabajadores de la contrata prestan sus servicios mezclados con el personal de la principal, sin diferenciación sustantiva en cuanto a sus funciones (sentencias de la Sala de lo Social del Tribunal Superior de Justicia de Cataluña de 13 de noviembre de 2000, 9 de enero de 2002 y 29 de abril de 2002). Sin embargo, no existe cesión cuando el proyecto y el diseño del servicio han sido realizados por la contratista, limitándose el trabajador a aplicarlo en el seno de la comitente (sentencia de la Sala de lo Social del Tribunal Superior de Justicia de Madrid de 11 de octubre de 2001); o cuando la contratista cuenta con controles de calidad propios (sentencia de la Sala de lo Social del Tribunal Superior de Justicia de Cataluña de 2 de diciembre de 2004). Asimismo, hallaremos pronunciamientos que viene a considerar que el ejercicio por el trabajador de funciones distintas a las establecidas en la contrata determina la existencia de una cesión ilegal (sentencia de la Sala de lo Social del Tribunal Superior de Justicia de Canarias, con sede en Las Palmas, de 21 de junio de 2002 y sentencia de la Sala de lo Social del Tribunal Superior de Justicia del País Vasco de 22 de octubre de 2002)".

470 No impide la existencia de una cesión ilegal el que la misma se produzca entre dos empresas con actividad y organización propias cuando, en la relación entre ambas, tal organización empresarial no se ha puesto en juego, limitándose su actividad al suministro de mano de obra para el desarrollo del trabajo (STS de 20 de octubre de 2014, Rec. n.º 3291/2014) o, incluso, aunque la cedente se reserve ciertas facultades empresariales como la contratación de mandos intermedios que pueden ser, a su vez, trabajadores cedidos ilegalmente (STS de 2 de diciembre de 2021, Rec. n.º 744/2019).

cesarios para el desarrollo de su actividad, o no ejerza las funciones inherentes a su condición de empresario"[471].

A estos efectos, la STS de 10 de junio de 2020 (Rec. n.º 237/2018) explica que "lo verdaderamente determinante para establecer la eventual existencia de una cesión ilegal es analizar si las empresas subcontratadas han puesto verdaderamente en juego su propia infraestructura empresarial, o se han limitado simplemente a poner mano de obra a disposición del empresario principal bajo cuyo ámbito de organización y dirección se hubiere desarrollado la actividad de tales trabajadores". Para despejar esa incógnita —sigue apuntando la sentencia— habrá que analizar "las particulares circunstancias concurrentes en cada caso concreto, con el pormenorizado análisis de los datos de juicio aportados por cada una de las partes y su adecuada valoración conforme a las reglas que rigen en materia de distribución de la carga de la prueba". Por ello, apuesta por valorar una serie de elementos.

El primero, que califica como objetivo, supone "la real y efectiva aportación por la subcontratada de los medios materiales necesarios para el desarrollo de la actividad: vehículos, herramientas, maquinarias, locales, infraestructura física, etc. Con una precisión, cualquiera que sea el título que permita a la subcontratada la utilización y disposición de esos medios, debe corresponder necesariamente a un negocio jurídico real y conforme a derecho, ajeno a cualquier intento de simulación o fraude con la utilización de subterfugios mediante los que se pretenda atribuir a la empresa subcontratada una titularidad dispositiva sobre tales recursos que no se ajusta a la realidad de las cosas, dirigida a encubrir la mera y simple cesión gratuita de esos medios materiales por parte de la empresa principal, o de terceras empresas interpuestas con esa misma finalidad defraudatoria".

---

[471] Con la utilización de la expresión "en todo caso", se ha entendido que lo pretendido por el legislador ha sido establecer una presunción *iuris et de iure* de la existencia de una cesión ilegal cuando concurra alguna de las causas citadas.

El segundo, de naturaleza más subjetiva e intangible, "está referido al verdadero ejercicio del poder empresarial. El control de la actividad de los trabajadores debe seguir en manos de la empresa subcontratada y no trasladarse a la principal, en todo aquello que incide en la organización del trabajo y el efectivo ejercicio de las facultades empresariales en el amplio abanico de decisiones y actuaciones que eso conlleva. Lo que en la práctica se traduce en que siga siendo la empresa subcontratada quien lo mantenga en materias tales como: la distribución de tareas; determinación de los turnos; vacaciones; descansos; aplicación de las facultades disciplinarias; etc., es decir, en el ejercicio de todas aquellas facultades organizativas y directivas que competen el verdadero empleador de los trabajadores bajo cuyo ámbito de organización y dirección desempeñan realmente su actividad".

Estos serían, según la resolución indicada, los parámetros esenciales para decidir sobre la eventual existencia de una cesión ilegal de trabajadores, aunque ello "teniendo siempre en consideración que hay muchas actividades productivas que pueden ser objeto lícito de subcontratación y no requieren la aportación una infraestructura material especialmente relevante, en términos cuantitativos o cualitativos; que la empresa subcontratada deberá atenerse, lógicamente, a las órdenes, instrucciones y directrices generales que establezca la empresa principal que ha contratado y retribuye sus servicios; así como el hecho de que la actividad subcontratada se ejecute en el centro de trabajo titularidad de la empresa principal, o fuera del mismo. Sin olvidar algo tan relevante como la forma y modalidad del pago del servicio por parte de la empresa principal, de lo que sin duda pueden inferirse consecuencias jurídicas determinantes para discernir si tan solo se retribuye la mera cesión de mano de obra —a lo que puede apuntar, por ejemplo, el pago de un precio por hora de trabajo— o ciertamente se abona el precio de un determinado servicio a tanto alzado y en su integridad. Todos esos distintos factores condicionan la singular casuística de cada caso concreto".

Por lo demás, aunque siempre, como se ha dicho, habrá que atender a las circunstancias concretas del caso enjuiciado, se ha entendido a nivel judicial que son indicios fuertes de la existencia de una cesión ilegal los siguientes: el uso de medios de producción de la empresa principal[472], la forma de pago de la contrata (la retribución por trabajador contratado o por unidad de producción o por horas de trabajo se ha considerado indicio fuerte de cesión ilegal) y la gestión y dirección empresarial llevada a cabo por la principal, que es la que realmente y en sus propias instalaciones organiza el servicio. Por su lado, han sido considerados indicios complementarios que la empresa principal imparta cursillos de formación a los trabajadores y que éstos participen en un proyecto que ya estaba definido en la empresa principal con anterioridad, la ejecución de la prestación en los locales de la empresa principal (aunque esta circunstancia, en ocasiones, no se ha valorado para determinar la existencia de una cesión ilegal), la habitualidad o permanencia de la actividad que es objeto de la aparente contrata, así como la prestación de servicios del trabajador con carácter exclusivo para la empresa principal, la determinación de quién acomete las funciones reales de coordinación de los trabajadores en la empresa principal, la utilización de los mismos uniformes que en la empresa principal o de las mismas claves de acceso y contraseña o que el control de presencial lo lleve a cabo la empresa comitente. Por el contrario, no han sido catalogados como factores determinantes para declarar la cesión ilegal el hecho de facilitar equipos de protección individual, el uso de medios informáticos de la empresa principal, el alquiler de herramientas técnicas de la principal, la instalación de los equipos de la principal, la rotulación de vehículos de la contrata con el logo de la principal, disciplinar aspectos sobre la forma de

---

472 En este sentido, se ha entendido que habrá un elemento fáctico sobre el que podrá constituirse una presunción en aquellos casos en los que la contratista no aporta instrumentos, maquinarías o herramientas de trabajo, limitándose a utilizar los de la comitente (STS de 17 de julio de 1993, RJ 1993, 5688). Ahora bien, "cuando en una determinada explotación o negocio existen unos elementos primordiales, unos medios materiales de producción, es el empresario quien ostenta sobre ellos poderes de mando, dirección, decisión y gestión; poderes que pueden estar basados en cualquier vínculo jurídico, no siendo necesario que se trate de un derecho de dominio, pues sirve a tales fines cualquier clase de derechos, reales o personales, que otorguen a aquél esas potestades" (STSJ Galicia, de 16 de diciembre de 2021, Rec. n.º 4224/2021).

realizar las tareas[473], compartir código de conducta o de buenas prácticas o vestuario y comedor[474].

b) La responsabilidad en las contratas y en la cesión ilegal en orden a la readmisión y los salarios de tramitación

Como se apuntó anteriormente, es necesario efectuar una correcta delimitación entre cesión ilegal y contrata de obras y servicios en tanto que los efectos que generan una y de otra son distintos. De este modo, la contrata activa una responsabilidad solidaria entre empresario principal y contratista o contratistas por las deudas salariales y de Seguridad Social que se hayan generado durante la contrata. Así, dispone el número 2 del art. 42 ET que "la empresa principal, salvo

---

473 Hay que tener en cuenta que "la jurisprudencia ha matizado este aspecto [el de las capacidades de dirección] al permitir que exista una subordinación a las órdenes del empresario principal en el aspecto técnico, o un poder de verificación o control por parte de la empresa contratante, teniendo en cuenta también que puede ocurrir que el empresario principal dirija el trabajo, por las especiales funciones que exige el trabajo estipulado, o que se trate de trabajos con ciertas peculiaridades, de forma que a veces se trata de una mera supervisión de la actividad, elemento éste que no es suficiente por sí solo para considerar que existe cesión ilegal de trabajadores" (STSJ Islas Canarias, Santa Cruz de Tenerife, de 2 de septiembre de 2002, AS 2002, 2773), de donde se dimana que, si el poder de dirección es ejercido sustancialmente por la contratista, no operan las previsiones del art. 43 ET (STSJ Madrid, de 10 de mayo de 2002, AS 2002, 2366). Por su parte, la STSJ Cataluña, de 10 de julio de 2001 (AS 2001, 3628) afirma que "el hecho de que los trabajadores de la subcontratada utilicen los vestuarios y el comedor de la empresa principal es irrelevante, en la medida en que se trata de una necesidad derivada de su presencia física en el centro de trabajo de la principal y constituye por ello un elemento absolutamente accesorio y secundario. La imprescindible coordinación que debe existir entre los mandos intermedios de ambas empresas tampoco desmerece esta conclusión, siendo perfectamente lógico que los encargados de la empresa principal impartan algún tipo de instrucción a los de la subcontratada".

474 Una síntesis de estos criterios y de todo lo explicado sobre cesión ilegal y contrata en BELTRÁN DE HEREDIA, I.: *Una mirada crítica a las relaciones laborales,* https://ignasibeltran.com/contratas-subcontratas-cesion-legal-e-ilegal-subrogacion-empresa-43/#puesta.

el transcurso del plazo antes señalado respecto a la Seguridad Social, y durante los tres años siguientes a la terminación de su encargo, responderá solidariamente de las obligaciones referidas a la Seguridad Social contraídas por los contratistas y subcontratistas durante el periodo de vigencia de la contrata. De las obligaciones de naturaleza salarial contraídas por las contratistas y subcontratistas con las personas trabajadoras a su servicio responderá solidariamente durante el año siguiente a la finalización del encargo". Pues bien, siendo ello así, habida cuenta de la naturaleza de débito indemnizatorio de los salarios de tramitación, la responsabilidad por éstos no queda transferida, por lo que será la empresa que haya despedido al trabajador la que tendrá que hacer frente a este monto económico[475]. Con todo, recuérdese que existe la obligación de cotizar por los salarios de tramitación, por lo que parece apropiado sostener que la cotización por aquellos salarios entre dentro de la responsabilidad solidaria del art. 42.2 ET referida a las obligaciones de Seguridad Social[476].

Distinto es el caso de la cesión ilegal, que activa una responsabilidad solidaria "por las obligaciones contraídas con los trabajadores y con la Seguridad Social, sin perjuicio de las demás responsabilidades, incluso penales, que procedan por dichos actos" (art. 43.3 ET). Ade-

---

475 SSTS de 14 de julio de 1998 (Rec. n.º 3482/1997), de 19 de enero de 1998 (Rec. n.º 2030/1997), de 13 de mayo de 1991 (RJ 1991\3907), entre muchas otras. El mismo argumento puede utilizarse para negar la condena al pago de los salarios de tramitación en el caso de la empresa usuaria en el contexto del contrato de puesta a disposición, toda vez que el art. 16.3 LETT dispone que "la empresa usuaria responderá subsidiariamente de las obligaciones salariales y de Seguridad Social contraídas con el trabajador durante la vigencia del contrato de puesta a disposición, así como de la indemnización económica derivada de la extinción del contrato de trabajo". Un ejemplo en STSJ Islas Canarias, Las Palmas, de 22 de diciembre de 2005 (Rec. n.º 206/2005).

476 Sobre el valor del certificado de descubiertos a efectos de la exención de responsabilidad, es de advertir que, según la STS, Contencioso-Administrativo, de 3 de febrero de 2021 (Rec. n.º 2584/2019) dispone que "la emisión de certificados negativos por la TGSS no exonera al empresario principal de responsabilidad solidaria salvo que, atendiendo a las circunstancias del caso, pueda deducirse que la TGSS al tiempo de certificar estaba en condiciones de ofrecer una información coincidente con la realidad del estado de los débitos del contratista o subcontratista".

más, los trabajadores tendrán derecho "a adquirir la condición de fijos, a su elección, en la empresa cedente o cesionaria", siendo sus derechos y obligaciones en la empresa cesionaria "los que correspondan en condiciones ordinarias a un trabajador que preste servicios en el mismo o equivalente puesto de trabajo, si bien la antigüedad se computará desde el inicio de la cesión ilegal" (art. 43.4 ET).

Contractualmente, por lo tanto, empresarios cedente y cesionarios responden solidariamente de las "obligaciones laborales" (no únicamente salariales, por lo tanto) y de Seguridad Social que hubiesen podido contraer con los trabajadores durante la cesión ilegal, por lo que el trabajador podrá actuar contra ambas empresas en lo que se refiere a la condena por los salarios de tramitación o podrá elegir por dirigirse contra una o contra la otra[477]. Además, efecto anudado a éste es que el trabajador cedido tiene derecho, a su elección y mientras subsista la cesión, a adquirir la condición de fijo en cualquiera de las dos empresas (si es que ambas son reales, no cuando, obviamente, una de ellas es ficticia)[478], sin que se exima ni se limite tal derecho porque el trabajador haya ejercitado la opción de fijeza en la empresa cesionaria[479]. La opción, en consecuencia, tiene el sentido de "proteger el posible interés del trabajador de permanecer en la empresa cedente, aunque eliminado el efecto de la cesión; pero esto no impide que si se ejercita la opción por la relación laboral real, esta opción despliegue los efectos que le son propios y que son, además, los efectos naturales que se derivan de la eliminación de la interposición". Y ello en el bien entendido que "la opción cuando se ejercita por la relación laboral real no tiene propiamente un efecto constitutivo, porque con ella y con la sentencia que la acoge no se crea una relación nueva, sino que se declara la que en verdad existía, deshaciendo así la mera apariencia creada por la interposición"[480].

---

477 STS de 15 de octubre de 2019 (Rec. n.º 1620/2017).

478 Señala, a estos efectos, la STS de 3 de febrero de 2000 (Rec. n.º 1430/1999) que "el derecho de opción reconocido en el art. 43.3 ET parte del supuesto de que el empleador cedente tenga entidad real, pues cuando fuera mera apariencia, mal cabría optar por adquirir la condición de trabajador fijo en una empresa que no existe".

479 STS de 20 de abril de 2021 (Rec. n.º 2700/2018).

480 STS de 5 de diciembre de 2006 (Rec. n.º 4927/2005).

Este derecho de elección es un derecho, por lo tanto, del trabajador que ha sido sometido a una cesión ilegal y es evidente que podrá ya ejercitarlo en la propia demanda. No corresponde, en consecuencia, a las empresas, pues una hipotética opción por la readmisión efectuada por el empresario cedente vaciaría de contenido la sentencia de instancia, toda vez que ésta sólo se entenderá completamente ejecutada cuando el trabajador haya escogido. Ahora bien, la cuestión estriba en cómo cohonestar las previsiones generales del despido improcedente (concediendo a la empresa la opción entre readmitir o indemnizar) con las específicas de la cesión ilegal (estableciendo el derecho del trabajador a optar por permanecer como fijo en la empresa de su elección)[481]. A este respecto, en sede judicial se ha dictaminado que debe entenderse que este último "es independiente y anterior al derecho de opción que le concede el artículo 56 ET al empresario, con carácter general, en los supuestos de despido improcedente, de manera que los trabajadores objeto del tráfico ilegal que son objeto de despido tienen la facultad de optar por cuál de las dos empresas —cedente o cesionaria— será su empleadora; y, una vez ejercitada dicha opción, corresponde al empresario por el que el trabajador ha optado, decidir si indemniza o readmite al trabajador, en ejercicio de la facultad que le confiere el artículo 56 ET". Por lo tanto, aunque los trabajadores afectados por la cesión ilegal

---

481 Y es que, cuando el despido se produce mientras subsiste la cesión, pueda el trabajador al accionar frente a aquel y alegar la ilegalidad de la cesión para conseguir la condena solidaria de las empresas cedente y cesionaria a responder de las consecuencias del despido. Sobre ello, STS de 31 de mayo de 2017 (Rec. n.º 3599/2015). La doctrina contenida en esta sentencia se complementa con la que deriva de la STS de 19 de octubre de 2012 (Rec. n.º 4409/2011), según la cual "procede en un proceso de despido examinar y resolver, con carácter de cuestión previa o prejudicial interna, sobre la existencia de cesión ilegal de trabajadores; pero si no se declara la existencia del despido no puede efectuarse un pronunciamiento sobre la cesión ilegal, que sólo adquiere relevancia para el contenido del pronunciamiento condenatorio inherente a la declaración de la improcedencia o nulidad del despido". Cuestión distinta es que no proceda declarar la responsabilidad solidaria de cedente y cesionario al no estar la situación de cesión vigente en el momento de interposición de la demanda por despido en la que se solicitaba la declaración de dicha cesión ilegal. Así, STS de 21 de junio de 2016 (Rec. n.º 2231/2014).

tienen reconocido el derecho a integrarse con la condición de fijos en cualquiera de las empresas implicadas, ello "ni cercena la facultad empresarial de optar por indemnización o readmisión, ni elimina la responsabilidad solidaria de ambas". Lo que sucede es que, "si el empresario elegido decide indemnizar, el otro empresario participante de la cesión ilegal responde solidariamente del pago de la indemnización, así como, en todo caso, de las consecuencias y efectos que pudieran derivar del despido"[482].

Con todo y como bien indica la norma, la incorporación del trabajador a la empresa cesionaria no significa que se puede seguir disfrutando del salario (o de otras condiciones) que aquél percibía en la empresa cedente. De este modo, el salario que corresponde al trabajador que opta por integrarse en la empresa cesionaria es "el que colectivamente se haya pactado para otro trabajador de igual categoría profesional y antigüedad, no el que pudiera haber percibido en la empresa cedente". Pero ello no es óbice para que se tenga derecho a percibir, con efecto retroactivo a dicha declaración judicial, "las diferencias salariales no prescritas entre los salarios de dicha empresa

---

482 STS de 20 de abril de 2021 (Rec. n.º 2700/2018). De un modo similar ya se pronunciaba la STS de 3 de noviembre de 2008 (Rec. n.º 1697/2007) al explicar que "la norma contenida en el art. 43 acerca de la cesión ilegal de trabajadores, concediendo a los ilegalmente cedidos la facultad de optar por cuál de las dos empresas (cedente o cesionaria) prefiere que siga siendo su empleadora, es totalmente independiente (y, por ello, irrelevante) en materia de quién sea el sujeto (empresa o trabajador) al que el art. 56 ET confiera la opción entre la readmisión o la resolución contractual mediante la oportuna indemnización. En consecuencia, verificada la existencia de cesión ilegal, siendo el despido improcedente, una vez que haya elegido el trabajador la empresa sobre la que se proyecta el efecto del artículo 43 ET, corresponde a la empresa que elija la opción entre la readmisión o indemnización en los términos previstos en el artículo 56.1 ET". También, STS de 3 de octubre de 2012 (Rec. n.º 4286/2011), que, siguiendo la misma filosofía, afirma que "procede la ejecución de sentencia declarativa de una cesión ilegal de trabajadores, que reconoce el derecho de los mismos a integrarse como fijos en la plantilla de la empresa principal, aunque con anterioridad a su firmeza se hubiera producido la extinción de la relación laboral, pues el aceptar la inejecución dejaría sin contenido la segunda sentencia y posibilitaría supuestos de fraude procesal".

cesionaria y los percibidos en la empresa cedente, estableciéndose una responsabilidad solidaria entre la cedente y la cesionaria"[483].

C) Sucesión de empresas

Es el art. 44 ET el que reglamenta, como es bien conocido, la sucesión de empresas y sus consecuencias en orden a las responsabilidades que de este hecho se derivan. Este precepto, transposición en el ordenamiento español de la Directiva 2001/23/CE, dispone, en su número primero, que "el cambio de titularidad de una empresa, de un centro de trabajo o de una unidad productiva autónoma no extinguirá por sí mismo la relación laboral, quedando el nuevo empresario subrogado en los derechos y obligaciones laborales y de Seguridad Social del anterior, incluyendo los compromisos de pensiones, en los términos previstos en su normativa específica, y, en general, cuantas obligaciones en materia de protección social complementaria hubiere adquirido el cedente". Además, se añade que "se considerará que existe sucesión de empresa cuando la transmisión afecte a una entidad económica que mantenga su identidad, entendida como un conjunto de medios organizados a fin de llevar a cabo una actividad económica, esencial o accesoria". En cuanto al régimen de responsabilidades, se precisa que "el cedente y el cesionario, en las transmisiones que tengan lugar por actos inter vivos, responderán solidariamente durante tres años de las obligaciones laborales nacidas con anterioridad a la transmisión y que no hubieran sido satisfechas".

Siendo tal el tenor literal de la norma, es evidente que ambos empresarios responderán solidariamente durante el período de tiempo indicado[484] por las obligaciones laborales derivadas de la declaración

---

483 SSTS de 17 de marzo de 2015 (Rec. n.º 381/2014) y de 4 de julio de 2013 (Rec. n.º 2637/2012).

484 Al respecto del plazo de tres años, la STS de 9 de mayo de 2023 (Rec. n.º 1666/2020), compendia la doctrina sobre esta materia, señalando lo siguiente: "a) La transmisión de empresa supone que el nuevo empresario se subroga legalmente en los derechos y obligaciones laborales y de Seguridad Social respecto de aquellos trabajadores cuyo vínculo estuviera vigente al tiempo de la transmisión; b) El art. 44.3 del ET no establece un plazo de prescripción singular y diverso al general de un año previsto en el art. 59

de improcedencia de los despidos que hubiera efectuado el empresario cedente con anterioridad a la transmisión, esto es y por lo que ahora importa, por la readmisión y el abono de los salarios de tramitación aún no satisfechos y por las consecuencias de una posible readmisión irregular o no readmisión. Ello en el bien entendido de que si la sentencia de instancia declara la improcedencia y el cedente ha resultado condenado y, en fase recurso, la sentencia confirma la improcedencia, pero condena al cesionario, el devengo de los salarios de trámite debe extenderse hasta la segunda sentencia que declara la improcedencia[485].

El nuevo empresario, por lo tanto, y según en la fase procesal en la que se haya acometido la sucesión, tendrá que optar por la readmisión o la extinción indemnizada o hacer frente, en régimen de solidaridad con el cedente, a la obligación de abonar los salarios de trámite y sus correspondientes cotizaciones. Porque una cosa es que el adquirente no tenga que asumir a los trabajadores cuyo contrato se extinguió antes de la sucesión y otra bien distinta es que deba responder solidariamente de las obligaciones laborales pendientes con un trabajador de la empresa cedente cuyo contrato de trabajo se extinguió antes de la sucesión y no ha sido, por lo tanto, cedido al nuevo empleador. La expresión utilizada ("obligaciones laborales")

ET; c) Ese precepto fija un plazo de actuación —caducidad— que delimita temporalmente la responsabilidad solidaria que se establece entre el cesionario y el cedente; d) Se trata de un plazo de tres años para el ejercicio de la acción del trabajador. Esa acción necesariamente debe estar viva; e) La responsabilidad solidaria que el precepto dispone para el adquirente (por las deudas previas a su condición empresarial novedosamente adquirida) únicamente puede ser exigida durante los tres años posteriores a la sucesión, siempre que la correspondiente acción siga viva por haberse interrumpido su decadencia mediante cualquiera de los medios que el derecho admite". De igual forma, STS de 12 de septiembre de 2023 (Rec. n.º 1050/2021).

485 STS de 30 de septiembre de 2003 (Rec. n.º 3838/2001). Por su parte, la STS de 9 de mayo de 2023 (Rec. n.º 1666/2020) matiza que "la acción tendente al reconocimiento de la antigüedad no está sujeta al plazo de tres años previsto en el art. 44.3 ET, pues siendo la antigüedad una condición personal del trabajador, el derecho a reclamarla acompaña a éste mientras subsista el contrato de trabajo, no siendo en consecuencia susceptible de prescripción en tanto éste permanezca vivo".

no se constriñe simplemente a las obligaciones pecuniarias que no hubieren sido satisfechas por la empresa cedente —deudas por salario o indemnizaciones—, sino que abarca todas las obligaciones laborales nacidas con anterioridad, entre las que sin duda se encuentran las que puedan derivarse de un despido anterior. La responsabilidad se extiende, pues, a todo tipo de obligaciones laborales y cualquiera que sea su naturaleza jurídica. Y, entre tales obligaciones laborales, están incluidas, como no podía ser de otra forma, todas las derivadas de la eventual declaración de improcedencia o nulidad de un despido anterior a la sucesión y que no hubiesen sido satisfechas. Ciertamente, al ser tan dilatado el periodo legal de tres años al que se extiende esa responsabilidad solidaria, tales obligaciones "van a quedar de ordinario circunscritas exclusivamente a las deudas por salario o indemnizaciones, cuando ya se hubieren agotado las posibilidades de rehabilitar la relación laboral en un despido declarado improcedente o nulo, por haber precluido los plazos hábiles para instar u optar por una eventual readmisión que pudiere mantener en vigor el contrato de trabajo". Pero no es esa la única situación que puede llegar a producirse, porque también es perfectamente posible "que se dicte con posterioridad a la sucesión la sentencia de despido que condena solidariamente a las dos empresas y abre el plazo para optar por la readmisión, con lo que tal condena solidaria habilitaría a la cesionaria para activar esa facultad de readmitir al trabajador y dar cumplimiento de esta forma a las obligaciones laborales anteriores a la subrogación que no hubieren sido satisfechas"[486].

---

[486] STS de 30 de noviembre de 2016 (Rec. n.º 825/2015). También STJUE de 7 de febrero de 1985 (C-135/83, asunto Abels) y STSJ Madrid, de 1 de septiembre de 2005 (Rec. n.º 2217/2005). Por lo demás, se ha dictaminado que la responsabilidad se extiende también a los contratos ya extintos, pero en los que resta alguna obligación pendiente cuando se adquiera por una tercera empresa en el seno de un procedimiento concursal una unidad productiva autónoma de la concursada, "aun cuando en el auto de adjudicación se haya hecho constar que la adquirente no será responsable de ninguna obligación laboral respecto a los trabajadores de la empresa concursada cuyos contratos se habían extinguido previamente con la aprobación del despido colectivo, con responsabilidad solidaria de cedente y cesionaria por deudas con los trabajadores cuyos contratos de trabajo se extinguieron válidamente antes de dicha adjudicación". Así, STS de 8 de julio de 2020

En sede judicial, por lo demás, se ha decretado que la existencia del fenómeno subrogatorio, así como sus consecuencias, es una cuestión que puede hacerse valer ya en la demanda o, en su caso, en la ampliación de la demanda si el cambio de titularidad tiene lugar y es conocido en esos momentos o puede dirimirse en el trámite de ejecución de sentencias si es que se desconocía la existencia de este fenómeno, aunque el nuevo empresario no fuera parte del proceso declarativo y sin que ello vulnere lo previsto en el art. 24 CE habida cuenta de que, por ministerio de la ley, el cesionario se subroga en los derechos y obligaciones del cedente[487]. El modo de articular esta extensión de la ejecución a quien no fue parte se articula, como en el caso de los grupos, en el art. 240 LJS, es decir, a través del trámite incidental previsto en el art. 238 LJS, en el que se oirá a las partes, que podrán alegar y probar lo que estimen pertinente y ello sin necesidad de iniciar un nuevo proceso declarativo frente a los sucesores que quedaran vinculados por el título ejecutivo dictado contra su causante. Ahora bien, para que pueda declararse esta extensión ejecutiva, es requisito indispensable, como se dijo, que el cambio sustantivo en que se funde, basado en hechos o circunstancias jurídicas sobrevenidos, se hubiese producido con posterioridad a la constitución del título objeto de ejecución. De no ser así, esto eso, si la sucesión se hubiese producido antes de la propia existencia del título ejecutivo, ambos empresarios deberían haber sido llamados a juicio, por lo que, en la lógica procesal, habría que entender que, si el trabajador así no lo ha hecho, luego no podrá pretender que se extienda la condena a otro empresario que no ha sido parte en el proceso declarativo[488].

(Rec. n.º 1496/2018), entre muchas otras. Doctrina la de la responsabilidad por obligaciones anteriores que también se aplica en los supuestos de sucesión de contratas, aunque el convenio prevea la exención de responsabilidad. Así, STS de 27 de septiembre de 2018 (Rec. n.º 2747/2016).

487 SSTS de 20 de julio de 2016 Rec. n.º 2432/2014), de 9 de julio de 2003 (Rec. n.º 1695/2002), de 1 de febrero de 2000 (Rec. n.º 619/1999), de 15 de febrero de 1999 (Rec. n.º 2566/1997) y de 24 de febrero 1997 (Rec. n.º 1977/1996), entre otras.

488 Sobre ello, ESTEVE SEGARRA, A.: *Los salarios de tramitación*, Thomson Reuters-Aranzadi, Cizur Menor, 2009, p. 277.

Con todo, bien es verdad que, en sede judicial, se ha atemperado el tenor literal del redactado del art. 240 LJS puesto en relación con el art. 238 de la misma norma. De esta forma, se ha interpretado que la exigencia de que "el cambio hubiese operado con posterioridad a la constitución del título" no puede llevarse al extremo de considerar que no procede la extensión de la ejecución cuando "los actos y negocios jurídicos de los que la sucesión se desprende se hubieren producido de forma paralela y simultánea a la tramitación del procedimiento declarativo, siendo absolutamente desconocidos por los trabajadores al haber sido ocultados por los partícipes en los mismo". Se advierte que lo contrario "supondría convertir en totalmente ineficaz la posibilidad de actuación que por esta vía reconoce aquella doctrina jurisprudencial a los ejecutantes en todos aquellos supuestos en los que, de forma oculta, disimulada y encubierta, se hubieren llevado a cabo actuaciones tendentes a la transmisión a terceros de la actividad productiva de la empresa demandada durante la tramitación de la fase declarativa del procedimiento". Y se matiza que "distinto sería de haberse producido estos hechos con anterioridad a la presentación de la demanda o de la celebración del acto de juicio y, además, públicamente, de modo y manera que no se hubieren ocultado a los trabajadores y estos tuvieren la posibilidad de conocer suficientemente la realización de estos actos de transmisión empresarial"[489]. Por lo tanto, parece que la regla de la extensión ejecutiva a terceros no incluidos en el proceso declarativo puede aplicarse, igualmente, ante sucesiones empresariales anteriores al título ejecutivo, pero desconocidas de modo absoluto y de buena fe por el demandante. Algo que, evidentemente, habrá que demostrar, pues, si de las circunstancias del caso, se demuestra que pudo y debió conocerla, no procederá la extensión de responsabilidad[490].

---

489 SSTSJ Galicia, de 19 de diciembre 2019 (Rec. n.º 4806/2019) y Cataluña, de 27 de septiembre de 2019 (Rec. n.º 2594/2019) y de 28 de octubre de 2016 (Rec. n.º 4693/2016), entre otras.

490 STS de 25 de enero de 2007 (Rec. n.º 4137/2005). Un ejemplo de ello en la STSJ Galicia, de 22 de abril de 2016 (Rec. n.º 555/2016), en la que se advierte que "la propia ejecutante afirma haber desplegado tras la sentencia la actividad probatoria que dejamos plasmada en el fundamento jurídico anterior, pero nada impide afirmar que no pudiera haber proporcionado en fase declarativa los datos en que ahora apoya su pretensión, ponderando la

Por último, señala también el art. 44 ET que el cedente y el cesionario también "responderán solidariamente de las obligaciones nacidas con posterioridad a la transmisión, cuando la cesión fuese declarada delito". A estos efectos, es el art. 311.4 del Código Penal el que, de forma específica, se refiere a la transmisión de empresas, señalando que "serán castigados con las penas de prisión de seis meses a seis años y multa de seis a doce meses (...) los que en el supuesto de transmisión de empresas, con conocimiento de los procedimientos descritos en los apartados anteriores, mantengan las referidas condiciones impuestas por otro"[491]. Para dar cumplimiento al tipo penal se requerirá que medie engaño o abuso de situación de necesidad y que se mantengan las condiciones impuestas por el cedente; condiciones que por la remisión que se efectúa en el precepto a los números anteriores tendrán que sea aquéllas que "impongan a los

---

facilidad de acceso a sus fuentes esenciales (registros públicos) o la idéntica dirección letrada en uno y otro trámite. Tampoco aparece acreditada ocultación empresarial que obstara la labor de prueba en oportuno momento procesal; al efecto, indica el auto recurrido «... sin aportar prueba alguna que sustente el hecho de que no pudo tenerse conocimiento de dicha situación hasta un momento posterior a la fecha en la que se dicta Sentencia ...» (FJ 2°), incluso aunque la ejecutante conociera tardíamente las circunstancias que alega para extender la ejecución, porque su ignorancia anterior no es presupuesto de aplicación del artículo 240.2 LRJS según la literalidad de esta norma; con mayor razón, a falta de prueba a cargo de la demandante (art. 217 Ley Enjuiciamiento Civil) que contradiga la buena fe o que pudiera amparar el fraude de ley o el abuso del derecho de contrario, en sus respectivos conceptos jurisprudenciales".

491 Tal previsión se complementa con la que recogida en el art. 130.2 del Código Penal, que dispone que "la transformación, fusión, absorción o escisión de una persona jurídica no extingue su responsabilidad penal, que se trasladará a la entidad o entidades en que se transforme, quede fusionada o absorbida y se extenderá a la entidad o entidades que resulten de la escisión. El Juez o Tribunal podrá moderar el traslado de la pena a la persona jurídica en función de la proporción que la persona jurídica originariamente responsable del delito guarde con ella. No extingue la responsabilidad penal la disolución encubierta o meramente aparente de la persona jurídica. Se considerará en todo caso que existe disolución encubierta o meramente aparente de la persona jurídica cuando se continúe su actividad económica y se mantenga la identidad sustancial de clientes, proveedores y empleados, o de la parte más relevante de todos ellos".

trabajadores a su servicio condiciones laborales o de Seguridad Social que perjudiquen, supriman o restrinjan los derechos que tengan reconocidos por disposiciones legales, convenios colectivos o contrato individual", que "las mantengan en contra de requerimiento o sanción administrativa" o que supongan el incumplimiento del alta en la Seguridad Social o, en su caso, el mantenimiento de la ocupación sin haber obtenido la correspondiente autorización de trabajo[492]. Por lo tanto, salvo que concurra este excepcional supuesto, que, por cierto, deberá ser objeto de pronunciamiento previo por el orden penal[493], el cesionario tendrá que hacer frente en exclusiva y por lo que ahora importa a las obligaciones derivadas de los despidos improcedentes acaecidos con posterioridad a la transmisión, esto es, tendrá que optar en su momento entre la readmisión y la extinción indemnizada y, en su caso, deber abonar los salarios de tramitación y cotizar por ellos.

5. LA READMISIÓN Y LOS SALARIOS DE TRAMITACIÓN EN LAS RELACIONES LABORALES ESPECIALES

Bien de sobra es conocido que las relaciones laborales especiales se reglamentan por sus disposiciones específicas habida cuenta de las particularidades que en ellas acontecen. Pues bien, habrá que estar a tales normas para comprobar cómo se hacen jugar en ellas las consecuencias que el Estatuto hace derivar de un despido declarado improcedente.

Por lo que atañe, en primer lugar, al personal de alta dirección, el art. 11 Real Decreto 1382/1985, de 1 de agosto, dispone, en su

---

492 Aunque en este tercer supuesto, el tipo requiere que el número de trabajadores afectados sea al menos de: "a) el veinticinco por ciento, en las empresas o centros de trabajo que ocupen a más de cien trabajadores; b) el cincuenta por ciento, en las empresas o centros de trabajo que ocupen a más de diez trabajadores y no más de cien; o c) la totalidad de los mismos, en las empresas o centros de trabajo que ocupen a más de cinco y no más de diez trabajadores".

493 STS de 30 de junio de 1993 (Rec. n.º 720/1992).

número dos, que "el contrato podrá extinguirse por decisión del empresario mediante despido basado en el incumplimiento grave y culpable del alto directivo, en la forma y con los efectos establecidos en el artículo 55 del Estatuto de los Trabajadores; respecto a las indemnizaciones, en el supuesto de despido declarado improcedente se estará a las cuantías que se hubiesen pactado en el contrato, siendo en su defecto de veinte días de salario en metálico por año de servicio y hasta un máximo de doce mensualidades". En cuanto a la readmisión, el número tres del mismo artículo señala que "cuando el despido sea declarado improcedente o nulo, el empresario y el alto directivo acordarán si se produce la readmisión o el abono de las indemnizaciones económicas previstas en el párrafo dos de este artículo, entendiéndose, en caso de desacuerdo, que se opta por el abono de las percepciones económicas".

Como puede comprobarse, hay dos puntos, en lo que aquí interesa, en esta regulación que difieren del régimen general. En primer lugar, la readmisión, que será una solución pactada entre las partes, no concediéndose, por lo tanto, ni al empresario ni al alto directivo el derecho de opción. Readmisión, además, que no se producirá si existe desacuerdo entre las partes, pues, en este caso, procederá, en todo caso, la condena a la indemnización. Y, en segundo lugar, la inaplicabilidad del art. 56.2 ET por lo que se refiere a los salarios de tramitación, pues, como puede fácilmente comprobarse, en la regulación del despido disciplinario no se hace previsión alguna sobre los salarios de tramitación, ni remisión expresa el art. 56 ET, por lo que dicha norma estatutaria debe resultar inaplicable[494]. Con todo, a mi entender, ello no obstaría a que, pactada de común acuerdo la readmisión, se reconociera al mismo tiempo el abono de los salarios de tramitación, toda vez que el principio de autonomía de la voluntad es imperante en esta relación laboral especial.

En cuanto a los empleados al servicio del hogar familiar, es el Real Decreto 1620/2011, de 14 de noviembre, la norma que específicamente regula el empleo y las condiciones de trabajo de las personas que trabajan en el servicio doméstico. Esta prestación de

---

494 SSTS de 4 de mayo de 1999 (Rec. n.º 2104/1998) y de 12 de marzo de 1993 (Rec. n.º 788/1992), por todas.

servicios ha sido históricamente objeto de tratamiento diferenciado respecto al resto de actividades laborales habida cuenta de sus evidentes particularidades. Así, no existe una organización empresarial como tal, el trabajo se desarrolla en el ámbito estrictamente privado de un domicilio, quien contrata es el titular del mismo y el desarrollo de la prestación de servicios se desenvuelve en el seno de una especial relación de confianza entre aquél y la persona trabajadora. Debido a estos factores, se consideró necesario ya en su momento, con el anterior Real Decreto 1424/1985, de 1 de agosto, otorgar una protección singular a quienes se dedican a prestar estos servicios, apartada en cierta forma del común denominador que supone el Estatuto de los Trabajadores, y que implicaba la introducción de ciertas diferencias de trato que venían aconsejadas por ese especial ámbito relacionado con la intimidad personal y familiar donde se ejecuta el trabajo.

Con todo, el Real Decreto 1620/2011 se ha visto modificado por el Real Decreto-Ley 16/2022, de 6 de septiembre, para la mejora de las condiciones de trabajo y de seguridad social de las personas trabajadoras al servicio del hogar, que ha replanteado los límites de esa regulación especial para que, en ningún caso, suponga una tutela de los derechos fundamentales inferior a la prevista respecto de la relación laboral común. De este modo, se revisa el régimen jurídico de esta relación laboral especial para fortalecer la posición de la persona trabajadora, otorgándole, con efecto inmediato, nuevos derechos (señaladamente, la protección por desempleo en consonancia con la normativa y la jurisprudencia europea o la protección a través del FOGASA) y para introducir nuevas obligaciones a la parte empleadora. Se intenta con ello paliar o corregir en cierta forma el principal problema que subyace en este régimen: su infravaloración social y, hasta hace poco, normativa. Un asunto éste que, además, se complica si se tiene en cuenta que un alto porcentaje de las personas integradas en este régimen son mujeres, lo que deriva, a la postre, en la perpetuación de estereotipos y en el agravamiento de la brecha de género. Y mujeres, además, en un buen número, inmigrantes que pueden padecer los efectos de una discriminación múltiple en sus condiciones de trabajo y de Seguridad Social. La combinación de todos estos factores ha contribuido, como se decía, a que se reformularan los límites de la protección que debe dispensarse a este colectivo y a que, por lo que ahora importa, se hayan modificado algunas cuestiones en materia de extinción del contrato.

Así, el art. 11.1 RD 1620/2011 dispone que "la relación laboral de carácter especial del servicio del hogar familiar podrá extinguirse por las causas establecidas en el artículo 49.1 del Estatuto de los Trabajadores, aplicándose la normativa laboral común salvo en lo que resulte incompatible con las peculiaridades derivadas del carácter especial de esta relación". Por su parte, el número dos del mismo precepto apunta una serie de causas específicas de extinción de esta relación laboral (disminución de los ingresos de la unidad familiar o incremento de sus gastos por circunstancia sobrevenida, modificación sustancial de las necesidades de la unidad familiar que justifican que se prescinda de la persona trabajadora del hogar, el comportamiento de ésta que fundamente de manera razonable y proporcionada la pérdida de confianza de la persona empleadora) que derivan en la puesta en funcionamiento de un protocolo de extinción distinto al ordinario establecido en el Estatuto. Y el número tres, por su parte, señala que, de incumplirse, en tales supuestos específicos, los requisitos "relativos a la forma escrita de la comunicación de extinción o la puesta a disposición de la indemnización (...), se presumirá que la persona empleadora ha optado por la aplicación del régimen extintivo del despido regulado en el Estatuto de los Trabajadores". Con todo, esta presunción no resultará aplicable "por la no concesión del preaviso o el error excusable en el cálculo de la indemnización, sin perjuicio de la obligación de la persona empleadora de abonar los salarios correspondientes a dicho período o al pago de la indemnización en la cuantía correcta".

Teniendo en cuenta todo lo anterior y, además, lo previsto en el art. 3.b) RD 1620/2011 que dispone que en esta relación laboral especial será de aplicación la normativa laboral común con carácter supletorio "en lo que resulte compatible con las peculiaridades derivadas del carácter especial de esta relación", parece que si la decisión extintiva del empresario fuera declarada improcedente deberán activarse las consecuencias que para una extinción de este tipo prevé el Estatuto, esto es, la opción entre la readmisión y la extinción indemnizada y el abono de los salarios de tramitación[495]. Con todo, la pregunta que surge de modo inmediato es si la readmisión sería una consecuencia compatible con las peculiaridades de este tipo de prestación de servicios habida cuenta del sacrificio que supondría para los integrantes del hogar tener que admitir en ámbito tan privado e íntimo la presencia física de una persona extraña al núcleo familiar una vez quebrada la confianza anteriormente existente. A mi modo de ver, esta circunstancia no debería impedir la readmisión o, más correctamente, el ejercicio del derecho de opción concedido al empresario, puesto que esta facultad deja incólume el derecho del empleador a no continuar con la relación, optando por extinguirla, aunque ello conlleve el pago de una determinada indemnización[496]. Cuestión distinta sería la calificación de nulidad del despido, que abocaría a una readmisión obligatoria que no soporta la debida consideración que debe tenerse al derecho a la intimidad personal y familiar (art. 18.1 CE). Éste, en los supuestos de nulidad, habría de ser un motivo más que suficiente para negar la posibilidad de que pueda producirse en todo caso la readmisión de la persona trabajadora doméstica, toda vez que es evidente la delicada posición en que se encuentra aquélla trabajando dentro del hogar de otra, lo que exige máxima confianza y no situaciones impuestas contra la voluntad de cualquiera de las partes después de acreditada la falta de entendimiento o la voluntad de no mantener el vínculo[497]. Evidentemente, ello no obstaría a que

---

495 En contraposición a la redacción anterior del art. 11.2 RD 1620/2011 que, en síntesis, no preveía opción entre readmisión o indemnización; contemplaba una indemnización de 20 días por año, siendo el tope de 12 mensualidades frente a las previstas en el art. 56 ET y contemplaba previsión alguna de condena al abono de salarios de tramitación. Por ello, fueron varias las sentencias que negaron tanto la readmisión como el abono de los salarios de trámite. Un par de ejemplos en STS de 5 de junio de 2002 (Rec. n.º 2506/2001) y STSJ Andalucía, Sevilla, de 17 de enero de 2013 (Rec. n.º 776/2012).

496 Sigue este planteamiento, por ejemplo, la STSJ Andalucía, Sevilla, de 13 de febrero de 2019 (Rec. n.º 117/2018).

497 En sede judicial, no obstante, en el caso del desistimiento del contrato por parte del titular del hogar familiar de trabajadora doméstica embarazada, se ha negado esta posibilidad y se ha dictaminado que toda extinción unilateral discriminatoria por embarazo debe tener una única consecuencia, la readmisión obligatoria. Y ello en tanto que, cuando el ordenamiento jurí-

procediera la indemnización por despido improcedente por mor de lo previsto en el art. 286 LJS.

En la relación laboral especial de los penados en las instituciones penitenciarias, por su parte, el art. 1 Real Decreto 782/2001, de 6 de julio, es claro al señalar que las normas contenidas en el Estatuto de los Trabajadores tan sólo serán de aplicación cuando "se produzca una remisión expresa desde este Real Decreto o la normativa de desarrollo". Y resulta que no hay ningún precepto reglamentario que haga remisión a lo dispuesto en el art. 56 ET sobre las consecuencias del despido improcedente, algo que tiene toda su lógica habida cuenta del tan peculiar lugar donde se desarrolla la prestación de servicios y de que los reclusos realmente no se encuentran sometidos a un régimen de contratación ordinaria con empresarios. No obstante, queda expresamente excluida del ámbito de aplicación de la norma reglamentaria la relación laboral de los internos en régimen abierto. En este caso, su relación laboral se regulará "por la legislación laboral común" —sin perjuicio de "la tutela que en la ejecución de estos contratos pueda realizarse por la autoridad penitenciaria" (art. 1.2)—, por lo que resulta evidente que, si acontece un despido improcedente, será de aplicación el régimen previsto en el art. 56 ET.

---

dico fija unas consecuencias frente a unos daños objetivos, no cabe alienar un derecho legalmente reconocido, ni tan siquiera por una indemnización. En concreto, la STSJ Andalucía, Sevilla, de 14 de julio de 2022 (Rec. n.º 3149/2020) expone que "se debe aplicar la regla de inalienabilidad ante extinciones unilaterales discriminatorias o que vulneren derechos fundamentales en las que a pesar de que el ofensor u ofendida estén dispuestos a pagar una cantidad no cabe consentir que se ejecute su voluntad. La intervención colectiva vía normativa fija unos criterios de responsabilidad y de valoración dadas las imperfecciones propias del modelo de mercado y por ello, el ordenamiento jurídico, por motivos de orden público, declara la inalienabilidad de las titularidades de los individuos. Se prohíben determinadas transacciones (y, por lo tanto, el juego del mercado) porque colectivamente se consideran intolerables, al margen de la utilidad, que no eficiencia, que tales operaciones pudiera acarrear". En sentido contrario, STSJ País Vasco, de 12 de junio de 2018 (Rec. n.º 1028/2018).

Por lo que respecta a las consecuencias de un despido improcedente en el ámbito de los deportistas profesionales, el art. 13 Real Decreto 1006/1985, de 26 de junio, prevé como una de las causas de extinción del contrato el despido. Y el art. 15 de la misma norma dispone que, “en caso de despido improcedente, sin readmisión, el deportista profesional tendrá derecho a una indemnización, que a falta de pacto se fijará judicialmente, de al menos dos mensualidades de sus retribuciones periódicas, más la parte proporcional correspondiente de los complementos de calidad y cantidad de trabajo percibidos durante el último año, prorrateándose por meses los períodos de tiempo inferiores a un año, por año de servicio. Para su fijación se ponderarán las circunstancias concurrentes, especialmente la relativa a la remuneración dejada de percibir por el deportista a causa de la extinción anticipada de su contrato”. Lo que hace el precepto es, pues, separarse del régimen indemnizatorio previsto en el art. 56.1 ET por lo que atañe a la cuantía de la indemnización a percibir. Pero, respecto de la readmisión, ninguna previsión específica se contempla, más allá de esa alusión entre comas a “sin readmisión”. Y la cuestión, en sede judicial, se ha centrado en determinar el significado que deba otorgársele a esa matización.

Así, ya en su momento la STS de 21 de enero de 1992 (Rec. n.º 1377/1990) explicaba que “tratándose de la relación laboral especial de los deportistas profesionales, regulada por el Real Decreto 1006/1985, de 26 junio, no cabe la opción de readmisión en el despido improcedente, como manifiesta el propio texto legal (art. 15.1), según se deduce de una atenta lectura del mismo, en el que la expresión «sin readmisión» constituye en realidad un inciso excluyente, precisamente, de la opción, sin perjuicio de la eficacia de la readmisión convenida entre las partes”. Así pues —se continuaba— “el despido improcedente, tratándose de relaciones laborales sometidas a régimen especial de los deportistas profesionales, sólo ha de producir efectos indemnizatorios (salvo el caso de readmisión pactada), lo que es coherente con las peculiares características de los servicios que constituyen su objeto, en relación con la naturaleza esencialmente temporal de la relación contractual. Ello explica, además, la amplitud de los criterios que el precepto establece para fijar la indemnización, en cuanto prescribe con carácter imperativo exclusivamente un límite mínimo, que es de dos mensualidades por año de servicio"[498].

Éste, ciertamente, es un modo de verlo. Otro, que es por el que me inclino, consiste considerar como factible que la readmisión cabe perfectamente en esta relación laboral especial, junto con el efecto anudado que suponen los salarios de tramitación, pues el art. 15 RD 1006/1985 tan sólo acomete una regulación parcial de los efectos del despido improcedente centrada en la indemnización. El hecho de que se acote entre comas la expresión "sin readmisión" sería significativo, pues y en mi opinión, de que la norma reglamentaria ha preferido resaltar, sin más, que, si no se ha optado por la readmisión, la indemnización que procede es una peculiar y distinta a la ordinaria prevista en el Estatuto. Y, en tanto que la readmisión no está sujeta a regulación específica, habrá que entender aplicable la normativa común; lo que es coherente con el hecho de que el art. 21 RD 1006/1985 haga una llamada al Estatuto y a las demás normas laborales de general aplicación para regular todo lo no previsto por ella y en cuanto no sean incompatibles con la naturaleza especial de esta relación laboral.

Por su parte, en la relación de las personas artistas que desarrollan su actividad en las artes escénicas, audiovisuales y musicales, así como las personas que realizan actividades técnicas o auxiliares necesarias para el desarrollo de dicha actividad, el art. 12.1 Real Decreto 1435/1985, de 1 de agosto, dispone que "en lo no regulado por el presente Real Decreto será de aplicación el Estatuto de los Trabajadores y las demás normas laborales de general aplicación, en cuanto sean compatibles con la naturaleza especial de la relación laboral de los artistas en espectáculos públicos". Por lo tanto, no existiendo previsión específica en la norma reglamentaria sobre las consecuencias del despido improcedente, habrá que estar a lo preceptuado en el art. 56.1 ET sobre la readmisión y los salarios de tramitación[499].

---

498 En el mismo sentido, GÁRATE CASTRO, J.: *Los salarios de tramitación. Un estudio de ...*, op.cit., p. 46.

499 SSTSJ Islas Baleares, de 17 de diciembre de 2007 (Rec. n.º 553/2007) y Asturias, de 4 de mayo de 2007 (Rec. n.º 523/2007), por citar un par de resoluciones ejemplificativas.

En cuanto a las personas que intervienen en operaciones mercantiles por cuenta de uno o más empresarios sin asumir el riesgo y ventura de aquellas, el art. 10.1 Real Decreto 1438/1985, de 1 de agosto, dispone que "las normas contenidas en el Estatuto de los Trabajadores en materia de suspensión y extinción de la relación laboral serán de aplicación a los trabajadores, en cuanto no contradigan lo establecido en el presente Real Decreto". Y habida cuenta de que la única previsión específica que al respecto se contempla viene referida a la indemnización y a su modo de cálculo (art. 11.3), puede sostenerse con facilidad que queda intacto para el empresario el ejercicio del derecho de opción y que, en su caso, junto con la readmisión habrá que abonar los salarios de tramitación[500].

También queda intacto el derecho de opción y, en su caso, el abono de los salarios de tramitación en la relación laboral especial de los trabajadores con discapacidad que presten sus servicios en los centros especiales de empleo, por cuanto el art. 16.1 Real Decreto 1368/1985, de 17 de julio, es muy claro al reseñar que "será de aplicación lo establecido en la sección cuarta del capítulo III, del título I del Estatuto de los Trabajadores, salvo en cuanto a lo dispuesto en el artículo cincuenta y dos, sobre extinción del contrato por causas objetivas", respecto de las que se prevén una serie de especificaciones para concordar las peculiaridades de esta relación con tal forma de extinción contractual.

Por su parte, se considera relación laboral de carácter especial, en virtud del art. 39 Ley 53/2002, de 30 de diciembre, de Medidas Fiscales, Administrativas y del Orden Social, la de los menores incluidos en el ámbito de aplicación de la Ley Orgánica 5/2000, de 12 de enero, reguladora de la responsabilidad penal de los menores, sometidos a la ejecución de medidas de internamiento. A este respecto, el art. 53 Real Decreto 1774/2004, de 30 de julio, por el que se aprueba el Reglamento de la Ley Orgánica 5/2000, de 12 de enero, reguladora de la responsabilidad penal de los menores, disciplina el trabajo de estos menores en los centros o fuera de ellos. La relación laboral de los internos que se desarrolle fuera de los cen-

---

500 SSTSJ Extremadura, de 26 de julio de 1994 (Rec. n.° 457/1994) y País Vasco, de 22 de junio de 1994 (Rec. n.° 418/1994), entre otras.

tros está sometida al sistema de contratación ordinaria, por lo que se regulará por la legislación laboral común. Siendo ello así, cabe, en los supuestos de despido improcedente, la opción empresarial entre la readmisión y la indemnización y, en su caso, el abono de los salarios de tramitación. Para el supuesto de que el menor desarrolle el trabajo productivo en los centros de internamiento, nada se prevé sobre el régimen del despido y sus consecuencias, algo que tiene toda su lógica habida cuenta del peculiar lugar donde se desarrolla la prestación de servicios.

Por lo que atañe a la relación laboral especial de residencia para la formación de especialistas en Ciencias de la Salud, el art. 11.3 Real Decreto 1146/2006, de 6 de octubre, contempla la atribución del derecho de opción entre la readmisión o la extinción indemnizada al residente, previéndose que, si optara por la readmisión, "dependiendo del tiempo transcurrido desde que fue despedido y la ejecución de la sentencia, se procederá en la forma prevista en el artículo 9.2 respecto a la incorporación tras la suspensión del contrato". Norma que dispone que "dado el carácter esencialmente formativo de esta relación laboral y los rápidos avances de las ciencias de la salud, si el tiempo de la suspensión del contrato resultara superior a dos años, el residente se incorporará en la parte del programa de formación que acuerde la comisión de docencia de la especialidad, aunque ello suponga la repetición de algún período evaluado ya positivamente". No se añade nada más por cuanto atañe a los salarios de tramitación, por lo que debe entenderse, por aplicación supletoria de lo previsto en las normas estatutarias (art. 1.4 RD 1146/2006), que, si el residente opta por la indemnización, tendrá, igualmente, derecho a aquellas percepciones económicas.

Por último, en el caso de la relación especial de los abogados que prestan servicios en despachos de abogados, individuales o colectivos, el art. 21.1 Real Decreto 1331/2006, de 17 de noviembre dispone que "el contrato de trabajo especial que se regula en este real decreto podrá extinguirse por las causas y con los efectos previstos en los artículos 49 a 56 de la Ley del Estatuto de los Trabajadores, con las modulaciones o adaptaciones que se establecen en este real decreto". Y, comoquiera que no se contempla ninguna modulación por lo que atañe al despido improcedente, es factible concluir que es aplicable el régimen común de consecuencias que se anudan a éste[501].

---

501 SSTSJ País Vasco, de 29 de junio de 2010 (Rec. n.º 1056/2010) y Madrid, de 20 de octubre de 2008 (Rec. n.º 3438/2008), entre otras.

V. Bibliografía

ALEGRE NUENO, M.: "El despido por ineptitud", en *Revista de Jurisprudencia El Derecho,* n.º 3, 2010.

ALTÉS TÁRREGA, J.A.: "La naturaleza jurídica de los salarios de tramitación: ¿al fin una cuestión resuelta?", en *Relaciones Laborales,* n.º 14, 1998.

ARETA MARTÍNEZ, Mª.: "Acumulación de procesos (despido disciplinario y reclamación de cantidad) y facultad del FOGASA para solicitar al juez la extinción indemnizada de la relación laboral por imposibilidad de readmisión alternativa. STSJ de Andalucía/Sevilla, de 5 de mayo de 2016 (AS 2016, 912)", en *Revista española de derecho del trabajo,* n.º 198, 2017.

BALLESTER PASTOR, M.A.: "Las consecuencias del despido de trabajadores sin permiso de trabajo", en *Actualidad Laboral,* n.º 27, 2003.

BAZ RODRÍGUEZ, J.: "La revisión de la construcción jurisprudencial sobre la empresa de grupo como unidad de empresa laboral", en *Trabajo y Derecho,* n.º 5, 2017.

— *Las relaciones de trabajo en la empresa de grupo,* Comares, Granada, 2002.

BELTRÁN DE HEREDIA, I.: "Los salarios de tramitación tras la Ley 3/2012: inconsistencia dogmática, posible inconstitucionalidad y omisiones relevantes", en *Relaciones Laborales,* n.º 7, 2013.

— "No renovación de permiso de trabajo y extinción del contrato", en el blog *Una mirada crítica a las relaciones laborales,* entrada de 9 de enero de 2017.

— "Salarios de tramitación: naturaleza salarial (notas para retomar un debate)", en el blog *Una mirada crítica a las relaciones laborales,* entrada de 20 de noviembre de 2014.

BLASCO JOVER, C.: *Controversias laborales en torno a los grupos de empresas,* Tirant lo Blanch, Valencia, 2021.

BLASCO PELLICER, A.: "Artículo 282. Ejecución del fallo de la sentencia", en AA.VV.: *Comentarios a la Ley Reguladora de la Jurisdicción Social,* Tirant lo Blanch, Valencia, 2023.

— "Grupos de sociedades y derecho del trabajo: problemática de la ejecución provisional de sentencias", en *Actualidad Laboral,* n.º 2, 1992.

— "La ejecución provisional", en AA.VV.: *El proceso laboral. Ley 36/2011, de 10 de octubre, reguladora de la Jurisdicción Social, Tomo II,* Tirant lo Blanch, Valencia, 2013.

— "La extinción del contrato de trabajo por causas consignadas válidamente en el contrato", en AA.VV.: *Extinción del contrato de trabajo,* Tirant lo Blanch, Valencia, 2011.

— "La extinción del contrato de trabajo por voluntad del empresario", en AA.VV.: *Derecho del Trabajo,* 4ª ed., Tirant lo Blanch, Valencia, 2014.

— *La reforma del sistema de protección por desempleo y de los salarios de tramitación,* Tirant lo Blanch, Valencia, 2003.

BORRAJO DACRUZ, E.: "Los salarios de tramitación: mito y realidad", en *Actualidad Laboral,* n.º 12, 2003.

CABEZA PEREIRO, J.: "La devaluación de las garantías del empleo: el reducido control de la decisión unilateral del empresario", en *Cuadernos de Relaciones Laborales,* n.º 40, 1, 2022.

— "La readmisión irregular en la doctrina más reciente de los Tribunales del orden social", en CASTIÑEIRA FERNÁNDEZ, J.: *Presente y futuro de la regulación por despido,* Aranzadi (Pamplona), 1997.

CAMÓS VICTORIA, I.: "Los efectos jurídicos de la falta de reconocimiento pleno de la relación laboral suscrita por trabajadores inmigrantes sin autorización para trabajar", en *Relaciones Laborales,* n.º 12, 2004.

CHARRO BAENA, P.: *Las autorizaciones para trabajo de extranjeros,* Aranzadi, Pamplona, 2000.

COSTA REYES, A.: "Despido ilícito e imposibilidad de readmisión sobrevenida por la declaración de incapacidad permanente", en *Trabajo y Derecho,* n.º 47, 2018.

CRUZ VILLALÓN, J.: "La ejecución provisional en el proceso laboral", en AA.VV.: *Ejecución de sentencia,* Francis Lefebre, Madrid, 2000.

DE ARRIBA FERNÁNDEZ, Mª. L.: *Derecho de grupos de sociedades,* Civitas, Madrid, 2004.

DE LA VILLA GIL, L.E.: "La formalización (carta y expedientes) del despido disciplinario", en AA.VV.: *Dieciséis lecciones sobre causas de despido,* Universidad de Madrid, Facultad de Derecho, Madrid, 1969.

DESDENTADO BONETE, A. y DESDENTADO DAROCA, E.: *Grupos de empresas y despidos económicos,* Lex Nova, Valladolid, 2014.

DESDENTADO DAROCA, E.: "El empresario complejo en la jurisprudencia reciente. En especial, los grupos de empresas", en *Revista del Ministerio de Trabajo, Migraciones y Seguridad Social,* n.º 143, 2019.

— *La personificación del empresario laboral. Problemas sustantivos y procesales,* Lex Nova, Valladolid, 2006, pp. 481 a 483.

EMBID IRUJO, J. M.: *Grupos de sociedades y* accionistas minoritarios, Ministerio de Justicia, Madrid, 1987.

ESCUDERO ESPINOSA, J.F.: "El grupo de empresas por coordinación: marco jurídico", en *Noticias de la Unión Europea,* n.° 11, 1995.

ESTEVE SEGARRA, A.: *Grupos de sociedades y contrato de trabajo,* Tirant Lo Blanch, Valencia, 2002.

— *Los salarios de tramitación,* Thomson Reuters-Aranzadi, Cizur Menor, 2009.

FERNÁNDEZ LÓPEZ, Mª. Fª.: "La ejecución forzosa de las sentencias dictadas en los procesos por despido", en *Relaciones Laborales,* T.II, 1991.

FERNÁNDEZ MARKAIDA, I.: *Los grupos de sociedades como forma de organización empresarial,* Edersa, Madrid, 2001.

GÁRATE CASTRO, J.: *Los salarios de tramitación. Un estudio de las percepciones salariales unidas a la declaración de improcedencia o nulidad del despido,* ACARL, Madrid, 1994.

GINÈS I FABRELLAS, A.: "La regulación de la indemnización por despido improcedente y salarios de tramitación en la ley 3/20125: ¿por qué abaratar el incumplimiento?", en AA.VV.: *Las reformas del derecho al trabajo en el contexto de la crisis económica. La reforma laboral de 2012,* Asociación Española de Derecho del Trabajo y de la Seguridad Social, 2013.

GOERLICH PESET, J.Mª.: "Los grupos de sociedades en la jurisprudencia social: puntos críticos", en *Revista de Información Laboral,* n.° 5, 2014.

GÓMEZ ABELLEIRA, F.J.: "Notas sobre la nulidad relativa del contrato de trabajo del trabajador extranjero sin permiso de trabajo y sobre su no invalidación respecto a los derechos del trabajador", en AA.VV.: *Derechos y libertades de los extranjeros en España. XII Congreso Nacional de Derecho del Trabajo y de la Seguridad Social,* Tomo II, Gobierno de Cantabria, 2003.

GORELLI HERNÁNDEZ, J.: "La viabilidad jurídica de la readmisión del trabajador ilícitamente despedido", en *Ius et Veritas,* n.° 11, 1995.

JIMENA QUESADA, L.: "La primera decisión de fondo contra España del Comité Europeo de Derechos Sociales: evidentemente vinculante", en *Lex Social: Revista De Derechos Sociales,* n.° 14(1), 2024.

LAVADO MOLINA, M.: "El régimen jurídico de los salarios de tramitación en los procesos por despido", en *Revista de Política Social,* n.° 115, 1977.

LÓPEZ CUMBRE, L.: "Despido (improcedente) por pérdida del permiso de trabajo. ¿La autorización para trabajar constituye una condición contractual?", en la siguiente dirección electrónica: http://www.gomezacebo-pombo.com/media/k2/attachments/despido-improcedentepor-perdida-del-permiso-de-trabajo-la-autorizacion-para-trabajar-constituye-una-condicion-contractual.pdf.

LORENZO DE MEMBIELA, J.B.: "Ejecución provisional de la readmisión en el proceso especial de despido (1)", en *Documentación Laboral,* n.º 64, 2001.

— "El incumplimiento empresarial de la readmisión en la ejecución del despido: las medidas coactivas del art. 282 de la Ley de Procedimiento Laboral", en *Información Laboral,* n.º 4, 2001.

LOUSADA AROCHENA, J.F. y CABEZA PEREIRO, J.: "Los derechos de los trabajadores extranjeros irregulares", en *Aranzadi Social,* n.º 7 y 8, 2004.

MARTÍNEZ GIRÓN, J.: "La readmisión obligatoria del empleado público improcedentemente despedido", en AA.VV.: *Derecho social y administración pública: libro homenaje al Excmo. Sr. D. Manuel Peláez Nieto,* Junta de Galicia, Escuela Gallega de Administración Pública, Galicia, 2013.

MOLINA NAVARRETE, C.: "Actualidades y críticas del Convenio OIT n. 158 en los derechos europeos: ¿el renacer del sentido del límite jurídico a la libertad (de empresa) en favor de la seguridad (en el empleo)?", en *Revista Internacional y Comparada de Relaciones Laborales y Derecho del Empleo,* vol. 7, 125-180, 2019.

— "Grupos de empresas y despidos colectivos: disfunciones prácticas de la distinción entre usos patológicos y fisiológicos", en *Actualidad Laboral,* n.º 7-8, 2014.

— *La regulación jurídico-laboral de los grupos de sociedades: problemas y soluciones,* Comares, Granada, 2000.

— "¿Y ahora qué?: los salarios de tramitación, condición necesaria, no suficiente, para cumplir con el mandato vinculante del CEDS)", *Brief de la AEDTSS,* publicado en 17 de abril de 2024.

MONEREO PÉREZ, J.L.: "Aspectos laborales de los grupos de empresas", en *Revista Española de Derecho del Trabajo,* n.º 21, 1985.

MONEREO PÉREZ, J.L. y ORTEGA LOZANO, P.G.: "Anticipación del sentido de la opción entre readmisión o indemnización por parte del FOGASA limitándose los salarios al momento del despido: la empresa no ha comparecido al acto del juicio, se encuentra incursa en procedimiento concursal y no posee actividad alguna", en *Revista de Jurisprudencia Laboral,* n.º 3, 2019.

MONTOYA MELGAR, A.: *El empleo ilegal de inmigrantes,* Civitas, Pamplona, 2007.

— *La extinción del contrato de trabajo por abandono del trabajador,* Instituto García Oviedo, Sevilla, 1967.

NICOLÁS BERNAD, J.A.: "Eficacia jurídica de las medidas de fomento del empleo de la reforma laboral de 2012 desde la hermenéutica judicial", en AA.VV.: *Crisis económica y empleo: la experiencia judicial aplicativa de las últimas reformas laborales,* Thomson-Reuters Aranzadi, Cizur Menor, 2021.

OLARTE MADERO, F. y ALEGRE NUENO, M.: "La ejecución especial de despido", en AA.VV.: *El proceso laboral. Ley 36/2011, de 10 de octubre, reguladora de la Jurisdicción Social, Tomo II,* Tirant lo Blanch, Valencia, 2013.

ORTIZ LALLANA, M.C.: "Algunas reflexiones sobre la naturaleza jurídica de los salarios de tramitación en el proceso de ejecución de las sentencias firmes por despido", en *Proyecto social: Revista de relaciones laborales,* n.º 3, 1995.

PÉREZ DE LOS COBOS ORIHUEL, F.: "El desvelo de los grupos de empresas", en *Aranzadi Social,* n.º 5, 1998.

PLAZA, S.: *La ejecución provisional de sentencia en los procesos laborales por despido,* Tirant lo Blanch, Valencia, 2003.

RODRÍGUEZ CARDO, I.: "Extranjeros en situación irregular: derechos laborales y de Seguridad Social tras las últimas decisiones del Tribunal Supremo y del Tribunal Constitucional", en *Actualidad Laboral,* n.º 5, 2009.

— "Los salarios de tramitación a la luz de los últimos cambios legales y de la jurisprudencia", en *Actualidad Laboral,* n.º 11, 2006.

RODRÍGUEZ ESCANCIANO, S.: "La coordinación empresarial como estrategia de descentralización productiva: carencias normativas", en *Revista de Derecho Social,* n.º 15, 2001.

RODRÍGUEZ FERNÁNDEZ, M.ª L.: *Los salarios de tramitación,* Tecnos, Madrid, 1992.

SAGARDOY, J.A.: *El despido laboral y los expedientes de crisis,* Ediciones Deusto, Bilbao, 1969.

SÁNCHEZ CALERO, F.: "De nuevo sobre la regulación de los grupos de sociedades", en *Revista de derecho bancario y bursátil,* n.º 77, 2000.

SANGUINETI RAYMOND, W.: "La controvertida no readmisión de los trabajadores indefinidos no fijos", en AA.VV.: *Las respuestas del Tribunal de Justicia a las cuestiones prejudiciales sobre política social planteadas por órganos jurisdiccionales españoles: Estudios ofrecidos a María Emilia Casas Baamonde con motivo de su investidura como doctora honoris causa por la Universidad de Santiago de Compostela,* Universidad de Santiago de Compostela, Servicio de Publicaciones, 2020.

SEMPERE NAVARRO, A.V.: "Doctrina unificada sobre los salarios de tramitación", en *Revista de Trabajo y Seguridad Social. CEF,* n.º 167, 1997.

— “La eliminación de los salarios de tramitación y su ajuste constitucional (2002 y 2012)”, en *Aranzadi Doctrinal,* n.º 2, 2012.

— “Significado y virtualidad de la extinción por ineptitud del trabajador debida a causas físicas”, en *Aranzadi Social,* n.º 59, 1996.

— “Trabajo irregular de los extranjeros y validez del contrato de trabajo”, en *Actualidad Jurídica Aranzadi,* n.º 545, 2002.

SERRANO OLIVARES, R.: “Grupos de empresas a efectos laborales: a vueltas con la necesidad de superar su entendimiento en clave patológica”, en *Iuslabor,* n.º 2, 2016.

SUÁREZ GONZÁLEZ, F.: “Capacidad para contratar”, en *Revista Española de Derecho del Trabajo,* n.º 100, 2000.

TARABINI-CATELLANI AZNAR, M.: *Reforma y contrarreforma de la Ley de extranjería,* Tirant lo Blanch, Valencia, 2002.

VIVERO SERRANO, J.: “El despido improcedente y el Comité Europeo de Derechos Sociales: las experiencias de Finlandia, Italia y Francia”, *Brief de la AEDTSS,* publicado en 15 de abril de 2024.

— “La readmisión de los empleados públicos objeto de despido ilícito: el juego del derecho constitucional a la igualdad, del art. 96.2 EBEP y de la autonomía colectiva”, en *Relaciones Laborales,* n.º 7, 2013.